**HILDE GERG**
mit TAUFIG KHALIL

# DER SLALOM MEINES LEBENS

*Für Anna, Wofal und Benedict*
*the power of love*

# INHALT

**Prolog** .................................................. 11

**Leben auf dem Berg** ............................... 15
Nicht nur romantisch ................................ 17
Die ersten Ski ........................................... 20
Doppeltes Training .................................... 24

**Jetzt wirds ernst** ................................... 27
Internatsleben ........................................... 29
Panik im Steilhang ..................................... 30
Eine neue Heimat ...................................... 35

**Die große Bühne** .................................... 39
Schlüsselerlebnis ........................................ 41
Zum Glück gezwungen .............................. 43
Ansage in Åre ............................................ 47
Von der Schulbank in den Kampfanzug ..... 49
Schmerzen in Chile .................................... 53
Allrounderin .............................................. 55
Tragödie in Garmisch ................................ 59

**Die ersten Spiele** .................................... 65
Olympiadebüt: Lillehammer 94 .................. 67
Die »Wilde Hilde« ..................................... 71
Was lange währt ........................................ 75

Verbotene Liebe ............................................................ 80
Ein ewiges Versteckspiel .............................................. 84

**Zurück in der Erfolgsspur** ....................................... **91**
Frei im Kopf .................................................................. 93
Neu gemischt ................................................................ 100
Als Favoritin zu den Spielen ....................................... 105
Dreierreihe .................................................................... 109
Big in Japan .................................................................. 115
Empfang in der Heimat ............................................... 125
Neue Hierarchie ........................................................... 128
Eingeholt ....................................................................... 136

**Fahrfehler mit Folgen** ............................................. **145**
Der Bruch ..................................................................... 147
Nägel mit Köpfen ......................................................... 153
Der lange Weg zurück ................................................. 156

**Neue Höhenflüge** ..................................................... **169**
Die richtigen Entschlüsse ............................................ 171
Eine Ehre: Salt Lake City 2002 ................................... 174
Blech und Spiele ........................................................... 178

**Hinfallen, aufstehen, Krone richten** ..................... **183**
Wo eine Wille, da ein Weg .......................................... 185
Das Fernziel .................................................................. 190
Finale ............................................................................. 195

**Vorbereitung für den großen Abgang** ............................ **199**
Der letzte Sommer ................................................................ 201
Testfehler ................................................................................ 203
Schluss machen ..................................................................... 210

**Seitenwechsel** ................................................................. **215**
Neue Perspektive ................................................................... 217
Vier gewinnt .......................................................................... 221

**Ohne Vorbereitung** ....................................................... **229**
12. April 2010 ........................................................................ 231
»Funktioniere, Hilde!« ......................................................... 234
Parallelen ................................................................................ 238
Freundinnen und Freunde ................................................. 244

**Neuanfang** ....................................................................... **247**
Zurück auf den Schirm ........................................................ 249
Studentenleben ..................................................................... 253
Zulassen .................................................................................. 256

**Glücksregen** .................................................................... **259**
Keine Eile ................................................................................ 261
Ehrlichkeit .............................................................................. 263
Komplett ................................................................................. 267

**Berufe und Berufungen** .................................................. 269
Neuorientierung.................................................................. 271
Pandemie: Strategien in der Krise........................................ 275

**Epilog** .............................................................................. 281
**Kaiserschmarrn à la Hilde senior** ................................... 285

# PROLOG

Es gibt Momente, die ein Leben in ein Davor und ein Danach teilen. Im Sport ist das meist ein außergewöhnlicher Erfolg. Etwas, auf das du dein ganzes Sportlerleben hingearbeitet hast.

Für mich ist dieser Moment der, der aus der Skirennläuferin Hilde Gerg die Olympiasiegerin Hilde Gerg machte: dieser eine Augenblick am 19. Februar 1998.

Die Sonne scheint aus einem tiefblauen Himmel auf den riesigen Zielraum des olympischen Slalomhangs im japanischen Nagano. Zigtausend Zuschauerinnen und Zuschauer machen einen Höllenlärm. Es ist ungewöhnlich warm und der Schnee deshalb sehr schwer und tief. Ich bin einen letzten Schritt von der Vollendung meines sportlichen Traums entfernt. Einer Sache, die ich mir zehn Jahre zuvor selbst versprochen hatte. Damals, als ich im Februar 1988 als zwölfjährige Nachwuchsrennläuferin vor dem Fernseher gesessen und zugesehen habe, wie die deutsche Abfahrerin Marina Kiehl die Goldmedaille bei den Olympischen Spielen im kanadischen Calgary gewann. Als sie kurz darauf ihr Karriereende verkündete, beindruckte mich das sehr. Gold gewinnen und aufhören. Genauso wollte ich das eines Tages auch machen. In diesem Moment damals, vor dem Fernseher, war ich mir absolut sicher gewesen, dass ich das auch schaffen werde. Zumindest das mit der Goldmedaille.

Eine Bronzemedaille habe ich an diesem 19. Februar 1998 bereits: Zwei Tage zuvor bin ich, hinter meinen Teamkameradinnen Katja

Seizinger und Martina Ertl, Dritte in der Kombination geworden. Doch Olympiagold ist noch mal eine andere Dimension.

Nach dem ersten Durchgang im Slalom bin ich nun Zweite. So wie 1994 in Lillehammer. Damals hatte es am Ende nicht zu einer Medaille gereicht – aber das ist eine andere Geschichte.
Jetzt hier in Nagano ist die führende Italienerin Deborah Compagnoni mit mehr als einer halben Sekunde Vorsprung relativ weit weg. Außerdem ist sie die amtierende Slalomweltmeisterin und die beste Technikerin zu dieser Zeit. Die hinter mir platzierte Australierin Zali Steggall ist nach dem ersten Lauf nur einen Wimpernschlag entfernt und fährt im zweiten Durchgang erwartungsgemäß in Führung.
Mein zweiter Lauf ist ein Drahtseilakt. In so einer Situation riskierst du als Athletin alles. Du willst, dass im Ziel die Eins oder mindestens die Zwei aufleuchtet, denn dann hast du eine Medaille sicher.

Im ersten Teil läuft es perfekt und ich baue meinen Vorsprung schnell aus. Doch dann rutsche ich bei einem Rechtsschwung leicht weg und verliere für einen kurzen Moment die Linie. Das kostet Zeit, aber immerhin bleibe ich im Rennen. Jetzt hilft in den letzten 20 Toren nur noch volle Attacke: raus oder rauf aufs Podest. Ich erwische die letzten Tore perfekt und schmeiße mich förmlich ins Ziel.
Auf der gewaltigen Anzeigetafel leuchtet es hinter meinem Namen groß und deutlich: 1!
Ich bin Erste.
Silber ist mir nun absolut sicher! In meinem Kopf explodiert ein Feuerwerk, während ich ausgelaugt in den Schnee falle und um Luft ringe. Silber bei Olympia, das ist der Oberhammer.

Bis ich meine Ski ausgezogen habe, ist Deborah Compagnoni schon unterwegs. Irgendwie ist das total an mir vorbeigegangen. Ich bin einfach nur happy und mit mir selbst beschäftigt. Als ich dann endlich wieder stehe und hochschaue, ist die Zwischenzeit schon durch, doch ich verstehe überhaupt noch nicht, was gerade passiert.

»Du musst hinschauen!«, ruft mir die drittplatzierte Martina Ertl zu, die selbst gerade um ihre Bronzemedaille bangt. »Die Compagnoni ist nur noch 35 Hundertstel vor dir, die hat schon fast die Hälfte ihres Vorsprungs verloren!«

Im ersten Moment denke ich: 35 Hundertstel – ja – mir ist das jetzt wurscht, ich habe ja eine Medaille. Nach Bronze diesmal sogar Silber.

Als ich bewusster hinschaue und die letzten 15 Tore genau verfolge, immer mit einem Blick auf meine eigene Zeit, realisiere ich, dass die Compagnoni langsam ist. Außerdem weiß ich, dass ich den unteren Teil nach meinem Patzer extrem gut erwischt und bis zur Ziellinie gefightet habe.

Dann bleibt die Uhr stehen: +0,06.

Leck mich am Arsch. Ich glaube, ich spinne. Gold. Ich habe die Goldmedaille!

Meine Knie werden wieder weich. Diesmal vor Schreck.

Jeder umarmt mich. Deborah Compagnoni als Erste, dann Martina. Während das Rennen mit den schlechter Platzierten aus dem ersten Lauf weitergeht, schaue ich immer wieder ungläubig auf die riesige Anzeigetafel.

Da steht es: Hilde Gerg. GER!!! 1. Olympiasiegerin.

# Leben auf dem Berg

## NICHT NUR ROMANTISCH

Als ich im Oktober 1975 in Bad Tölz zur Welt kam, war mir meine Skikarriere quasi schon in die Wiege gelegt. Auch wenn mein Papa allen Leuten erst mal erzählt hat, dass er jetzt eine neue Bedienung habe. Die waren alle erstaunt, dass er sich im Herbst, zum Ende des Sommers, noch eine neue Servicekraft holte. Es war seine Art, den Leuten zu sagen, dass er jetzt eine Tochter hat.

Meine Eltern bewirtschafteten zu diesem Zeitpunkt bereits seit einem Jahr die Tölzer Hütte im Brauneck-Skigebiet bei Lenggries. Diese Hütte liegt auf einer Ebene unterhalb der Brauneckbahn. Das Skigebiet ist im Winter sehr beliebt und gilt als Münchner »Hausberg«. Mit dem Auto fährt man kaum mehr als eine Stunde von dort. Mit ihrer Lage auf einer Höhe von 1495 Metern war die Hütte jeden Winter komplett eingeschneit. Und das ist wörtlich gemeint, denn in den 70er-Jahren hatte es noch viel mehr Schnee als heute.

Das klingt jetzt erst mal sehr romantisch. So einige Herausforderungen hat das allerdings schon mit sich gebracht. Im Winter konnte man sich da oben zum Beispiel nur mit dem Ski-Doo, also dem Motorschlitten, bewegen. Oder eben auf Ski. Im Sommer gab es Wirtschaftswege, die mein Papa mit dem Geländewagen befahren konnte.

Um uns herum waren damals noch mehrere andere bewirtschaftete Hütten. Die Stie-Alm, die Quengeralm und ein bisschen weiter unten die Bayernhütte. Mein Papa Stefan hatte dort schon während seiner Jugend oft ausgeholfen. Später war er dann erst mal Fern- und Busfahrer. Meine Mama Hilde hatte am Tegernsee gearbeitet und wollte was anderes machen. Über das Arbeitsamt ist sie dann als Bedienung auf die Bayernhütte gekommen. Viele wollten nicht auf den Berg, doch ihr hat das nichts ausgemacht. Dabei kommt sie eigentlich aus Landau an der Isar, wo es eher flach ist.

Das mit der Bayernhütte war tatsächlich eine auch für mich wichtige Entscheidung – denn dort hat sie dann meinen Papa getroffen. Der war damals der Hausmeister.

Die beiden sind dann wenig später an den Tegernsee gezogen, wo mein Papa für ein Busunternehmen Reisen gefahren hat, während die Mama als Haushälterin tätig war. Als die Tölzer Hütte 1974 dann zur Pacht ausgeschrieben wurde, bekamen meine Eltern den Zuschlag: Im November 1974 ging es los.

Man darf sich die Tölzer Hütte jetzt nicht als kleine Skihütte vorstellen, in der vier oder sechs Leute drinsitzen und verträumt in den Schnee schauen. Unter dem Begriff Berggasthaus hat man da schon eher das Richtige vor Augen.

Es war ein relativ großes Gebäude mit einer Küche. Der Hauptbereich mit der Gaststube war unten, im hinteren Teil ging es zu den Toiletten. Das war unten alles eher massiv. Der obere Teil war komplett aus Holz. Da ist man über eine Holzstiege rauf zu den Schlafräumen. Dort war auch Platz für ein paar Übernachtungsgäste. Hinter einer Tür waren dann unsere Privaträume. Im vorderen Bereich waren das Wohnzimmer und das Schlafzimmer unserer Eltern. Dahinter habe ich mir mit meinem zwei Jahre jüngeren Bruder Stefan ein Zimmer geteilt. Der heißt übrigens nach dem Papa, während ich wie meine Mama, eben Hilde, heiße. So macht man das halt oft in den Bergen.

Das Leben auf dem Berg war eigentlich immer gleich. Wenn die Bergbahnen um acht aufgemacht haben, kamen unsere Aushilfen rauf. Meine Mama stand dann den ganzen Tag in der Küche und hat gekocht. Das war Wahnsinn. Die konnte weder Ski noch Ski-Doo fahren und ist im Winter oft vier Monate nicht vom Berg gekommen. Der Papa stand hinterm Tresen, hat das Bier ausgeschenkt, die Bestellungen aufgenommen und nach hinten geschrien. Schweinsbraten, Schnitzel und Kaiserschmarrn waren besonders beliebt. Und bis die Mama und die Küchenhilfen das Essen hergerichtet hatten, hat der Papa abkassiert. Wir Kinder haben Getränke nachgereicht. Apfelschorle und Wasser durften wir übernehmen und den Leuten hinstellen. Und wenn das Essen mal länger gedauert hat, dann haben wir uns sagen lassen, wo die Gäste sitzen, und haben es ihnen gebracht. Das war jeden Tag der gleiche Ablauf. Im Sommer waren das die Leute, die wandern, im Winter halt die, die Ski fahren.

Der Betrieb ging um elf los und bis dahin musste auf jeden Fall das Essen fertig sein. So ein Schweinsbraten, der braucht ja ein paar Stunden im Rohr. Das ging dann bis gegen 15 Uhr und dann begann das Geschäft mit Kaffee und Kuchen. Und um kurz nach vier war Schluss, denn um 16:30 Uhr fuhr die letzte Bergbahn, im Sommer erst um 17 Uhr.

Wenn die Gäste weg waren, war man froh, dass der Trubel rum war. Aber die Arbeit war noch lange nicht fertig. Dann begann das Zusammenräumen und Putzen. Das Problem war, dass unsere Aushilfen halt auch mit der letzten Bergbahn runtermussten. Da blieb dann viel Arbeit für uns liegen. Die Toiletten und die Gaststube mussten geputzt werden. Da war die Mama oft noch bis um halb acht abends beschäftigt. Später, als wir größer waren, haben wir dann geholfen, wo wir konnten, damit die Mama auch mal eine Pause bekommt und mit uns in Ruhe essen kann. Das war dann unsere Familienzeit am Abend. Ein gemeinsames Mittagessen haben wir nie gehabt. Da war immer Vollbetrieb.

Überhaupt ist so ein Leben auf einer Hütte am Berg nicht so idyllisch, wie man sich das vielleicht vorstellt. Warmes Wasser war für uns keine Selbstverständlichkeit. Das kam von einer Quelle in die Hütte rein. Wenn jetzt unterm Tag schon so viel Wasser für die Gäste oder beim Kochen verbraucht worden war, dann haben wir erst mal für unser Essen keins mehr gehabt, geschweige denn zum Duschen.

Dann hat man gewartet, bis etwas nachgelaufen ist, und dann hieß es: »Ihr habt fünf Minuten Zeit zum Duschen.«

Es war halt einfach anders. Nicht so wie unten im Tal, wo man unermesslich viel Wasser zur Verfügung hat. Außerdem haben wir unseren Wohnbereich oben gehabt und die Dusche war unten im Toilettenbereich. Da musste man immer über die kalte Stiege. Das war grauslich. Wenn wir ins Bad wollten, mussten wir zudem noch durch das Schlafzimmer meiner Eltern.

Aber irgendwie war das kein Problem. Es war klein, wir waren auf sehr engem Raum, aber wir hatten immer uns.

## DIE ERSTEN SKI

Wenn du auf einer Hütte im Skigebiet aufwächst, dann wird der Schnee irgendwann zu deinem Freund. Vor allem im Winter gibt es da oben weit und breit nichts anderes als Weiß.

Selbst wenn es wie verrückt geschneit hatte, musste mein Vater raus und die Terrassen freiräumen und sich um die Tische und Außenanlagen kümmern. Ich bin dadurch relativ früh immer mit ihm in den Schnee. Wenn noch ein kleineres Geschwisterchen da ist, geht das halt eher mit der Mama und als Ältere geht man selbst mehr mit dem Papa. Ich bin immer hinter ihm her. Er hatte eine Schneefräse, mit der er ohne Ende Schnee geräumt hat, und ich immer mit meiner Schaufel hintennach. Das hat mir unheimlich Spaß gemacht. Ich war als Kind wahnsinnig viel draußen. Mal mit dem Bob, mal mit dem Schlitten.

Meine ersten Ski waren dann so kleine Rutscher. Die hatten Plastikschnallen, die man um die Winterstiefel gemacht hat. Damit bin ich mit nicht mal zwei Jahren umeinandermarschiert und habe mich draußen mehr oder weniger allein beschäftigt. Mit richtigem Skifahren hatte das aber nichts zu tun.

Das erste Mal so richtig auf der Piste war ich auf den Schultern meines Papas. Der konnte richtig gut Ski fahren und hat das oft noch in der Früh gemacht, bevor die Gäste kamen. Erst hat er sein Zeug erledigt und mich dann hochgenommen. Anfangs habe ich ganz schön Angst gehabt. Du sitzt da oben und bist komplett abhängig von dem, was der unter dir macht. Das hat oft wie wild geschaukelt und war wirklich hoch.

Mit etwas über zwei Jahren durfte ich es dann selbst probieren. Es gab da einen guten Bekannten, der Skilehrer war. Wenn der keine Gruppe dabeigehabt hat, dann hat er uns Kinder mitgenommen. Mit drei bis fünf Jahren kann man ein Kind ja nicht allein im Skigebiet umeinanderfahren lassen.

Das hat sich dann erst mit meinem letzten Kindergartenjahr, als ich etwa sechs Jahre alt war, geändert. Da hat der Papa dann beim Sessellift angerufen und Bescheid gegeben, dass die Hilde jetzt kommt. Und wenn ich dann da war, hat der vom Sessellift sich wieder beim Papa gemeldet. So konnte ich nie verloren gehen.

Skifahren war einfach wichtig. Auch zur Fortbewegung. Während die anderen Kinder morgens mit dem Bus oder von der Mama in die Schule gefahren wurden, bin ich ab der ersten Klasse mit den Ski gekommen. Das war damals total normal. Man ist halt in der Früh raus mit dem Skianzug. Den Schulranzen hat der Papa auf dem Ski-Doo über den Fahrweg transportiert, während wir über die oft unpräparierten Pisten gefahren sind. Wir waren immer in einer kleinen Gruppe unterwegs. Anfangs mit einer Freundin aus einer benachbarten Hütte, später kam noch mein Bruder dazu. Ich habe mit dem Weg nie ein Problem gehabt, auch wenn es Tage gab, an denen das wirklich keinen Spaß mehr gemacht hat. Denn manchmal hat es so viel geschneit, dass ein kleines Schulkind komplett bis obenhin im Schnee versinken konnte.

Um zur Schule zu kommen, mussten wir erst ein Stück mit dem Lift rauf und dann über einen steilen Hang zu einem Flachstück runter. Da brauchte man relativ viel Schwung, um weiterzukommen. Doch da war eines Tages so viel Schnee, dass nichts mehr ging. Wir haben uns dann entschieden, einen anderen Weg rauszuwandern. Blöd war nur, dass der Papa mit dem Ski-Doo über den anderen Weg gefahren ist. Da bist du dann endlos gestapft, während die anderen alle schon im Warmen saßen. Irgendwann war dir dann auch egal, ob du pünktlich um 8 Uhr in der Schule ankommst. Da hast du wirklich andere Sorgen. Am Ende ist dann aber immer alles gut gegangen und wir sind heil vom Berg runtergekommen.

Dadurch ist man halt sehr schnell selbstständig geworden. Und ich habe Intuition gelernt, die mir später sicher oft bei meinem Sport geholfen hat. Du musstest bei der Abfahrt ja selbst entscheiden, wie du da am besten runterkommst. Da geht es auch um die Wahl der richtigen Linie.

Unten angekommen hat uns der Papa dann mit dem Auto in die Schule gefahren. Wir müssen in der Pause anfangs ziemlich deppert ausgesehen haben, denn wir hatten lange noch keine Ersatzschuhe in der Schule deponiert. Auf dem Pausenhof sind wir dann immer zwischen den anderen Kindern in unseren Skischuhen umeinandergelatscht.

Während der Hinweg über die Piste aber meistens noch lustig war, war der Rückweg oft eine einzige Qual. Weil da kein Bus fuhr und uns der Papa wegen des Hüttenbetriebs nicht holen konnte, mussten wir im Winter oft in den Skischuhen und mit Schulranzen von der Schule zum Lift laufen. Das waren rund zweieinhalb Kilometer über eine lang gezogene Teerstraße. Irgendwann kanntest du jeden Strauch persönlich. Den Lift hast du schon in der Ferne gesehen, aber um da hinzukommen, musstest du gehen und gehen und gehen. Da war man oft mehr als eine halbe Stunde unterwegs. Manchmal verging einem da ganz mächtig die Laune. Aber es gab halt keine Alternative. So was prägt einen auch gewaltig. Und die schlechte Stimmung hielt nie lange an. Im Laufe der Jahre wurden wir immer mehr Kinder, die den gleichen Weg hatten. Und ich hatte meine Gruppe Mädels. Wir haben aufeinander gewartet und uns gegenseitig angespornt. Wenn wir angekommen waren, haben wir die Ski angezogen und das alles hat nichts mehr ausgemacht. Endlich im Lift haben wir wieder geratscht und es wichtig gehabt, wie die kleinen Weiber halt so sind.

## DOPPELTES TRAINING

Mit dem sportlichen Skifahren hat das, was wir als Kinder so gemacht haben, nicht viel zu tun gehabt. Damit ging es erst los, als ich in den SC Lenggries eingetreten und meine ersten Rennen gefahren bin.

Ich war gerade neun Jahre. Und das war schon richtig spät zum Starten. Ich war zwar wahnsinnig früh viel Ski gefahren, aber im Vergleich zu anderen Kindern war ich echt alt für eine, die mit dem Training anfängt. Das Skifahren im freien Gelände kann man nicht mit dem Skifahren um die Tore vergleichen. Der Erfolg war dementsprechend mäßig. Bis man da eine wirkliche schnelle Linie durch die Tore findet, muss man recht viel üben. Das hat ein bisschen gedauert, bis ich dann mal bei einem Skirennen gewonnen habe. Bis ich zehn oder elf war, bin ich nie unter die ersten drei gekommen.

Es war dann schon ein Riesending, als ich irgendwann mal auf dem Treppchen stand und einen Pokal bekommen habe.

Das war was ganz Besonderes für mich. Diesen Pokal habe ich dann gehütet wie meinen Augapfel. Der hat den schönsten Platz im Zimmer gekriegt. Und bis dann mal der zweite dazugekommen ist, verging eine Ewigkeit. Ich musste mir das alles sehr hart erarbeiten. Es war nie so, dass ich mir gesagt habe: »Hey, ich bin der Überflieger, ich kann alles und das läuft eh alles von selbst!« Wenn ich was gekonnt habe, dann habe ich immer gewusst, warum ich das konnte.

Sei es eine Skitechnik oder irgendein Ansatz, wie man an ein Rennen herangeht. Wenn ich es geschafft habe, meine Nervosität vor einem Rennen zu beherrschen, dann wusste ich auch, warum das jetzt für mich funktioniert. Das lag sicher daran, dass ich mir alles von klein auf draufschaffen und Lösungen entwickeln musste. Es war nie so, dass ich sagen konnte, das kann ich von Haus aus und ich weiß gar nicht wieso.

Das war aber auch gut so. Denn wenn es mal nicht funktioniert hat, dann musste ich nicht lange überlegen, warum das nun so ist und wie ich es wieder herbringe. Bei mir hat es einfach länger gedauert. Das war mein Weg. Der war nicht immer ganz einfach, aber ich habe es eben unheimlich gerne gemacht.

Allein der Aufwand, zum Training zu kommen, war für mich viel größer als für andere Kinder, die von den Eltern gefahren wurden. Wenn nachmittags Skitraining war, dann bin ich nach der Schule zuerst mit dem Skilift heimgefahren. Um zum Training zu kommen, habe ich dann wiederum drei andere Lifte gebraucht, bis ich an dem Lift war, an dem das Skitraining stattfand. Meistens war es schon kurz vor drei, bis ich überhaupt dort war. Die anderen waren dann schon längst mittendrin. Für mich blieben kaum mehr als vier oder fünf Trainingsläufe, denn ich musste ja wieder mit der letzten Bergbahn zurück auf die Hütte fahren. So habe ich die Trainingseinheiten nie voll mitmachen können.

Klar wäre es manchmal leichter gewesen, daheim zu bleiben und zu spielen, statt für fünf Läufe die umständliche Anreise zum Trainingshang auf mich zu nehmen. Aber ich habe das Skitraining geliebt. Auch weil das eine gute Gruppe war. Die Aussicht, die anderen zu treffen und mit ihnen durch die Tore zu fahren, war eine große Motivation. Vielleicht hat es geholfen, dass ich gar nicht wusste, dass die anderen von den Eltern an der Schule abgeholt wurden. Mit der Semmel und dem Skianzug im Auto sind die von der Mama zum Lift gebracht worden, während ich mit meinen Skistiefeln über die

Straße gelatscht bin. Ich hatte keine praktische Unterstützung von meinen Eltern an der Stelle, weil das zeitlich und vom Aufwand her einfach nicht möglich war. Dafür haben sie mich unterstützt, indem sie mich haben machen lassen. Das Wichtigste war das Zutrauen, dass ich da jetzt hinfahren kann und dann auch pünktlich und gesund wieder heimkomme. Und sie wussten, dass ich im Anschluss noch meine Hausaufgaben mache und alles funktioniert. Das war ganz wichtig für meine Entwicklung.

# Jetzt wirds ernst

# INTERNATSLEBEN

Ich hatte als Kind weder Konditionstraining noch Kinderballett oder Kinderturnen. Und ich war auch nicht mit fünf schon in der Bambinigruppe irgendeines Clubs, wo man Rollen vorwärts und rückwärts und Sprünge über irgendwelche Dinge übt. So was gab es bei uns da oben am Berg nicht. Also hatte ich unheimlich viel gegenüber denjenigen aufzuholen, die nicht erst mit neun Jahren im Skiclub angefangen hatten. Erst als ich 14 war, kam ich den anderen Schritt für Schritt näher.

Damals war das System auch noch anders als heute. Wenn du mit elf noch nicht top warst, dann hat es auch noch gereicht, wenn du mit 13 oder 14 dabei warst. Diese Zeit hat man jetzt oft nicht mehr.

Das Konditionstraining im Sommer mit dem vielen Laufen war für mich dann der Horror. Ich bin wahnsinnig gern Ski gefahren, aber alles andere war schlimm, weil alle besser waren als ich. Deshalb war es so entscheidend, langsam zu merken, dass ich zumindest auf den Ski jetzt immer näher an die Spitze rankomme. Besonders gut erkennen konnte ich das an der Pantherwertung. Das ist eine deutschlandweite Wertung im Skirennsport für Schüler. Mit der Zeit bin ich da immer weiter vorn gewesen. Das war ganz wichtig für meinen Werdegang, denn damit stiegen mein Selbstvertrauen und mein Ehrgeiz. Ich wollte auf alle Fälle mindestens einen silbernen Panther. Von den goldenen gab es nur zwei für ganz Deutschland. Dieses Ziel habe ich erreicht und gemerkt, dass es in die richtige Richtung geht und dass es Sinn macht, hier mehr zu investieren. Das hatte allerdings große Veränderungen in meinem Leben zur Folge.

Die Situation daheim war unheimlich kompliziert, denn der Papa musste mich nach den Rennen ständig mitten in der Nacht mit dem Ski-Doo irgendwo abholen. Das war ungemütlich, kalt und ein wahnsinniger zeitlicher Aufwand. Also zog ich mit 14 Jahren daheim aus und in das Internat der St.-Irmengard-Realschule nach Garmisch. Das passte perfekt, weil sich dort das Skifahrerzentrum mit den Trainern befand, bei denen ich in der Mannschaft fuhr.

Zum ersten Mal hatte ich kurze Wege. Von der Schule in mein Zimmer waren es jetzt über den Essenssaal nur noch ein paar Meter. Zum Training wurde ich abgeholt, und wenn ich zurückgebracht wurde, konnte ich gleich meine Hausaufgaben machen. Das war purer Luxus, verglichen mit dem Aufwand, den ich während der ersten Schuljahre am Berg betreiben musste. Mein Tag hatte nun viel mehr Stunden, die ich zum Trainieren und Lernen nutzen konnte.

Weil man aber im Wintersport dem Schnee oft hinterherfahren muss, hatte ich durch das viele Gletschertraining – das eben nicht um die nächste Ecke stattfand – eine Menge Fehlzeiten. Die haben die Lehrkräfte dann mit mir nachgeholt.

Wenn ich das alles von zu Hause aus gemacht hätte, hätte ich viele Stunden in die Fahrerei investieren müssen. So passte alles zusammen. Mein Leben war nun ganz auf den Sport zugeschnitten.

## PANIK IM STEILHANG

Dass ich in meiner Karriere mal sieben Weltcupabfahrten gewinnen sollte, war bei meinem Wechsel nach Garmisch nicht wirklich abzusehen.

Bis dahin fuhr ich eigentlich nur Slalom und Riesenslalom. Mit der Abfahrt beginnt man in der Regel erst mit 15 Jahren. Das ist ein riesiger Unterschied zu dem, was man bis dahin so gemacht hat, und eigentlich ein ganz eigener Sport. Beim Riesenslalom ist der Ski maximal 1,90 Meter, beim Slalom sogar noch deutlich kürzer. Damit fährt man dann mit mäßiger Geschwindigkeit durch relativ eng aufeinanderfolgende Tore. Bei der Abfahrt sind die Bretter ganze 2,15 Meter lang. Mit so was hatte ich bis dahin überhaupt keine Erfahrung.

Als dann im Januar 1991 die deutschen Jugendmeisterschaften in Garmisch anstanden, war ich gerade 15 geworden, also alt genug, um die Abfahrt mal auszuprobieren. Wir hatten vorher keine Gelegenheit, das viel zu trainieren, sondern sind einfach am Tag vor den ersten Trainingsläufen zum Freifahren gegangen. Dummerweise hat es sehr stark geschneit und war auch noch nebelig. Das Letzte, was du willst, ist, mit so einem langen Ski, dessen Eigenschaften du überhaupt nicht kennst, im Tiefschnee umeinanderzurutschen.

Ich bin dann wie ein Anfänger nur im Stemm- und Pflugbogen gefahren und habe mich wie eine Skischülerin gefühlt. Mit Abfahrtstraining hatte das bei mir gar nichts zu tun. Irgendwie konnte ich mich mit dem Gerät nicht anfreunden. Das war mir alles zu lang und der Ski wollte auch so überhaupt nicht das machen, was ich mir vorgestellt habe.

Als ich dann am nächsten Tag zum Abfahrtstraining bin, habe ich gleich den nächsten Schreck bekommen. Vor jedem Rennen oder Training besichtigt man eine Strecke, indem man sie abrutscht. Was mir gleich auffiel, waren diese irre weiten Torabstände. Beim Slalom fährt man von kurzem Schwung zu kurzem Schwung, aber da musste man zwischen den Toren extrem viel geradeaus und Hocke fahren. Dabei wird man natürlich auch sehr, sehr schnell. Genau das macht ja die Faszination dieses Sports aus. Das Problem war nur, dass ich so was bis dahin noch nie gemacht hatte. Ich wusste bestenfalls aus dem Fernsehen, von irgendwelchen Skiübertragungen, wie das aussieht.

Als ich dann das erste Mal im Starthaus stehe, wird es mir langsam mulmig. Obwohl ich einen dicken Rennanzug trage, würde ich am liebsten die Jacke anbehalten, um im Falle eines Sturzes noch besser gepolstert zu sein. Die ersten Stockschübe am Start fallen entsprechend bescheiden aus. Fast zaghaft schiebe ich mich auf die Strecke. Im oberen Teil geht es erst mal relativ flach weg. Das funktioniert alles noch wirklich gut und steigert mein Unbehagen nicht weiter.

Blöderweise waren in der Woche vor unseren Meisterschaften aber ein paar Weltcuprennen auf der Kandahar, wie die Rennstrecke in Garmisch-Partenkirchen heißt. Für solche Rennen wird eine Piste in der Regel von oben bis unten komplett vereist. Das hat mit Schnee, wie man ihn vom Skiurlaub kennt, bis auf die Farbe, überhaupt nichts mehr zu tun. Dieses Eis ist wichtig, damit alle Rennläufer ungefähr gleiche Bedingungen haben, denn je weicher eine Piste wird, desto mehr Löcher und Schläge kommen da rein. Und genau diese Nähe zu den Weltcuprennen sollte mir nun zum Verhängnis werden, denn die Piste war für die besten und schnellsten Skifahrerinnen und Skifahrer der Welt präpariert und nicht für eine ängstliche 15-Jährige, die noch nie im Leben auf Abfahrtsski gestanden hatte.

Als ich vom Flachen ins Steilstück fahre, merke ich plötzlich, wie ich die Kontrolle über den Ski verliere.

Da hätte man in der Kurve richtig Druck geben müssen und eine spezielle Skitechnik für diesen langen Abfahrtsski gebraucht, die ich einfach nicht hatte. Bei der Streckenbesichtigung vor dem ersten Training hatte ich mir eine Linie ausgesucht, die für mich perfekt schien. Gerade auch im schwierigen Stück des Eishangs mit dem Sprung. Doch weil die Ski jetzt mit mir machen, was sie wollen, bin ich immer ganz woanders auf der Strecke, als ich mir das vorher gedacht habe.

Da bekommst du dann einen enormen Überlebensstress. Du realisierst bei fast 100 Stundenkilometern, dass da jetzt etwas weiter unten der Sprung kommt und du weit von der Linie entfernt bist, zu der du hinwolltest. Die Frage, die ich mir unter meinem Helm in diesem Moment stelle, ist einfach nur: »Fangzaun oder Sturz?«

Irgendwie schaffe ich es verrückterweise dann doch heil ins Ziel. Mit zitternden Knien stehe ich im Auslauf und fühle etwas, das ich bis dahin im Schnee noch nie hatte: Angst!

Für mich ist in diesem Moment ganz klar: Nie mehr Abfahrt!

Dummerweise muss ich aber noch mal hoch. Die Trainer stehen für einen zweiten Trainingslauf, den wir fahren sollen, alle noch oben am Start und auf der Strecke. Ich kann ja nicht einfach verschwinden. Ich muss ihnen meinen Entschluss erst noch mitteilen.

»Das könnt ihr vergessen, da fahr ich nicht noch mal runter, ich fürchte mich«, ist dann auch meine klare Ansage nach dieser Horrorerfahrung, als ich oben ankomme. Doch Trainer kennen so was und haben dafür einen bunten Baukasten an Tipps parat: »Jetzt komm, Angriff ist der beste Weg zur Verteidigung. Du weißt doch, wo es hingeht, das ist jetzt nicht mehr so schwierig. Nimm die Hände weiter vor und dein Gesäß weiter runter«, sind ein paar der Standardfloskeln aus dem Psychohandbuch für überängstliche Abfahrtsanfängerinnen, die ich mir dann anhören darf.

Noch bevor ich michs versehe, stehe ich schon wieder im Starthaus und bin unterwegs. Nach 30 Sekunden ist meine Fahrt zu Ende. An der Einfahrt zum Steilstück kurz vor dem Sprung bekomme ich wieder eine riesige Angst und schwinge direkt vor einem der Trainer ab. Das ist einer, der schon ewig lang dabei ist und im Weltcup zum Beispiel die Michaela Gerg trainiert. »Ja, Mädel«, sagt der, »das macht nichts, dann fährst du halt nicht Abfahrt.«

Das hat in dem Moment richtig gutgetan.

Irgendwie war ich von mir enttäuscht, aber auch stolz auf mich. Sich zu trauen, auf das innere Gefühl zu hören und abzuschwingen, obwohl von einem etwas anderes erwartet wird, ist in dem Alter ja nicht selbstverständlich.

Mittlerweile bin ich mir sicher, dass es mich da unten geschmissen hätte. Da hätte es sein können, dass meine Karriere schon beendet gewesen wäre, bevor sie überhaupt begonnen hat.

Natürlich bin ich in den Tagen danach immer wieder von ein paar Trainern und Aktiven blöd angesprochen worden. Das war mir dann aber schnell egal, denn ich konnte für mich gut damit leben. Statt auf die Abfahrt bin ich dann zum Slalomtraining. Das war richtig cool, denn da durfte ich auch mal bei der Weltcupmannschaft mitfahren, obwohl ich viel jünger war als die ganzen Stars.

Im Nachhinein habe ich mir oft gedacht, dass das wahrscheinlich eine meiner besten Entscheidungen war, mutig gewesen zu sein, in dem Moment einfach Nein zu sagen. Geschadet hat es mir auch nicht. Nach nur einem Jahr in Garmisch hat mich der Deutsche Skiverband im September 1991 an die Christophorusschule nach Berchtesgaden geholt.

## EINE NEUE HEIMAT

Die Christophorusschule in Berchtesgaden ist eine Eliteschule des Sports. Da ist alles komplett aufs Skifahren ausgerichtet. In meiner Klasse waren vier Mädels, die in derselben Mannschaft gefahren sind. Wenn wir unter der Woche Gletschertraining in Österreich hatten, haben wir einen Lehrer mitbekommen, der uns vor Ort nach dem Training unterrichtet hat. Das war auch extrem wichtig, denn jetzt in der 10. Klasse sollte für uns im kommenden Sommer die Mittlere Reife anstehen. Ein ganz schön schweres Paket war das, das viele Training und den Schulstoff für das Abschlussjahr miteinander zu verbinden.

Der Wechsel nach Berchtesgaden hatte allerdings noch mehr Nebenwirkungen. Für meinen Papa bedeutete er viel mehr Aufwand als bis dahin. Die Fahrten, um mich übers Wochenende oder in den Ferien zu holen oder zu bringen, wurden nun deutlich länger. Statt 40 Minuten nach Garmisch war er nun bis zu zwei Stunden nach Berchtesgaden unterwegs. Aber das war nie ein Thema. Meine Eltern haben mich immer unterstützt und auch angetrieben, soweit es ihre Zeit erlaubte.

Als ich in Garmisch Heimweh hatte und zurück nach Hause wollte, hat der Papa klar gesagt: »Nein, das haben wir jetzt angefangen, ich zahle das und du ziehst das Jahr durch. Das machen wir nicht, dass wir wieder alles über den Haufen schmeißen, gerade so, wie die Prinzessin das möchte.« Und dann war das ausgeredet. Für solche Ansagen bin ich meinen Eltern heute sehr dankbar, auch wenn ich das damals nicht immer verstehen wollte. Es war gar nicht so schlecht, nicht alles zu bekommen, was man sich da in manchen Momenten einbildete.

Damit mein Papa sich nicht immer freischaufeln musste, haben wir dann schon immer geschaut, dass ich irgendwo mitfahren kann. Manchmal bin ich übers Wochenende auch einfach im Internat geblieben. Da waren viele Trainer, die in Berchtesgaden gewohnt haben. Selbst wenn keine anderen Schülerinnen und Schüler übers Wochenende da waren, hatte ich immer Menschen, die ich ansprechen konnte, und war nie ganz allein. Einer, der sich damals besonders um mich gekümmert hat, war Wolfgang Graßl, der von allen nur »Wofal« genannt wurde. Der war mir schon aufgefallen, noch bevor ich überhaupt in Berchtesgaden angefangen hatte.

Kurz vor meinem Wechsel auf die Christophorusschule hatten wir dort im Sommer 1991 einen Konditionslehrgang gehabt. Ungefähr zu der Zeit hat der Wofal an der Schule als Trainer begonnen, weil er seine eigene Karriere als Rennläufer aus Verletzungsgründen schon mit 21 hatte beenden müssen. Das war für ihn tragisch gewesen, denn der war super talentiert und hatte sogar die Silbermedaille bei den Juniorenweltmeisterschaften gewonnen.

Als ich damals zum Lehrgang in Berchtesgaden war, lagen da überall Ausgaben der DSV-Zeitung herum, in der groß über seinen Sieg berichtet worden war. Da waren auch ein paar Bilder drin, die mir gleich gefielen. Das war ein richtig fesches Mannsbild, wie wir in Bayern sagen. Als ich kurz darauf das erste Mal vor ihm stand, war ich mir sofort sicher: »Hilde, den heiratest du mal.«

Der Wofal war in Berchtesgaden dann tatsächlich ganz wichtig für mich. Der hat uns jeden Nachmittag um 4 Uhr an der Schule abgeholt und ist mit uns zwei Stunden zum

Konditionstraining in die Halle gegangen. Danach hat er uns wieder zurückgebracht und war immer für unsere Gruppe da.

Als die Schule in den Faschingsferien mal geschlossen war und ich nicht heimfahren konnte, weil das Auto vom Papa kaputt war, da habe ich bei Wofals Familie übernachten dürfen. Die hatten eine Pension mit Blick hinüber zum alles überragenden Watzmann, und die Mama war von Anfang an wahnsinnig lieb zu mir. Ich habe dann da ein Zimmer gekriegt und bin zwei Nächte bei denen geblieben. Das war so ein bisschen meine Anlauffamilie, in der Zeit, in der ich in Berchtesgaden in der Schule war.

Mit echtem Verliebtsein hatten meine Gefühle da überhaupt nichts zu tun. Das war halt eine Schwärmerei, wie das oft so ist, wenn sich eine Jüngere in einen etwas Älteren verknallt. Erstens war er 21 und ich noch nicht mal 16. Zweitens hatte er damals immer irgendeine Freundin. Drittens hatte ich hie und da auch mal einen Freund und viertens ist der Trainer sowieso tabu. Viel wichtiger war das ganz besondere Vertrauensverhältnis zwischen mir und Wofal, das langsam entstanden ist und das mir für meine sportliche Entwicklung sehr geholfen hat. Für alles andere, da war ich mir ganz sicher, war viel später sowieso noch genug Zeit.

# Die große Bühne

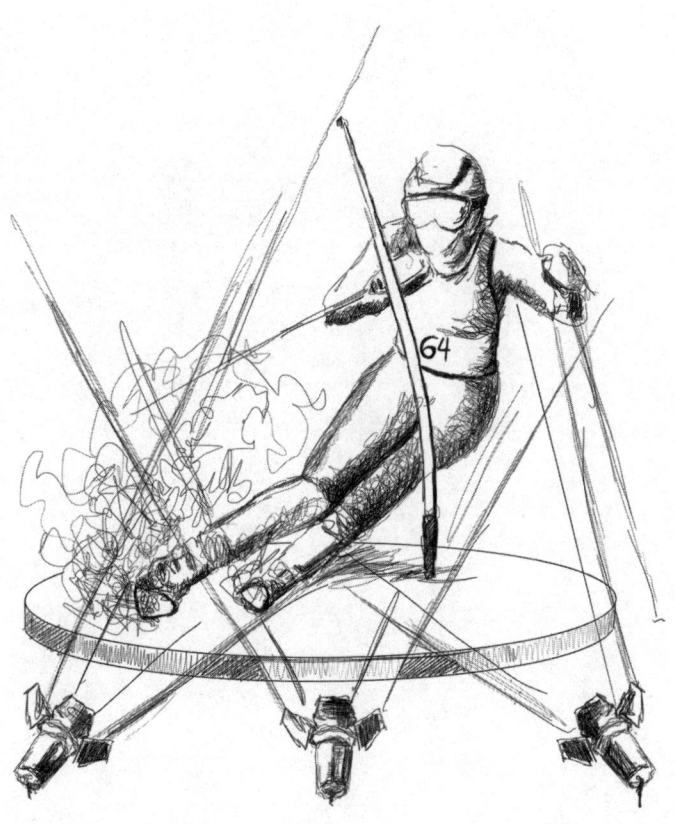

# SCHLÜSSELERLEBNIS

Wenn man mich heute fragt, ab wann ich wusste, dass ich das Zeug habe, auf internationalem Niveau ganz vorne mitzufahren, dann fällt mir sofort ein Europacuprennen im slowenischen Rogla im Februar 1992 ein.

Dieser Europacupslalom war eines der letzten Rennen vor den Olympischen Spielen 1992 in Albertville und deshalb ziemlich gut besetzt. Da waren viele Weltcupfahrerinnen wie Martina Ertl am Start, die ein paar Tage später bei Olympia um die Medaillen fahren sollten. Martina, die zwei Jahre älter als ich war, hatte ihr Debüt im Weltcup im Jahr zuvor gefeiert. So wie ich hatte sie das sportliche Skifahren als Kind im SC Lenggries begonnen. Wegen des Altersunterschieds sind wir aber in der Jugend nie groß gegeneinander oder miteinander im Team gefahren. Mittlerweile gehörte sie längst fest zum deutschen Weltcupteam und sollte bei ihrem Olympiadebüt im Slalom Fünfzehnte werden. Für die Olympiateilnehmerinnen war so ein Europacuprennen gerade richtig, um noch mal Praxis zu sammeln. Ich hingegen war gerade 16 und hatte unheimlich viel Respekt vor den ganzen Stars.

Beim Skifahren ist es ja so, dass die Startnummer etwas über dein bisheriges Können aussagt. Je niedriger, desto besser. Das ist gerade im Slalom ganz wichtig, denn die mit den niedrigen Startnummern haben vor allem im ersten Durchgang die beste Piste. Ich hatte in Rogla die Startnummer 64, was relativ viel über meinen Status aussagte. 64 bedeutete, dass schon 63 andere Läuferinnen ihre Spuren in die immer schlechter werdende Piste gegraben hatten, bevor ich überhaupt starten durfte. Da hat es sich nicht unbedingt angedeutet, dass ich unter die ersten 10 fahren kann.

Dass ich dann Dritte in diesem Europacuprennen wurde und sogar besser fuhr als die, die in Albertville um Medaillen kämpften, war der absolute Wahnsinn. Wenn ich zu der Zeit unter die ersten 20 oder 25 gekommen wäre, hätte man schon gesagt: »Boah, spitze, Hilde.«

Als ich meinen Eltern das am Telefon erzählt habe, konnten die damit erst mal gar nichts anfangen. Ich habe das immer genossen, dass sich meine Eltern mit meinem Sport nicht auskennen. Das war mein Bereich. Sie hatten ihre Hütte, ihre Küche, ihre Wirtschaft, ihre Leute. Ich hatte meine Freiheit. Das mit dem Skifahren war ganz mein Ding, wo mir keiner reingeredet hat.

Als mich dann der Papa mitten in der Nacht mit dem Ski-Doo auf die Hütte gekarrt hat, waren noch andere Gäste da, die auf einer Nachbarhütte geschlafen haben. Das waren alte Bekannte meiner Eltern. Die haben extra gewartet, bis ich kam, weil sie gehört hatten, dass ich Dritte in einem Europacuprennen geworden bin. Das hat ihnen dann schon was gesagt, denn der Europacup ist ja das, was unter dem Weltcup ist. Beim Fußball würde man sagen: zweite Liga.

Zuerst war ich überfordert, als diese Bekannten mich bejubelt haben, aber dann habe ich mich total gefreut. Die hatten mich schon als kleines Kind gekannt und meinen Werdegang miterlebt und haben dann sofort verstanden, dass dieser Moment etwas ganz Besonderes für mich ist. Irgendwie hat das alles zusammengepasst und mir bei der Entscheidung, mit dem Rennsport weiterzumachen, enorm geholfen.

Im Sommer stand für mich dann die Mittlere Reife und damit das Ende meiner Schulzeit an. Mir war immer klar, dass das Schulende der Einstieg ins Berufsleben ist. Doch wofür sollte ich mich nun entscheiden? Gehe ich in einen Beruf? Wenn ja, in welchen? Oder entscheide ich mich gleich für eine Behörde, wo ich den Sport weitermachen kann? Oder soll ich vielleicht eine Ausbildung machen?

Mir gingen damals tausend Dinge durch den Kopf. Das Einzige, was ich wirklich sicher wusste, war, dass ich etwas machen will, das ich mit dem Sport verbinden kann. Der dritte Platz in Rogla war ein Schlüsselerlebnis für mich. An dem Tag habe ich mir gesagt: »Mensch, Hilde, du bist jetzt bei den richtig Guten dabei!«

## ZUM GLÜCK GEZWUNGEN

Profi werden ist ein Prozess. Mir war nach dem Erfolg in Rogla schon klar, dass ich im Sommer noch einen guten Schulabschluss machen muss. Im Skirennsport kann die Karriere von einem Moment auf den anderen vorbei sein. Du kannst Pläne haben, aber dann kommt alles doch ganz anders. Wie heftig das sein kann, sollte ich zum Glück erst viel später lernen.

Die Mittlere Reife 1992 war auch für meine Skikarriere wichtig. Ich hatte nun etwas Greifbares in der Hand, auf das ich hätte bauen können, wenn der Traum vom Profileben platzen sollte. Dementsprechend frei im Kopf bin ich in die Saison 1992/93 gestartet, in der ich nun fest für den Europacup gesetzt war. Das ist eine Serie von Rennen, in der man einen Gesamteuropacup oder aber einzelne Disziplinwertungen gewinnen kann. Mit diesen Wertungen kann man sich dann einen Fixplatz im Weltcup erfahren: Ist man in einer Europacupgesamtwertung einer Disziplin unter den Top 3, hat man in der folgenden Saison das persönliche Startrecht in jedem Weltcuprennen dieser Disziplin.

Solange ich noch keinen dieser Fixplätze ergattert hatte, war der Plan, dass ich mich über gute Ergebnisse im Europacup für einen der variablen, nationenbezogenen Startplätze im Weltcup empfehle. Diese werden in erster Linie von den Kolleginnen der Weltcupmannschaft belegt. In jenen elitären Kreis der Starterinnen eines Weltcuprennens wollte ich natürlich möglichst bald aufgenommen werden.

Als dieser Tag dann endlich da war, wäre ich allerdings fast nicht angetreten. Meine Trainer mussten mich zu meinem Glück zwingen.

Ich war zu der Zeit total platt und froh, nach Wochen auf Achse wieder mal daheim zu sein. Seit Anfang des Jahres war ich nur unterwegs. Training, Europacuprennen, Training, Rennen. Ich habe diese Auszeiten bei uns auf der Hütte gebraucht. Zu meinem Papa habe ich dann immer gesagt, er soll niemandem verraten, dass ich da bin. Wenn ich da bin, bin ich daheim, und da will ich meine Ruhe. Auf der Hütte war ich geborgen und auch wieder ein Stück weit Kind. Wenn die Mama ihren Kaiserschmarrn gemacht hat, war alles andere ganz weit weg.

Es ist dann auch schon ganz spät abends, als am 14. Januar 1993 das Telefon läutet. Weder der Papa noch die Mama gehen ran, weil die vom Tagesgeschäft komplett am Ende sind und schon tief schlafen. Ich höre das Telefon in meinem Zimmer, aber lasse es einfach weiter klingeln, weil es mir total egal ist. Als es dann aufhört und gleich drauf wieder beginnt, geh ich halt doch ran. Damals gab es weder SMS noch WhatsApp oder E-Mails, sondern nur das Festnetz.

Roland, einer meiner Trainer, fällt sofort ganz aufgeregt mit der Tür ins Haus: »Pack dich zusammen, Hilde, du wirst morgen früh um 7 Uhr abgeholt und fährst in zwei Tagen den Weltcupslalom in Cortina d'Ampezzo.«

»Nein, ich fahre jetzt nicht morgen nach Italien, das mache ich nicht, das ist mir alles zu viel«, wehre ich mich mit Händen und Füßen und klinge wohl ein bisschen wie ein trotziges Kind. »Ich bin so müde, das ist ein Krampf!«

»Ruf den Wolfgang Graßl morgen früh an und besprich dich mit ihm«, so der Vorschlag vom Roland, der weiß, dass der Wofal als mein Heimtrainer besonders gut mit mir kann.

Als ich dann ganz früh am Morgen mit ihm telefoniere, macht er mir klar, was das für eine Chance ist. »Du kriegst einen Weltcupeinsatz. Du bist richtig gut drauf und das ist ein ganz einfacher Hang. Das ist doch Schmarrn, wenn du da nicht fährst«, überredet er mich. Doch weil er mich seit meinem Wechsel nach Berchtesgaden bestens kennt, weiß er auch genau, wie wichtig die Zeit auf der Hütte für mich ist. Schließlich verabreden wir, einfach einen Tag später anzureisen und auf einen Trainingstag zu verzichten, damit ich daheim noch etwas Kraft tanken kann.

Der Papa hat dann wegen mir mal wieder die Arbeit auf der Hütte liegen lassen und mich zwei Stunden lang zum Treffpunkt nach Österreich gekarrt. Eigentlich hatte ich mir wenig ausgerechnet. Meine Startnummer 61 oder 62 machte, wie schon ein Jahr zuvor in Rogla, wenig Hoffnung auf eine ordentliche Platzierung. Doch trotz der umgepflügten Piste fuhr ich auf Anhieb in die ersten 30 und qualifizierte mich damit für den zweiten Lauf. Am Ende landete ich dann sogar auf Platz 23 und kassierte meine ersten Weltcuppunkte. Das war dann doch sehr überraschend und wirklich kein schlechtes Debüt in der Weltcupmannschaft. Dafür hatte sich der ganze Stress auf jeden Fall gelohnt.

Doch aus der großen Pause auf der Tölzer Hütte wurde auch danach erst mal nichts. Von Cortina ging die Tour weiter nach Haus im Ennstal in Österreich. Obwohl da auch ein Slalom auf dem Programm stand, wurde ich dort für die Abfahrt gemeldet. Das war nach wie vor nicht meine große Liebe. Klar war ich im Europacup und bei deutschen Meisterschaften bis dahin schon ein paar Abfahrten gefahren, aber so ein Weltcuprennen ist noch mal was anderes. Die Bedingungen waren dazu sehr schwierig, weil das Wetter wirklich schlecht war.

Trotzdem war es dann extrem lehrreich für mich. Denn bei dieser Weltcupabfahrt durfte ich zum ersten Mal mit den besten Abfahrerinnen der Welt zur Hangbesichtigung gehen. Die hatten so viel mehr Erfahrung als ich, und bei der Abfahrt ist es wegen der hohen Geschwindigkeit enorm wichtig, dass du die richtige Linie findest. Da liegen Sturz oder Sieg, Medaille oder Karriereende ganz nah beieinander. Da habe ich sehr viel gelernt und für meine weitere Karriere mitgenommen.

Mit meinem 38. Platz in Haus durfte ich am Ende recht zufrieden sein, denn wichtiger als die Platzierung war zu dem Zeitpunkt die Erfahrung. Von der Hütte aufzubrechen, hatte sich also ausgezahlt, auch wenn ich das nie vermutet hätte.

# ANSAGE IN ÅRE

Damit war aber meine Weltcupsaison 1993 noch nicht zu Ende.

Weil ich im Europacup in der Slalomwertung unter den besten drei lag, war ich für das Weltcupfinale in Åre in Schweden qualifiziert. Das war irre aufregend, weil ich das erste Mal in meinem Leben geflogen bin. Ich war komplett unerfahren und das Küken im Team. Deshalb ist einer unserer Ärzte schließlich mit mir geflogen, hat mich an die Hand genommen und sicher nach Åre gebracht, wo die anderen alle schon längst waren.

Ein Weltcupfinale ist so ein bisschen wie eine Weltmeisterschaft. Da werden in allen Disziplinen Rennen bei Männern und Frauen gefahren und das dauert fast eine ganze Woche. Plötzlich stand ich da mittendrin zwischen den ganzen Weltcupfahrerinnen und -fahrern, die ich sonst nur aus dem Fernsehen kannte. Das war noch mal eine andere Nummer als in Cortina, wo ich spät zur Mannschaft gestoßen bin und alle nur ganz kurz gesehen habe.

So ein Weltcupfinale ist natürlich auch dahingehend etwas Besonderes, weil da nur die Besten der Besten dabei sind. Da fahren nur 25 Sportler mit, die über den Weltcup qualifiziert sind, plus 3 aus dem Europacup. Am Ende sind da maximal 30 Athletinnen am Start, sodass selbst ich diesmal eine ganz frühe Startnummer hatte. Nicht wieder eine jenseits der 60. Das macht eine Menge aus für die Piste.

Aus deutscher Sicht war es vor allem deshalb spannend, weil die Katja Seizinger in dem Jahr um den Gesamtweltcup gekämpft hat. Der Gesamtweltcup belegt, dass man über das gesamte Jahr der oder die Beste war. Katja war mit der Anita Wachter aus Österreich fast gleichauf und am Ende ging es um ganz wenige Punkte. Da kann dann ein Rang besser oder schlechter den entscheidenden Unterschied machen. Denn nur die ersten 15 eines jeden Rennens bekommen überhaupt Punkte.

Nach dem ersten Durchgang liege ich genau zwischen den beiden, die Katja hinter, die Anita vor mir. Das ist aus deutscher Sicht ganz schlecht für das Rennen um den Gesamtweltcup. Beim Besichtigen vor dem zweiten Lauf bekomme ich dann die Ansage, dass es besser wäre, auszuscheiden, falls ich merken sollte, dass ich keinen idealen Lauf habe. Ich solle mich keinesfalls zwischen Anita und Katja platzieren, falls die Österreicherin vorne ist. Am besten wäre es aber, ich würde mich vor sie schieben, weil ich die Anita damit ja einen Platz zurückfahre und sie dann weniger Punkte sammeln kann.

Das kommt in dem Moment schon etwas überraschend. So was hatte ich bislang noch nicht erlebt. Ich bin ja gerade erst 17 Jahre alt.

Da ich im zweiten Durchgang dann als eine der Ersten starten muss, kann ich überhaupt nicht einschätzen, wie schnell ich unterwegs bin. »Hilde, was machst du jetzt?«, schießt es mir durch den Kopf, während ich versuche, den Weg durch die Tore zu finden.

Ich bin dann nach der Zwischenzeit bei einem langen Schwung abgebogen, weil ich das Gefühl hatte, dass die Fahrt nicht optimal ist. Vielleicht kam es mir auch nur so vor, weil ich mich nicht wohlgefühlt habe. Ich wollte nicht, dass die Katja am Ende den Gesamtweltcup meinetwegen verliert. Das hat mich einfach alles verunsichert. Mein Problem war zudem, dass ich die Trainer dort nicht gut kannte. Wenn ich das einem von meinen

Heimtrainern erzählt hätte, hätte der sicher gesagt: »Hey, du fährst dein Rennen ganz normal fertig.«

Für mich war das in dem Moment aber überhaupt kein Thema und ich habe mich einfach in den Dienst der Mannschaft gestellt. »Okay, wenn das so läuft, dann wird das auch so sein, wenn ich um den Gesamtweltcup kämpfe und mich da eine Kleine rausboxen könnte«, ging es mir durch den Kopf.

Natürlich war es letztendlich egal, ob ich da ein paar Punkte gemacht hätte oder nicht. Am Ende ist die Anita Wachter 11. und die Katja 18. geworden. Ich bin mir sicher, dass ich unter normalen Umständen unter die ersten zehn gefahren wäre. Zwei Jahre später hätte ich das in der gleichen Situation sicher nicht mehr so gemacht. Aber da hätte mir so was wohl auch keiner mehr gesagt.

Trotz dieser eher unschönen Episode bleibt mir die Saison 1992/93 in bester Erinnerung. Eben weil ich unheimlich viel gelernt habe. Ich war lange eine sehr nervöse Athletin und musste immer mit mir kämpfen, um am Start ruhig zu bleiben und umzusetzen, was ich kann. Ich glaube, ich hätte die Gesamtwertung im Europacup auch gewinnen und noch mehr erreichen können. Doch im Großen und Ganzen war das eine super Saison mit meinem ersten Weltcuprennen.

## VON DER SCHULBANK
## IN DEN KAMPFANZUG

Für mich war es immer wichtig, dass ich zweigleisig fahre. Du kannst noch so talentiert sein, aber am Ende gibt es niemals eine Garantie, dass sich der Traum von der Sportkarriere verwirklichen lässt. Das Problem ist nur, einen Arbeitgeber zu finden, der einem den Freiraum gibt, seinen Sport professionell auszuüben.

Wir haben in Deutschland da zum Glück eine sehr großzügige Förderung durch den Bund und die Länder. Viele Sportlerinnen und Sportler entscheiden sich daher nach dem Ende ihrer Schulzeit für eine Karriere bei der Bundeswehr oder Bundespolizei. Die Bundeswehr unterhält sogar eigene Sportförderkompanien, wo man den Dienst nach der Grundausbildung am Sportgerät statt an der Waffe absolvieren kann. Nach reiflicher Überlegung hatte ich mich deshalb für eine Karriere bei der Bundeswehr entschieden. Eigentlich sollte ich am 1. Juli 1992 dann zum Grundwehrdienst einrücken. Geplant war mehr oder weniger der direkte Wechsel von der Schulbank in den Kampfanzug.

Dafür musste ich allerdings auf meine Schulabschlussfahrt nach Italien verzichten. Das war sehr schade, weil das einfach ein schönes Ende für eine großartige Zeit gewesen wäre. Da jeder von uns seine eigenen Ziele hatte und wir uns vielleicht nie wiedersehen würden, wäre das eine letzte Gelegenheit gewesen, noch einmal gemeinsam unterwegs zu sein.

Doch wenn der Verzicht auf diese Fahrt mir dazu verhelfen würde, sofort den nächsten Schritt in Richtung Profi zu machen, dann war es halt so. Das war es mir wert.

Ich begann also zum 1. Juli meinen Dienst bei der Sanitätsakademie in München. Am ersten Tag gab es da dann einen Haufen Kleider. Einkleidungen hatte ich ja schon vorher für die verschiedenen Skiteams erlebt, aber das war dann doch etwas anderes. Diesmal gab es keine Renn-, dafür aber Tarnanzüge und

Uniformen. In den ersten vier Wochen sollte ich eine verkürzte Grundausbildung in München absolvieren und dann in die Sportförderkompanie nach Berchtesgaden ziehen. Das war auch der Grund für meine Entscheidung gewesen. Mit dem Standort Berchtesgaden konnte ich meine Arbeit mit den Trainern fortführen, die mich schon an der Christophorusschule betreut hatten. Da hätte sich rein sportlich für mich nicht viel verändert.

Doch irgendjemandem fiel dann plötzlich auf, dass ich noch zu jung für die Bundeswehr bin. Laut Verordnung muss man in dem Quartal, in dem man seinen Dienst antritt, mindestens 17 Jahre alt sein oder werden. Dummerweise bin ich aber im Oktober geboren, also im vierten Quartal des Jahres, und war daher in diesem Augenblick noch 16.

So schnell wie ich angefangen hatte, war meine Grundausbildung also schon wieder beendet. Gegen Ende der zweiten Woche kam der Bescheid, dass ich meine Dienstkleidung wieder abzugeben hätte. Als Datum für mein Ausscheiden aus der Armee war der 14. Juli gesetzt. Damit hätte ich dann immerhin noch die Chance gehabt, an meiner Abschlussfahrt mit der Christophorusschule teilzunehmen, die am 16. Juli starten sollte. Doch leider hat so eine Behörde ihre eigenen Gesetze, die nun einmal vorsahen, dass ich erst nach dem Wochenende meine Kleidung in der Kleiderkammer zurückgeben konnte. Damit war der Bus nach Italien abgefahren und ich dementsprechend frustriert. Jetzt hatte ich weder die Abschlussfahrt noch die Grundausbildung!

Statt im Juli 1992 sollte ich nun nach der kommenden Saison, also erst zum 1. April 1993 einrücken. Zum Glück zeigte sich der Standortkommandant in Berchtesgaden großzügig und bot mir an, trotzdem schon wie geplant in der Kaserne der

Sportförderkompanie in Strub zu wohnen. Das war die Rettung, denn aus dem Internat hatte ich ja mit dem Schulabschluss ausziehen müssen.

Mit diesem Sonderstatus in der Kaserne zu leben, war total cool, denn ich war zwar noch nicht offiziell dabei, hatte aber schon das Gefühl, zur Sportförderkompanie zu gehören.

Ich bin dann jeden Tag mit den anderen Sportlerinnen und Sportlern zum Training gegangen, als ob ich schon fester Teil des Teams wäre.

Mein Papa war da einmal mehr eine große Hilfe für mich. Damit ich ordentlich versichert war, hat er mich auf der Tölzer Hütte als Bedienung eingestellt. So wurde dann tatsächlich noch wahr, was er bei meiner Geburt prophezeit hatte. Nur dass ich halt eine Bedienung war, die meistens Ski gefahren ist. Viele Kaiserschmarrn dürfte ich nicht durch die Gegend geschleppt haben.

So konnte ich mich dann ganz auf den Rennsport mit den bereits erwähnten Erfolgen und dem Weltcupdebüt 1992/93 konzentrieren. Am 1. April 1993 bin ich dann gewissermaßen das zweite Mal eingerückt. Diesmal aber richtig. Doch statt eine verkürzte einmonatige Grundausbildung zu absolvieren, musste ich jetzt für drei Monate nach München in die Sanitätsakademie. Diese drei Monate waren auch für eine Leistungssportlerin wie mich ganz schön hart. Wir waren täglich von halb sieben in der Früh bis um vier am Nachmittag im Militärdress unterwegs. Da standen vor allem viele Märsche auf dem Programm. Wenn wir zurück waren, begann für mich das Training. Erst marschieren, dann ab 16 Uhr täglich noch mal zwei Stunden Ski fahren. Das waren brutal lange und harte Tage, körperlich sehr anstrengend und ganz anders als alles, was ich bisher erlebt hatte. Bis dahin kannte ich ja nur das Leben am Berg und im Sportinternat. Vorher war ich Schülerin und bis mittags beschäftigt, nun war mein ganzer Tag verplant. Das war ein echt herausfordernder Sommer.

Trotzdem hat mir diese Zeit sehr gutgetan, denn so ein komplett durchgeplanter Soldatinnenalltag kommt dem Leben einer Spitzensportlerin ziemlich nahe. Außerdem habe ich durch die Akademie ganz andere Einblicke bekommen. Denn dort werden normalerweise Sanitäterinnen und Sanitäter ausgebildet und sämtliche Gesundheitsthemen behandelt. Etwas, das mich bis heute interessiert und umtreibt, aber dazu kommen wir noch.

## SCHMERZEN IN CHILE

Jede Skirennläuferin macht im Laufe ihrer Karriere Erfahrungen mit Verletzungen. Das liegt einfach in der Natur unseres Sports. Als es mich das erste Mal erwischte, war ich noch keine 18 Jahre alt.

Parallel zur Bundeswehrgrundausbildung hatte ich den Sprung ins Weltcupteam des DSV geschafft. Weil die Trainingsmöglichkeiten in Europa auf die Zeit von Oktober bis Mai beschränkt sind, reisen viele Teams im Sommer auf die Südhalbkugel. Meine erste Überseetrainingsreise führte mich dann auch gleich an den von Berchtesgaden wohl am weitesten entfernten Ort, an dem man Ski fahren kann. Mitte August sind wir in das mehr als 12 000 Kilometer entfernte Chile geflogen – für dreieinhalb Wochen. So ein langes Trainingslager hatte ich noch nie erlebt. Wir wohnten auf 3000 Meter Höhe und die Pisten gingen bis auf über 3500 Meter hoch. Das war körperlich eine echte Challenge.

Wir waren da mit einem Haufen Mädels unterwegs, weil das Technikteam, also die Slalom- und Riesenslalommannschaft gemeinsam mit den Abfahrerinnen trainieren sollte. Da bist du dann im Training alles gefahren. Das war eine tolle Gelegenheit, mich wieder an die Abfahrt ranzutasten. Meine schlechten Erfahrungen in Garmisch lagen da auch erst zwei Jahre zurück.

Am Anfang haben wir direkt zehn Tage am Stück trainiert. Das war super, aber auch intensiv. Na ja, und irgendwann ist es dann halt beim Slalomtraining passiert. Vielleicht lag es daran, dass ich körperlich noch nicht so gut austrainiert war wie die erfahreneren Läuferinnen, die so was schon vier- oder fünfmal erlebt oder die volle Sommervorbereitung mitgemacht hatten. Jedenfalls fädle ich an einer Slalomstange ein und reiße mir das Syndesmoseband am Sprunggelenk. Das ist eine recht schwere Verletzung, mit der du in der Regel ein bis zwei Monate nicht Ski fahren kannst.

Ich bin dann nach Hause geflogen und habe die Verletzung bei einem Therapeuten von Hanni Wenzel in Liechtenstein auskuriert, weil unsere Physiotherapeuten ja mit dem Team unterwegs waren. Hanni ist eine echte Skilegende. Sie hat bei den Olympischen Spielen 1980 gleich zweimal Gold und eine Bronzemedaille gewonnen. Gemeinsam mit ihrem Mann Harti Weirather hat sie nach ihrem Karriereende die Vermarktungsagentur WWP gegründet, bei der auch ich unter Vertrag stand. Die hatten da einen super Physiotherapeuten, der sich umfassend um mich gekümmert hat. Das was sehr wichtig, denn ich wollte das verletzte Band nicht operieren lassen und mich lieber konservativ, also durch Training, auskurieren.

Das bedeutet allerdings nicht, dass du dich auf die Couch legst und eine Bewegungsschiene kriegst. Der Physiotherapeut hat mir mit Akupunktur die Lymphbahnen frei gemacht und mich dann Tausende von Treppen bergauf laufen lassen. Manchmal stand ich auch stundenlang im Wasser und habe da geschuftet. Ich habe trainiert wie eine Depperte! Ich wollte so schnell wie möglich wieder in den Schnee. Mit einem klaren Ziel: meine erste komplette Weltcupsaison fahren. Das hieß aber auch, dass ich bis Mitte Oktober wieder auf Schnee trainieren musste, denn Ende des Monats stand mit dem Riesenslalom in Sölden schon ein erstes Weltcuprennen auf dem Programm.

In Sölden wird seit vielen Jahren die Saison mit einem Rennen für Frauen und Männer Ende Oktober eröffnet, bevor der Weltcupzirkus dann bis Ende November wieder pausiert.

Mein größtes Problem war aber, dass ich überhaupt nicht in den Skischuh reingekommen bin. Das hat schon eine Zeit lang gedauert, bis das endlich klappte.

Am Ende bin ich in Sölden dann auf Platz 20 gefahren, was mit der Verletzung im Gepäck gar nicht so schlecht war. Vielleicht wäre es besser gewesen, zu warten, denn kurz darauf habe ich mir das Band erneut verletzt. Das war dann aber nicht mehr ganz so schlimm. Ich bin dann einfach fürs Erste mit einem Tape am Fuß weitergefahren.

## ALLROUNDERIN

So eine Verletzung kurz vor Saisonbeginn wirft einen natürlich gewaltig zurück. Gerade in unserem Team war mit Katja

Seizinger, Martina Ertl, Katharina Gutensohn, Regina Häusl und Michaela Gerg-Leitner unheimlich viel Qualität am Start. Vor allem in der Abfahrt und im Riesenslalom gab es eine riesige Konkurrenz. Die besten Chancen hätte ich da sicher im Slalom gehabt. Doch wegen der Verletzung konnte ich das lange überhaupt nicht trainieren. Bei jeder Stange hatte ich Angst, einzufädeln und mir das Band wieder zu reißen.

Mein großer Vorteil war da sicher, dass ich eine Allrounderin war. Wenn die eine Disziplin nicht funktionierte, dann ist es halt in einer anderen gelaufen. Das war durch die Bank so. Hatte ich im Slalom ein Skiproblem, dann ist es dafür in der Abfahrt oder im Super-G gegangen. Und wenn die Abfahrt nicht lief, dann klappte es dafür in den technischen Disziplinen. Ich habe diese Abwechslung gebraucht und geliebt. Immer nur Slalom fahren, da wärst du auch blöd geworden. Das war nämlich auch anstrengend wie die Sau, weil es dir da dauernd die Kippstangen an den Kopf gehauen hat. Und immer nur Abfahrt war auch schwierig, weil man da unglaublich konzentriert sein muss. Da kam mir meine Vielseitigkeit unheimlich entgegen.

Mein Plan war, mich in meiner ersten richtigen Weltcupsaison überall unter den ersten 30 zu etablieren. Das ist ganz wichtig, denn nur da sammelst du Punkte und kommst so immer weiter nach vorn. Ich bin anfangs in jeder Disziplin mit den Startnummern 45, 48, 52 oder auch höher gestartet. Dann ist es schon ein riesiger Unterschied, wenn du mal mit der 28 auf die Piste darfst. Und das habe ich geschafft. Vor allem im Riesenslalom lief es konstant gut. Das nächste Ziel war dann, in die Top 15 zu fahren, denn da sind die Bedingungen noch besser. Natürlich hatte ich irgendwo im Hinterkopf, dass im Februar 1994 Olympische Spiele in Norwegen stattfinden. Um dabei sein zu dürfen, musste ich zweimal in die Top 15 oder einmal unter die ersten 8 fahren. Doch das war viel zu weit weg. Erst einmal galt es, mich auf Dauer im Weltcup festzufahren.

Das war nun mein Leben. Zeit für Privates hatte ich überhaupt nicht mehr. Aber das war auch völlig in Ordnung so. Ich hatte mich für einen Weg entschieden und war bereit, dem alles unterzuordnen. Das Wichtigste für mich war, durch die Erfolge signalisiert zu bekommen, dass ich nicht auf dem Holzweg bin.

Die nächsten Rennen nach dem vorgezogenen Auftakt in Sölden waren dann Ende November 1993 in Santa Caterina in Italien.

Trotz der nicht auskurierten Verletzung bin ich da als 29. und 27. zweimal in die Punkte gefahren. Bei den Weltcups folgten immer wieder mal Ergebnisse zwischen 20 und 30. Das war natürlich alles zu wenig, um die Olympianorm zu erfüllen. Fürs Erste sollte Lillehammer also nur ein Traum bleiben.

Doch kaum hatte das Olympiajahr 1994 begonnen, nahm mein Zug in Richtung Norwegen so richtig Fahrt auf. Gleich im ersten Riesenslalom des Jahres fuhr ich im französischen Morzine auf Platz 19. Das war immer noch zu wenig, aber doch ein deutliches Zeichen, dass es aufwärts ging. Am nächsten Tag stand dann ein Slalom auf dem Programm. Damit hatte ich ja seit meiner Verletzung ein paar Probleme gehabt. Und plötzlich war ich in dieser Disziplin 9. und habe die halbe Olympianorm erfüllt! Klar, dass da die Träume größer wurden. Ich brauchte jetzt nur noch ein Resultat unter den besten 15, um mir schon mit gerade mal 18 Jahren gleich in meiner ersten richtigen Saison meinen Olympiatraum zu erfüllen.

Ziemlich genau ein Jahr nach meinem Weltcupdebüt in Cortina d'Ampezzo ging die Reise Mitte Januar wieder in die italienischen Dolomiten. Während ich 1993 nur dabei sein durfte, weil ein Startplatz frei geworden war, gehörte ich jetzt fest zum Team. Auf dem Programm standen auf den Pisten unter dem mächtigen Tofane-Massiv Abfahrt, Riesenslalom und zweimal Super-G. Für mich lag der Fokus an diesem Wochenende klar auf Super-G und Riesenslalom, wo ich mich weiterhin deutlich wohler fühlte als auf der schnellen Abfahrt.

Irgendwie schien mir dieses Cortina besonders zu liegen. Mit Platz 6 im Super-G holte ich mir mein bis dahin bestes Weltcupergebnis und qualifizierte mich für die Olympischen Spiele in Lillehammer.

Das war einfach nur Wahnsinn!

Im Nachhinein erinnere ich mich besonders an die Olympiaeinkleidung. Das ist für alle Sportler ein fast heiliger Moment. Vor einer ganz normalen Saison bekommt jeder von uns Athletinnen und Athleten Taschen voll mit Teamkleidung, das ist immer schon außergewöhnlich. Aber so eine Olympiaeinkleidung ist viel größer. Da sind Hallen voller Dinge, die du nur deshalb bekommst, weil du dich für Olympia qualifiziert hast!

Unsere Ausgehkleidung war dabei einzigartig. Designer Willy Bogner hatte auf die Jacken riesige orangefarbene Sonnen sticken lassen. Damit sollte für uns deutsche Athletinnen, auch im hohen Norden, wo es im Winter ja sehr dunkel ist, immer die Sonne scheinen. Ich erinnere mich außerdem noch sehr gerne an einen schwarzen Fleecepulli, mit einem goldenen Stern, den wir in Lillehammer hatten. Den habe ich geliebt.

Was ich auch nicht kannte, waren die vielen Journalistinnen und Journalisten, die da überall rumrannten. Die wollten all die bekannten Sportlerinnen und Sportler interviewen, die dort eingekleidet werden, und auch mich!

Und plötzlich realisierst du: »Du bist Olympia!«
Ja, ich bin mir schon sehr stolz vorgekommen.

## TRAGÖDIE IN GARMISCH

Wie eng Freud und Leid beieinanderliegen, sollte ich am 29. Januar 1994 beim Weltcup in Garmisch-Partenkirchen, nur zwei Wochen nach meinem Erfolg in Cortina, lernen.

Dass es im Rennsport immer wieder Stürze mit zum Teil schwersten Verletzungen gibt, war mir eigentlich bewusst. Ich selbst hatte bis dahin großes Glück gehabt, mich trotz einer Fußverletzung gleich in meinem ersten Weltcupjahr für die Olympischen Spiele qualifizieren zu können. Daran, dass man sich lebensgefährlich verletzen oder bei einem Skirennen gar sterben kann, hatte ich ganz sicher nicht gedacht. Der letzte tödliche Unfall lag in diesem Januar 1994 bereits drei Jahre zurück. Am 18. Januar 1991 war der österreichische Abfahrer Gernot Reinstadler bei der Qualifikation zum Lauberhornrennen in Wengen so schwer gestürzt, dass er einen Tag später seinen Verletzungen erlag. Ich war da gerade 15 Jahre alt und habe das damals gar nicht bewusst mitbekommen.

Auf das Rennen in Garmisch hatte ich mich sehr gefreut, denn schließlich war es mein allererster Heimweltcup. Das war nur ein paar Kilometer von zu Hause entfernt und genau dort, wo ich drei Jahre zuvor den Sprung vom Elternhaus in die Unabhängigkeit gewagt hatte. Außerdem kannten wir als deutsche Athletinnen die Pisten dort in- und auswendig, denn das war unser Trainingsgelände.

Klar hatte ich auch nicht vergessen, dass ich dort auf der Kandahar, wo jetzt ein Weltcup stattfinden würde, ein paar Jahre zuvor meine ersten eher peinlichen Erfahrungen auf Abfahrtsski gemacht hatte. Doch ganz so viel Angst hatte ich jetzt nicht mehr vor den langen Brettern und den hohen Geschwindigkeiten, auch wenn mein letztes Rennen in dieser Disziplin schon fast ein Jahr zurücklag. Wegen meiner Sprunggelenksverletzung hatte ich in dieser Saison noch keine Abfahrt bestreiten können. Dementsprechend hatte ich dann auch eine Startnummer irgendwo zwischen 50 und 55.

Unterhalb des Starthauses gibt es in Garmisch eine Wirtschaft, wo sich diejenigen mit den höheren Startnummern aufhalten, bis es hoch zum Start geht. Das kann manchmal ganz schön lange dauern, denn bei einer Fahrtzeit von fast zwei Minuten und dementsprechend langen Startintervallen können für die mit den hohen Startnummern schnell mal eineinhalb Stunden vergehen. Heute hängen im Startbereich bei jedem größeren Rennen überall Fernseher, auf denen man in der Wartezeit alles genau verfolgen kann. 1994 gab es so was nicht.

Als ich rauf zum Start wollte, hieß es dann, dass ich mir Zeit lassen solle, weil das Rennen wegen eines Sturzes wohl länger unterbrochen werden müsste. Ich habe mitbekommen, dass da ein Hubschrauber unterwegs war, aber was passiert ist, hat einem niemand gesagt. Du erfährst nur, was für deinen Lauf wichtig ist: Gibt es Probleme mit der Sicht? Ist da vielleicht ein Loch in der Piste? Geht der Sprung jetzt doch weiter als gedacht? Ansonsten filtern die Trainer alles raus. Dann heißt es einfach: »Es gibt eigentlich keine Probleme auf der Strecke. Fahrt da runter wie besichtigt und passt vor dem Sprung die Geschwindigkeit an.«

Wenn jetzt jemand stürzt, fragt man natürlich schon mal nach, was der Grund war und warum die Unterbrechung jetzt so lange dauert. Wenn der Helikopter kommt, um jemanden abzutransportieren, dann ist sehr schnell klar, dass es ein schwerer Sturz ist. Aber das kann natürlich von einem doppelten Schienbeinbruch bis zu einer Kopfverletzung alles sein. Für jemanden, der kein einziges Livebild gesehen hat, ist die Situation fast so, als wenn du gar nicht vor Ort wärst. Heute würde sofort das Handy bimmeln. Aber auch das gab es damals nicht.

Sobald ich als Athletin weiß, dass ich das Rennen jetzt antrete, bin ich voll konzentriert und fokussiert. In der Abfahrt bedeutet das, dein Möglichstes zu geben, um wirklich schnell runterzukommen. Darauf richtest du alles aus. Gerade in der damaligen Phase meiner Abfahrtskarriere war mir noch nicht bewusst, wie bedeutsam es ist, die Sicherheit genauso ernst zu nehmen. Ich war komplett fixiert auf die Geschwindigkeit und darauf, was die Strecke hergibt. Es ist dann oben nur durchgesickert, dass die Piste während der langen Unterbrechung schneller geworden ist und dass man da jetzt auch mit hohen Startnummern noch richtig gute Zeiten abliefern kann.

Dass sich eine Stunde vor meinem Start, also kurz bevor ich aus der Wirtschaft aufgebrochen bin, ein lebensgefährlicher Rennunfall ereignet hat, habe ich schlicht nicht mitbekommen. Ulrike Maier aus Österreich hatte es kurz vor der letzten Kurve bei über 100 Stundenkilometern einen Ski verschnitten. Ein Fehler, wie er beim Abfahren immer wieder mal passiert und der meistens ohne jegliche Folgen bleibt. Doch die Ulli ist so unglücklich auf einen Holzpfosten der Zeitnahme aufgeschlagen, dass sie sich eine gravierende Kopfverletzung zugezogen hat und ums Überleben kämpfen musste. Die Kandahar hat eine

Länge von fast drei Kilometern. Auf der ganzen Strecke stehen am Ende vielleicht drei oder vier von diesen Pfosten und sie hat einen davon erwischt. Das ist schon ein brutales Schicksal, wenn man sich das mal überlegt.

Während die ganze Welt das Drama live am TV verfolgen konnte, hatten wir am Start keine Ahnung. Wenn es die Trainer gewusst haben, dann haben sie uns nichts gesagt. Vielleicht war das auch besser so. Wenn du mit über 100 Stundenkilometer in einen vereisten Steilhang springst, dann solltest du Respekt vor der Gefahr haben, aber nicht über den Tod nachdenken. Am Start heißt es nur über Funk von unserem Pressesprecher: »Ja, war ein Unfall, wird jetzt versorgt und man muss halt schauen.« Mehr Informationen habe ich nicht, als ich starte. Ich versuche also, mich so gut wie möglich zu konzentrieren, durchzukommen und endlich mal eine gute Abfahrt zu fahren.

Mein Plan geht voll auf und ich meistere nun all die Stücke ohne Probleme, vor denen ich drei Jahre zuvor noch so viel Angst gehabt hatte, dass ich damals aufgeben musste. Ich fahre mit Höchstgeschwindigkeit an der Unfallstelle vorbei und habe keinen blassen Schimmer, was sich dort ereignet hat. Als ich mit meiner hohen Nummer ins Ziel fahre und Platz 15 aufleuchtet, freue ich mich wie wahnsinnig. Ich reiße die Arme hoch und lasse meine Freude raus. Ich bin total unbedarft. In meiner Realität hat es bis zu dem Zeitpunkt keine Katastrophe gegeben.

In dem Moment, in dem ich dann meine warme Jacke anziehe und da bestens gelaunt zu den Interviews stapfe, merke ich, dass die mich alle so komisch anschauen und irritiert sind, was ich da von mir gebe. Keiner kann verstehen, warum ich mich so freue. Ich bin ja einfach nur glücklich, dass ich auf Platz

15 gelandet bin, dass ich mein Ziel erreicht habe. Und jetzt werde ich gefragt, wie das war, da vorbeizufahren, und wundere mich, weil ich die Frage überhaupt nicht verstehe. Wir befanden uns einfach auf zwei völlig unterschiedlichen Ebenen. Die einen haben oben am Start gestanden und versucht, ein gutes Rennen zu fahren, und die anderen haben jetzt eineinhalb Stunden lang zuerst von einem normalen Rennen und dann von einer Tragödie berichtet.

Erst als ich die Bilder am Nachmittag im TV gesehen habe, habe ich das ganz langsam kapiert. Das war ganz komisch und hat lange gedauert, bis das wirklich bei mir angekommen ist. Da habe ich gesagt: »Ihr seid ja wahnsinnig, dass ihr das Rennen überhaupt noch habt weiterfahren lassen.« Ich war nur noch geschockt. Und dann extrem gespalten. Auf der einen Seite war ich richtig zufrieden mit der Leistung, die ich abgerufen hatte. Das war mein Job, auf den ich trainiert und den ich an dem Tag eben sehr gut erledigt habe. Aber auf der anderen Seite kämpft da eine Person, die ein paar Nummern vor dir gestartet ist, um ihr Leben. Das ist schon sehr zwiespältig. Ich habe erst im Nachhinein erfahren, dass die Ulrike da schon tot war.

Was mir im Umgang mit dem Drama geholfen hat, war, dass ich sie nur von der Ferne kannte. Das war schließlich meine erste richtige Weltcupsaison und viele der Kolleginnen hatte ich bisher höchstens im Startbereich oder später unten im Ziel gesehen. Wir hatten keine persönliche Beziehung zueinander gehabt. Wenn das eine Teamkollegin gewesen wäre oder jemand in meinem Alter, mit dem ich seit Kindertagen Rennen gefahren war, dann hätte mich das noch mal ganz anders getroffen. Das hinterlässt dann ganz sicher ein brutales Loch. Da wäre ich jeden Tag schon beim Teamfrühstück daran erinnert worden, dass da jemand fehlt.

Dadurch, dass ich den Unfall nicht gesehen habe und selbst noch runtergefahren bin und das Rennen mit einem positiven Aspekt abgeschlossen habe, hat mich das Geschehene in der Rolle der Skifahrerin Hilde nicht beeinträchtigt. Es war danach zum Glück nicht so, dass ich ständig darüber nachgedacht habe, dass ich bei dem Sport, den ich so gerne mache, sterben könnte.

Eine Woche nach dem Drama in Garmisch habe ich dann sogar mein erstes Rennen gewonnen. Das war ein Super-G in der Sierra Nevada im Süden von Spanien. Ich hatte die Ereignisse da zwar noch nicht aus dem Kopf, aber es hat mich nicht so sehr belastet, dass ich nur noch gegrübelt hätte.

Und doch hat sich dieses Datum bei mir eingebrannt. Als ich am 29. Januar 2001 in St. Anton nach einer langen Verletzung die Bronzemedaille gewonnen habe, da ist mir sofort bewusst gewesen, dass das der Todestag von der Ulli Maier ist. Ich hatte diesen Unfall und seine Folgen immer irgendwo im Hinterkopf, aber es hat mich glücklicherweise nicht aus meiner skifahrerischen Bahn geworfen.

Letztendlich war dieser schlimme Unfall in Garmisch allerdings eine Zäsur für unseren Sport. Danach sind die Sicherheitskriterien erheblich verschärft und die Absicherungen auf den Strecken deutlich verbessert worden. Wie bitter nur, dass dafür erst ein Mensch hat sterben müssen.

# Die ersten Spiele

## OLYMPIADEBÜT: LILLEHAMMER 94

In meiner Karriere als Rennläuferin hatte ich das Glück, dreimal bei Olympischen Spielen dabei zu sein. 1994 in Lillehammer in Norwegen, 1998 in Nagano in Japan und 2002 in Salt Lake City in den USA. Klar bleibt mir Nagano mit meiner Goldmedaille ganz besonders in Erinnerung, doch die schönsten Spiele waren ganz sicher die von 1994.

Lillehammer war so, wie Olympia sein sollte. Alles war in erreichbarer Nähe und nicht über Hunderte von Quadratkilometern verstreut. Das olympische Dorf war total gemütlich und die Eröffnungsfeier ein kleines, feines Fest im Skistadion. Dazu kam dieses wunderbare Wintergefühl. Als wir dort ankamen, war alles tief verschneit. Ein echtes Wintermärchen. Für eine 18-Jährige bei ihren ersten Winterspielen war das sowieso alles einfach nur zauberhaft.

Besonders spannend fand ich die große Mensa im olympischen Dorf. Da gab es so große klobige Computerboxen, die nichts mit den heutigen modernen Laptops und Desktops zu tun haben, aber einfach perfekt waren, um andere Sportlerinnen und Sportler zu kontaktieren. Mit deiner Akkreditierung konntest du dein Konto freischalten und anderen, die auch im Dorf waren, schreiben. Wenn ich mich da hingesetzt habe, dann habe ich mit der Martina Ertl oder der Katja Seizinger aus meinem Team oder dem Lasse Kjus oder dem Didier Cuche von den Männern kommunizieren können. Das war das Außergewöhnliche, auch mal Leute zu treffen, die nicht im Frauenweltcup dabei waren. Da war man dann ganz einfach vernetzt und konnte sich verabreden. Die anderen Mädels hatten schon ihre Kontakte, aber ich war eben das erste Mal dabei und kannte niemanden.

In dem Athletendorf war alles ganz nah beieinander. Wir hatten für das deutsche Team so nette kleine Häuschen mit einem Gemeinschaftsraum. Oben in der Mitte war ein Bad und drum herum waren die Zimmer angeordnet. Wenn man runtergegangen ist, gab es in diesen einzelnen Blöcken noch mal einen Raum für alle. Bei uns war das das »deutsche Eck«. Da waren neben uns vom Skifahren auch die Deutschen vom Skispringen und vom Eishockey. Da war ganz schön was los. Man ist da mit den anderen Sportarten relativ gut in Kontakt gekommen, weil eben alles unter einem Dach oder an einem Ort war. Für die Verpflegung hat ein deutscher Metzger aus Bad Tölz gesorgt, der das Catering im deutschen Haus gemacht hat. Bei dem hat sich dann immer alles getroffen.

Das Ganze war neu und fremd für mich, als ich Stück für Stück in diese Sportcommunity eingeführt wurde. Mit gerade mal 18 gehörte ich zu den Jüngsten im Team und war dementsprechend aufgeregt.

Durch meine tollen Ergebnisse im Super-G mit dem Sieg direkt vor Olympia und dem sechsten Platz in Cortina war klar, dass ich auf jeden Fall starten werde. Wenn du dich einmal für Olympia qualifiziert hast, dann darfst du in allen Disziplinen starten, solange dich dein Team einsetzt. In der Regel gibt es vier Startplätze pro Nation. Manchmal reichen die Plätze aus, manchmal wird teamintern heftig darum gestritten.

Während die Älteren im Team auf dieser Strecke schon Rennen gefahren sind, war ich zum ersten Mal dort. Ich hatte keine Ahnung, was mich erwartet. Dazu kam, dass mich dieser »blöde« Sieg in Spanien voll unter Druck gesetzt hat. Die

*BILD*-Zeitung hat danach zu einem Foto von mir getitelt: »Ist sie unsere neue Katja?« Damit konnte ich überhaupt nicht umgehen. Katja Seizinger war zu dem Zeitpunkt Abfahrtsweltmeisterin und hatte in Albertville 1992 eine Bronzemedaille gewonnen. Mir ging das alles viel zu schnell. Ein paar Wochen zuvor wäre ich froh gewesen, im Weltcup unter die Top 30 zu fahren, und auf einmal werde ich mit den Goldfavoritinnen in einem Satz genannt. Dieses ungute Gefühl wollte auch bei der Streckenbesichtigung kurz vor dem Rennen nicht weichen. Dazu kam dann noch diese furchtbare Kälte. Ich hatte mir den Rennanzug umgebunden und dann meinen schönen Olympiapulli sowie einen Blouson drübergezogen. Aber irgendwie war das immer noch zu kalt. Am Ende stand ich total verfroren im Starthaus und bin mehr runtergerutscht als gefahren. Platz 18 war ganz sicher nichts, was ich mir nach meinem Saisonverlauf, vor allem im Super-G, für Olympia vorgestellt hatte. Vielleicht lag es am Wetter, wahrscheinlich aber eher am Druck.

Für die Abfahrt gab es dann einen harten Kampf um die Startplätze. Wir hatten einfach ein unfassbar starkes Team.
Die Katja war fest für das Rennen gesetzt, darüber gab es gar keine Diskussion. Die restlichen drei Plätze sollten über eine interne Qualifikation in den Trainingsläufen vergeben werden. Da mussten alle ran, völlig unabhängig von den bisherigen Saisonergebnissen. Ich hatte in der Abfahrt bis dahin nicht wirklich etwas vorzuweisen, durfte aber trotzdem mit um die Startplätze fahren. Am Ende haben sich dann Martina Ertl, Katharina Gutensohn und Miriam Vogt durchgesetzt. Für mich war da nichts zu holen. Das war auch völlig in Ordnung, denn Abfahrt war ja immer noch nicht meine Lieblingsdisziplin.

Für andere war diese Situation aber ein echtes Problem. Dementsprechend hoch her ist es dann nach der Qualifikation gegangen. Vor allem Rosi Renoth und Uli Stanggassinger waren brutal enttäuscht. Die hatten bis dahin recht konstante Ergebnisse geliefert und hatten auch nur die Abfahrt als Disziplin. Das war aber den Trainern plötzlich egal und es wurde nur noch nach Trainingszeit aufgestellt. Ich habe so was zum ersten Mal mitbekommen und war ganz schön überrascht, wie das alles ablief.

Für mich persönlich war es nicht tragisch, dass ich in der Abfahrt nicht dabei war, denn als Allrounderin hatte ich noch mehr Möglichkeiten, zum Einsatz zu kommen. Für den Slalom am Ende der Spiele war ich sowieso gesetzt. Da hatten wir nicht so viele, die da fahren wollten. Ich wusste allerdings, dass ich wegen meiner Fußverletzung lange nicht trainiert hatte. Das war jetzt kein Wettbewerb, wo ich mir große Chancen ausrechnen durfte.

Meine ganze Hoffnung lag auf dem Riesenslalom. Da hatte ich ja im Saisonverlauf immer wieder gute Ergebnisse erzielt. Dummerweise hatte ich dort aber keinen Startplatz sicher, weil wir in dieser Disziplin echt gut aufgestellt waren. Katja, Martina und Christina Meier-Höck waren gesetzt. Blieb also noch ein Startplatz übrig. Nun war es so, dass die Michaela Gerg-Leitner und ich recht ähnliche Ergebnisse erzielt und die Trainer bis kurz vor dem Rennen offengelassen hatten, wer den vierten Startplatz kriegt. In den Rennen unmittelbar vor Lillehammer hatte ich die etwas besseren Ergebnisse, die Michaela dafür eher zu Saisonbeginn. Das war auch nicht überraschend, denn da hatte ich ja noch mit meiner Fußverletzung zu kämpfen. Für mich war klar: Ich wollte diesen Startplatz unbedingt, denn mit dem Super-G war ich ja nicht zufrieden und im Slalom chancenlos.

Die Trainer hatten dann auf dem Parallelhang einen Riesenslalom gesetzt, auf dem wir die Ausscheidung fahren mussten. Das war schon irgendwie bizarr, denn da standen sich zwei Athletinnen gegenüber, die beide am Brauneck aufgewachsen waren und das Skilaufen auf denselben Pisten gelernt hatten. Michaelas Großvater hatte als Pionier sogar die Lifte gebaut, mit denen ich dann später nach der Schule zurück auf die Hütte gefahren bin. Diese Ausscheidung war auch ein bisschen symptomatisch für den Umbruch, der damals in unserem Team stattfand. Wie auch in der Abfahrt war es hier der Kampf »Jung gegen Alt«, denn Michaela war damals 28, ich aber erst 18.

Wir haben dann vier Läufe gegeneinander gemacht und ich war in jedem Lauf schneller als sie. Damit war dann klar, dass ich im Riesenslalom starten darf.

## DIE »WILDE HILDE«

Wenn ich ganz ehrlich bin, sollte ich den Riesenslalom in Lillehammer aus meinem Gedächtnis streichen. Der Tag fing schon komisch an. Nach dem Training am Vortag war ich am Abend froh, in meiner warmen Hütte zu sein. Da war es draußen wieder so eiskalt und ich einfach nur glücklich, als ich in meinem gemütlichen Bett liegen und in einem Buch lesen konnte. Ich hatte *Es* von Stephen King dabei. Und weil dieses Buch so spannend war, habe ich in der Nacht vor dem Riesenslalom gelesen und gelesen und gelesen. Da ich allein auf dem Zimmer war, hatte ich auch niemanden, der mir gesagt hat, dass ich jetzt mal das Licht ausmachen soll. Irgendwann mitten in der Nacht bin ich dann wohl über dem Buch eingeschlafen.

Ich kann nicht mehr sagen, ob ich meinen Wecker von Haus aus nicht gestellt oder ob ich den in der Früh ausgeschaltet habe. Auf jeden Fall habe ich dann super geschlafen und mich auch nicht stören lassen, als ich gehört habe, dass sich da jetzt welche anziehen und im Bad sind. Bei Weltcups haben wir uns in der Regel immer ein Zimmer geteilt, doch hier hatten alle ein Einzelzimmer. Deshalb hat mich auch nicht gleich jemand geweckt. Du hast dich halt in deinem Zimmer angezogen und bist dann zum Frühstück in die Mensa gegangen. Die war etwa fünf Minuten von unserem Quartier entfernt.

Weil der Riesenslalomhang ein paar Kilometer entfernt war, hatten wir verabredet, uns um fünf vor sieben zur Abfahrt zu treffen. Olympischer Riesenslalom, Seizinger Favoritin, Ertl Favoritin, Meier-Höck auch nicht so schlecht dabei – und Küken Hilde, nur die kommt einfach nicht zum Frühstück.

Um Viertel vor sieben ist es dann wohl aufgefallen, dass ich gefehlt habe. Wolfgang Maier, der damals als Disziplintrainer für dieses Rennen verantwortlich war, ging schließlich zurück und weckte mich mit lautem Klopfen. »Heute ist Riesenslalom« und ob ich »vielleicht keine Lust zu starten« habe, gab es dann erst mal eine Aufforderung, jetzt aber richtig Gas zu geben. Immerhin hatte ich meine Rennkleidung schon hergerichtet und musste nur noch reinhüpfen. Die Ansage von Wolfi war klar: »Die anderen sitzen schon im Bus. In fünf Minuten ist Abfahrt. Zum Frühstücken brauchst du nicht mehr gehen, wir haben einen Riegel und Tee im Auto. Komm einfach mit deinem Zeug zum Bus. Deine Ski bringt der Serviceman mit.«

Normalerweise sind wir immer schon fünf Minuten vor der Abfahrtszeit weggefahren und jetzt ... Ich habe mich dann tausendmal entschuldigt und mich mit meinem Riegel und dem

Tee mit knallrotem Kopf ganz kleinlaut in die letzte Bank im Bus gekauert. Ich dachte die ganze Zeit nur, dass das alles Medaillenkandidatinnen sind und ich verpenne und bringe die total aus der Konzentration. Doch irgendwie hat mich das alles nur beflügelt statt gehemmt.

Trotz der hohen Startnummer 28 gelingt mir ein super erster Lauf. Dass mir die Bedingungen auf dem Hang liegen, habe ich schon in der teaminternen Qualifikation gemerkt. Der Schnee war stumpf und kalt. Da ist mein Ski richtig gut gelaufen. Das war alles wie auf mich zugeschnitten. Der Hang hatte wahnsinnig viele Übergänge und Wellen. Das ist etwas, das ich schon immer gut konnte. Wahrscheinlich sind mir da die vielen Fahrten zur Schule zugutegekommen.

Schon während ich fahre, denke ich: Wahnsinn, wie für mich gemacht.

Irgendwie hatte sich die Geschichte, dass ich verschlafen und das ganze Team bei der Abfahrt aufgehalten habe, in der Zwischenzeit schon bis zu Gerd Rubenbauer rumgesprochen. »Rubi« war der Kommentator des Rennens für die Liveübertragung in der ARD. Als ich dann über die Ziellinie fahre und mich wie wild selbst feiere, verpasst mir Rubi einen Spitznamen, den ich nie mehr loswerden sollte:

»Zweiter Platz! Und das, obwohl der Tag so typisch für die wilde Hilde begonnen hat«, schreit der Kommentator ins Mikrofon. Die »Wilde Hilde« war geboren.

Ich weiß bis heute nicht genau, was der Rubi da gemeint hat. Dass ich verschlafe und alle aufhalte, war ja nicht unbedingt typisch für mich. Da hat das »wilde« schon eher auf meinen unbedarften Fahrstil gepasst, den man auch als ungestüm bezeichnen konnte. Aber »ungestüme Hilde« klang natürlich bei Weitem nicht so cool.

Vor dem zweiten Durchgang kam dann die große Nervosität. Die Kurssetzung lag mir da auch nicht so gut wie vor dem ersten Durchgang, in dem ich ja nichts zu verlieren hatte. Plötzlich hatte ich die Chance, gleich meine ersten Spiele mit einer Medaille zu krönen. Vor ein paar Wochen war eine Olympiateilnahme noch endlos weit weg gewesen und jetzt sogar eine Medaille in Griffweite!

Als ich im Starthaus stehe, spüre ich, wie sehr mein Herz bumpert. Vor lauter Aufregung verursache ich dann fast noch einen Fehlstart. Du hast da dieses 30-Sekunden-Signal, das dich auf deinen Start vorbereiten soll. Doch irgendwie will ich da schon fast wegfahren. Ich kann gerade noch wieder zurückschieben. »Ganz ruhig, Hilde, das wird schon«, sage ich mir. So eine Aufregung hatte ich noch nie erlebt. Auf den ersten Toren komme ich dann gut zum Fahren, habe aber recht stark mit den Lichtverhältnissen zu kämpfen. Vor mir war die Martina mit viel Risiko auf den zweiten Platz gefahren. Genau das will ich auch machen. »Du musst es riskieren, du musst frech fahren«, sage ich mir immer wieder und bin extrem schnell unterwegs. Bis zum letzten Übergang habe ich so viel Speed aufgebaut, dass ich definitiv mindestens auf Silberkurs liege.

Ärgerlicherweise hatte ich, die Medaille vor Augen, vergessen, dass da noch eine Welle kommt. Im Skisport geht alles irre schnell. Du entscheidest in einer Tausendstelsekunde, ob du am Schwungansatz mehr oder weniger Druck gibst. Im Zweifelsfall entscheidest du dich halt auch mal falsch. Noch bevor ich meinen Fehler verstehe, hebt es mich aus, und ich fliege in hohem Bogen am nächsten Tor vorbei und lande unsanft in der Pampa. Aus. Vorbei. Ein paar Tore vor dem Ziel schmeiße ich meine Medaille weg. Plötzlich liege ich da im Schnee und denke nur noch: Scheiße, wär ich schnell gewesen!

Das war eine ganz schwierige Situation. Einerseits habe ich mich mit Martina für ihre Silbermedaille gefreut, aber andererseits war ich total frustriert. Natürlich war ich nie eine Medaillenfavoritin in diesem Rennen. Meistens lag ich im Riesenslalom im Weltcup so um Platz 18. Doch in diesem Moment war es eine vergebene Chance. Als Sportlerin bin ich für meinen Mut, mich da so runterzustürzen, nicht belohnt worden.

Um das richtige Maß an Risiko habe ich immer gekämpft. Denn durch solche Ereignisse habe ich erkannt, dass ich halt doch mit mehr Hirn und mit mehr kontrolliertem Risiko an die Sache herangehen muss. Wenn ich das ein bisschen mehr unter Kontrolle gehabt hätte, wäre mir das nicht passiert. Das hat mich in der Entwicklung beim Riesenslalom in den nächsten Jahren gehemmt. Es wurde danach nie mehr meine Paradedisziplin.

Für mich waren die Olympischen Spiele in Lillehammer damit eigentlich gelaufen. Ich bin dann zwar noch den Slalom gefahren und rausgeflogen. Aber da war sowieso schon die Luft raus. Ich war enttäuscht und müde. Am liebsten wäre ich sofort nach Hause gefahren, nach dem ganzen Krampf.

## WAS LANGE WÄHRT ...

Eigentlich hätte die Saison 1993/94 nach den Olympischen Spielen gut und gerne zu Ende sein dürfen. Nach den vielen Reisen und der langen Zeit in Lillehammer war ich extrem erschöpft. Am liebsten wäre ich wieder mal auf der Hütte untergekrochen und hätte mich von der Mama bekochen lassen.

Doch der Weltcupkalender kennt keine Gnade, und wer da in einem Team ist, der muss das bis zum Saisonende durchziehen. Nach einer kurzen Pause standen für mich dann zum Saisonende noch mehrere Rennen in den USA an. Diese Reise sollte sich für mich letztendlich nicht nur sportlich lohnen.

Für mein erstes Überseerennen musste ich mit dem Weltcupteam bis nach Kalifornien fliegen. Obwohl ich echt platt war, gelang mir in Mammoth ein toller Super-G und ich landete als Dritte wieder auf dem Podest.

Während der Rest meiner Mannschaft zum Weltcupfinale nach Vail fuhr, wurde ich nach Lake Placid zur Juniorenweltmeisterschaft abkommandiert, wo ich wegen meines Alters noch starten durfte. Das war eine brutale Tour, weil ich da von Mammoth über San Francisco an die Ostküste der Vereinigten Staaten fliegen musste. Lake Placid liegt im äußersten Nordosten der USA, irgendwo zwischen New York und Montreal. Ich hatte dort auch nicht viel Zeit, denn nur zwei Tage nach dem Weltcup sollte ich schon wieder bei der WM starten. Trotz der Reisestrapazen hatte ich mich auf diese Reise riesig gefreut. Da waren viele aus dem 75er-Jahrgang dabei, die ich lange nicht gesehen hatte, wie meine langjährige Freundin Sibylle Brauner und meine Cousine Annemarie, die zum WM-Auftakt gleich mal Silber in der Abfahrt gewann. Als ich mitten in der Nacht ankam, herrschte da deshalb eine wahnsinnig gelöste Stimmung.

Im Super-G war ich wegen meinen tollen Platzierungen im Weltcup eine der großen Favoritinnen, auch wenn ich erst seit ein paar Stunden da war. Obwohl ich den Hang nicht kannte, gelang mir auch tatsächlich ein ziemlich perfekter Lauf – der mit der Goldmedaille belohnt wurde. Dabei hatte ich unterwegs das Gefühl, ich sei an einem Tor vorbeigefahren, und wollte schon fast abschwingen. Dann habe ich mir gedacht: Na, vielleicht hat es keiner gesehen, ich fahr jetzt einfach mal weiter. Am Ende war dann alles in Ordnung und ich war Juniorenweltmeisterin.

Nach dem Rennen sind wir alle miteinander essen gegangen und haben danach noch im Hotel zusammengehockt. Ich hatte wahnsinnig viel zu erzählen, denn die wollten alle die Geschichten von den Olympischen Spielen hören. Ganz schnell wurde daraus eine Zimmer- und Gangparty und da ging es ganz schön hoch her. Schließlich hatte unser Team bis dahin ja schon einiges zu feiern.

Ganz besonders schön war es, den Wofal endlich wieder zu treffen. Der war ja bis zu meinem Wechsel in das Weltcupteam ewig lang mein Trainer gewesen und hatte mir unfassbar viel geholfen. Im Sommer hatten wir in Berchtesgaden ein gemeinsames Konditionstraining gehabt und ansonsten viel telefoniert. Auch als ich in Lillehammer jemanden zum Reden gebraucht habe, habe ich ihn angerufen. Wenn ich eine Frage hatte, dann war er immer für mich da. So wie eben 1993, als er mich zu meinem ersten Weltcuprennen überredet hatte.

In diesem Jahr hatten wir leider kaum noch Berührungspunkte gehabt, weil ich fast nur im Weltcup, er aber immer noch im Europacup unterwegs war. Das war schon schade, weil wir uns einfach sehr mochten. Da war sicher eine gewisse Schwärmerei oder auch Verliebtheit, aber ich hatte ja keine Eile, schließlich wusste ich, seit ich ihn das erste Mal auf einem Foto gesehen hatte, dass wir mal heiraten. Und außerdem war ich für das alles noch viel zu jung, er immer noch Trainer und ich Athletin.

Und dann sitzen wir da in gelöster Stimmung in Lake Placid beieinander und reden über das Leben. Irgendwann verschwinden dann, bis auf die Trainer und ein paar Serviceleute, alle Sportlerinnen und Sportler. Die haben noch viel vor sich, die WM ist ja noch längst nicht zu Ende. Auch für mich steht mit dem Slalom noch ein wichtiges Rennen an, bei dem ich zu den Favoritinnen zähle. Trotzdem will ich noch nicht schlafen gehen, denn wir unterhalten uns so cool und das soll noch nicht zu Ende sein. Als ich dann schließlich aufbreche, geht der Wofal mir hinterher, dreht mich um und fängt mitten im Gang mit mir zu schmusen an. In meinem Kopf dreht sich alles. Huh – Wahnsinn, schießt es mir durch den Kopf. Da stehst du als 18-jähriges Mädel, weit weg von daheim, in einem Hotelflur in Amerika, und der Traummann, den du heimlich immer schon angehimmelt hast, teilt deine Gefühle.

Das Ganze dauert auch nicht viel länger als zehn Minuten. Danach geht jeder ganz brav allein in sein Zimmer. Aber diese Augenblicke reichen schon, um mich völlig aus der Bahn zu werfen. Als ich dann im Bett liege, bin ich einerseits total platt von dem ganzen Stress, andererseits aber so aufgewühlt, dass ich kein Auge schließen kann. Als ich am Morgen aufwache, denke ich nur: Oh Gott, oh Gott, Hilde, auf was hast du dich denn jetzt eingelassen, mit einem Trainer, das geht doch nicht. Dummerweise liege ich mit ein paar anderen Mädels auf dem Zimmer und kann nicht gleich telefonieren. Als die dann zum Frühstück raus sind, rufe ich erst mal die Mama an, ich brauche dringend jemanden zum Reden. Wegen des Zeitunterschieds von sechs Stunden läuft auf der Hütte gerade das Mittagessen und die Mama hat mit Schweinsbraten und Kaiserschmarrn gerade mehr als genug zu tun. Deshalb ist natürlich erst einmal der Papa am Telefon, dem ich das sicher nicht erzählen will. Der ist ganz durcheinander und kennt sich gleich gar nicht mehr aus, denn normalerweise habe ich mich nur gemeldet, wenn er mich als Fahrdienst irgendwo abholen sollte. Für die Mama muss das noch ärger gewesen sein, denn die habe ich bis dahin noch nie angerufen. Nie. Wir hatten eine Absprache, dass ich mich nur bei ihr melde, wenn ich mich verletzt habe. Irgendwann habe ich sie dann endlich am Hörer.

»Ist irgendwas?«, will sie dann auch ganz besorgt wissen.

»Nein, Mama, ich habe mit dem Trainer geschmust«, falle ich mit der Tür ins Haus.

Doch so was kann jemanden wie meine Mama, die immer mit beiden Beinen fest im Leben gestanden ist, nicht umhauen. »Verhalte dich normal, denk ans Skifahren, und dann wirst du schon sehen, was er sagt«, gibt sie mir mit.

Ein paar Stunden später sitzt der Wofal dann beim Training plötzlich neben mir im Lift. Während ich Schnappatmung bekomme und Angst habe, dass er alles verleugnet und sich rausredet, dass er total betrunken gewesen sei, steht er stattdessen voll dazu. Der ist total gelöst und auch überhaupt nicht anders als am Tag zuvor. »Und wir zwei haben jetzt gestern Abend miteinander geschmust,« spricht er mich geradeheraus darauf an, während ich maximal ein schüchternes »Jahaaa«, wie ein verliebter Teenager, herausbringe.

Damit hatte ich überhaupt nicht gerechnet. Jede Anspannung war verflogen, weil wir uns so gegenseitig bestätigt hatten, dass wir diese Gefühle wirklich haben. Keiner hat das als Unfall abgetan. Vielleicht hat mich das am Ende so umgehauen, dass ich im Slalom die fest einkalkulierte Medaille als Vierte verpasst habe. Irgendwie war das alles nicht ganz real und hat mich schon mächtig beschäftigt. Außerdem mussten wir aufpassen, dass uns niemand sieht, denn obwohl er zu dem Zeitpunkt ja für das Europacupteam und somit gar nicht für mich als Weltcupfahrerin zuständig war, wäre ein solches Verhältnis bei vielen überhaupt nicht gut angekommen. Dieses Thema sollte uns noch viele Jahre beschäftigen.

Als ich dann abgereist bin, hat Wofal mich zum Flughafen nach Montreal gefahren. Das war total schön, weil da niemand von den anderen dabei war und wir nicht aufpassen mussten, dass uns jemand sieht. Das war unheimlich emotional, weil wir wussten, dass uns dort niemand kennt und wir uns völlig frei bewegen können. Da konnten wir dann richtig ungestört und ohne Angst miteinander umgehen, wie man das eben tut, wenn man frisch verliebt ist. Wir mussten uns nicht bei jedem Kuss verstohlen umschauen, ob uns jemand beobachtet. Das war für mich etwas Besonderes. Ich war ein 18-jähriges Mädel und hatte nun meinen ersten richtigen Freund! Den will man natürlich herzeigen. Die ganze Welt soll wissen: »Schaut her, wir gehören zusammen.« Das war dort am Flughafen wahrscheinlich einer der ganz wenigen Augenblicke, die wir total frei miteinander gehabt haben. Ich war unendlich glücklich.

Zum Ende dieses ersten verrückten Weltcupjahres flog ich als Weltmeisterin mit einem Haufen Schmetterlinge in meinem Bauch zurück nach Hause.

## *VERBOTENE LIEBE*

Daheim sah das leider alles wieder ganz anders aus. Da mussten wir uns verstecken und durften niemanden wissen lassen, wie es um unsere Gefühlswelt steht. Und das wurde noch schlimmer, als die Weltcupmannschaft für die Saison 1993/94 neu aufgestellt wurde.

Während wir Sportlerinnen ein paar Tage Pause hatten, wurde der Trainingsstab im Weltcupteam im April großflächig umgebaut. Einige der alten Trainer hatten ihre Tätigkeiten beendet und wurden durch jüngere ersetzt. Plötzlich war Wofal nicht mehr für die Europacupmannschaft zuständig, sondern sollte Abfahrtstrainer Stephan Kurz im Weltcup assistieren. Damit waren wir nun in einem Team. Diese neue Nähe brachte große Probleme. Nach wie vor wusste außer unseren Eltern niemand von unserer gerade beginnenden Beziehung. Um nicht aufzufallen, trafen wir uns mal in München, mal irgendwo dazwischen, aber niemals in Berchtesgaden, wo wir beide lebten.

Wolfgang freute sich einerseits total über seinen Aufstieg in die Weltcupmannschaft, fand aber andererseits, dass ein Verhältnis zwischen Trainer und Aktiver überhaupt nicht geht. Kaum zwei Monate nach dem Beginn unseres Techtelmechtels war Anfang Mai schon wieder alles vorbei.

Von wegen alles neu macht der Mai.

Ich war gerade volljährig und fix und fertig.

Das erste Mal in meinem Leben war ich richtig verliebt. Das hat einfach gepasst. Das war nicht dieses »Man hat jetzt mal einen Freund«. Wir haben uns einfach richtig geliebt, das hat man deutlich gemerkt. Es war einfach krass, dass es plötzlich aufgrund der Arbeitssituation nicht mehr gehen sollte.

Für ihn war das alles viel einfacher als für mich. Der Wofal war fünf Jahre älter und hatte schon viel mehr Erfahrung. Ich hatte bis dahin ja nur für den Sport gelebt. Er hat den Ton angegeben und klar gesagt, dass wir das jetzt direkt beenden. Für ihn war klar, je schneller Schluss ist, desto besser, sodass wir gar nicht in eine Situation kommen, in der es heißt: »Das dürft ihr nicht.«

Während ich gelitten habe, hat er nicht lange gejammert, sondern sich gleich mal eine neue Freundin gesucht. Das war brutal, denn ich war ja weiterhin in Berchtesgaden im Training und bei der Bundeswehr. Ich hatte quasi keine Möglichkeit, dem ganzen Schlamassel zu entkommen. Während des Sommertrainings wurde ich tagtäglich mit der unschönen Situation konfrontiert. Egal ob ich mit dem Rad oder dem Auto in die Trainingshalle gefahren bin, ich musste immer am Haus seiner neuen Freundin vorbei. Und irgendwie stand da auch immer sein Auto vor der Tür, sodass das auch richtig wehgetan hat. Zum ersten Mal in meinem Leben hatte ich echten Liebeskummer.

Das hörte auch lange nicht auf, weil wir uns im Laufe des Sommers immer wieder gesehen haben. Weil er nun Trainer der Weltcupmannschaft war, hatten wir verschiedene Lehrgänge und Trainingslager miteinander. Mal waren das fünf Tage Kondition in der Halle, dann mal wieder vier Tage auf irgendeinem Gletscher beim Skifahren. Das war nun plötzlich ein rein äußerlich ganz normales Verhältnis zwischen Trainer und Sportlerin. Dass wir beide damit ganz schön zu kämpfen hatten, wusste ja niemand.

Irgendwann war ich dann aber mit dem Thema durch, weil ich seine Einstellung respektiert habe. Obwohl es mir nicht gefallen hat, war mir auch klar, dass so was zwischen einer Aktiven und ihrem Trainer einfach nicht geht. Trotzdem hatte ich die Idee, den Wofal irgendwann mal zu heiraten, immer noch nicht ganz aufgeben. Das hat sich auch nicht geändert, als ich daheim einen Freund hatte. Diese Beziehung hatte niemals eine echte Chance, weil ich den einfach nicht so gerne mochte wie den Wolfgang. Das hat nicht funktionieren können.

Doch so schnell, wie es sich in die eine Richtung dreht, kann es sich auch wieder zurückdrehen. Wie schon im Jahr zuvor waren wir mit der Mannschaft wieder in Valle Nevado in den chilenischen Anden. Dieser Skiort ist etwa zwei Autostunden von Santiago de Chile entfernt und da ist außer ein paar Hotels rein gar nichts. Das hat nichts mit den gemütlichen Skidörfern in den Alpen mit Fußgängerzone und Hüttengaudi zu tun. Mir hatte es da schon beim ersten Mal unheimlich gut gefallen, weil mich das ganz arg an daheim erinnert hat. Bei uns am Berg war im Winter immer alles rundherum ganz weiß. Genauso sah es auch in Chile aus. Landschaftlich war das echt schön, weil man von da oben einen tollen Blick hatte. Am schönsten waren die Sonnenuntergänge, denn auf der Südhalbkugel der Erde sind die ganz anders als bei uns. Das war ein richtiges Erlebnis.

Ansonsten ist so ein Trainingslager aber auch manchmal ganz schön fad. Du bist da oben im Nirgendwo in einem Hotel für dreieinhalb Wochen immer nur mit denselben Leuten zusammen. Das Essen ist eigentlich immer dasselbe und WLAN und Internet gab es damals nicht. Da hast du dich total gefreut, wenn mal jemand ein Fax geschickt hat. Andererseits war die Situation perfekt, um das Wofal-Problem anzugehen. Man hockt da den ganzen Tag eng beieinander und hat reichlich Zeit, auch mal miteinander zu reden. Da gibts jede Menge Gelegenheit zum persönlichen Austausch zwischen den Aktiven und den Trainern.

Irgendwie hat man dadurch auch schnell gemerkt, dass es zwischen uns, so wie es war, nicht wirklich funktioniert hat. Einerseits haben wir versucht, völlig normal miteinander umzugehen und unsere Gefühle zu verleugnen, und andererseits durfte bloß keiner merken, dass wir damit Probleme haben.

Irgendwann hat er dann schließlich die Initiative ergriffen, um sich mal auszusprechen. Wir sind dann runter in die Tiefgarage in der Hoffnung, dass uns dort keiner sieht. Das war dann auch nicht so unkompliziert, weil dem Wofal seine Beziehung in Berchtesgaden schon auch wichtig war.

Ich habe ihm dann frei heraus erklärt, dass ich ihn immer noch wahnsinnig gern mag und dass die ganze Situation für mich sehr belastend ist. Es war einfach unheimlich schade, mit ihm zusammenzuarbeiten, aber trotzdem keine richtige Nähe zu haben. Ich war auch eifersüchtig und empfand das alles als bedrückend. Natürlich ist ihm das alles auch nicht leichtgefallen, gerade wenn man über so einen langen Zeitraum zusammen ist. Am Ende bin ich mit dem Wissen heimgefahren, dass er mich schon noch mag.

## *EIN EWIGES VERSTECKSPIEL*

Unser Gespräch in Chile hat den Wofal dann scheinbar dazu gebracht, die Beziehung mit seiner Freundin zu überdenken und sich letztendlich von ihr zu trennen, weil sich das auch für ihn nicht mehr richtig angefühlt hat.

Ab Oktober 1994 waren wir schließlich fest zusammen. Allerdings konnten wir uns nie so frei treffen, wie das bei zwei Verliebten normal sein sollte. Das war eine ständige Geheimniskrämerei. Die nächsten eineinhalb Jahre haben sich so gestaltet, dass ich, wenn ich nach Berchtesgaden zu ihm gefahren bin, mein Auto in Anif geparkt habe. Da hat er mich dann immer abgeholt. Wenn ich dann zwei Tage bei ihm war, haben wir uns nur im Haus aufgehalten. Seine Eltern und seine

Geschwister haben als Einzige Bescheid gewusst. Im Sommer waren das sehr oft Wochenenden, an denen wir auch nicht mehr ausgegangen sind. Das schränkt deinen Freundeskreis ganz schön ein.

Und wenn er zu mir nach Lenggries gekommen ist, waren wir natürlich oft auf dem Berg oben. Da war es dann abends ein bisschen befreiter, weil keiner da war. Aber der Rest war genauso kompliziert wie bei meinen Besuchen bei ihm. Er hat sein Auto immer im 30 Kilometer entfernten Holzkirchen stehen lassen, wo ich ihn abgeholt habe.

Diese ersten eineinhalb Jahre waren ein furchtbares Versteckspiel. Gerade auch bei der Nationalmannschaft. Zum Glück steht einem nicht unbedingt auf der Nase geschrieben, dass man zusammen ist. Wenn wir auf Reisen waren, konnten wir das ganz gut trennen. Das fiel mir schon deshalb jetzt leichter, weil ich nicht mehr um ihn werben musste. Ich wusste nun, dass er mir gehört. Da konnte ich ihm einfach aus dem Weg gehen und musste ihn jetzt nicht mehr anflirten. Beim Skifahren war das auch deshalb einfacher, weil das halt mein Job war. Besonders problematisch war das Ganze aber für unser Privatleben, weil wir uns so keinen gemeinsamen Freundeskreis aufbauen konnten. Wir lebten in zwei total getrennten Welten mit völlig unterschiedlichen Verhaltensweisen. Das war schon ein Spagat, den wir beide erst lernen mussten.

Die Situation hat mich auch aufgrund meines jungen Alters sehr belastet. Dementsprechend war ich 1994/95 auch nicht wahnsinnig erfolgreich für jemanden, der schon ein Rennen gewonnen und an Olympischen Spielen teilgenommen hatte. In diesem ganzen Winter gelang mir im Weltcup nicht ein einziges Mal der Sprung aufs Treppchen. Mein bestes Ergebnis war ein sechster Platz, ansonsten bin ich meistens irgendwo zwischen 10 und 30 gelandet. Ich hatte mich auf einem Mittelmaß eingependelt, was natürlich nicht meinen Vorstellungen entsprach, denn bis dahin war es ja nur bergauf gegangen.

Ich war einfach nicht frei. Der Wofal und ich sind so viel miteinander gereist und mussten uns ständig zurückhalten. Das ging völlig gegen meine Natur. Und hat mich enorm viel Energie gekostet. Was für mich alles noch viel schwerer gemacht hat, war ein ganz anderer Leistungsdruck als im Europacup oder in meinem ersten Jahr im Weltcupteam. In der 93/94er-Saison genoss ich, als Küken, sozusagen noch etwas Welpenschutz. Doch plötzlich waren die Ansprüche viel höher und ich bin damit erst mal nicht zurechtgekommen. Auf einmal war es so, dass es nach einem Trainingslauf, der eigentlich gar nicht schlecht war, nur Kritik hagelte. So war das halt in der Weltcupmannschaft. Da waren ja nur gute Leute wie Seizinger, Ertl, Vogt und ein paar andere, die immer um eine Platzierung auf dem Treppchen mitfahren konnten. Da wird dann auch nur gesagt, dass das ein super Lauf war, wenn von oben bis unten alles gut lief. Und wenn du da als junge Läuferin dazukommst und die Trainer wissen, dass du eigentlich in der Weltspitze mitfahren kannst, dann ist das auch genau das, was erwartet wird.

Als wir in Chile waren, hatte ich im Super-G und im Abfahrtstraining nicht einen einzigen Lauf, nach dem der Stephan Kurz als Trainer mal gesagt hätte: »Das war jetzt gut.« Unter normalen Umständen hätte mich das sicher motiviert und angetrieben. Aber da war ich total verunsichert und habe das Gespräch gesucht. Und erfahren, dass diese Art des Umgangs tatsächlich nicht böse gemeint war, sondern der Versuch, mich besser werden zu lassen. Auf dem Niveau musst du wirklich gut sein, wenn du willst, dass man dir das auch sagt. Aber der Trainer wusste natürlich auch nicht, dass ich mich unfrei fühlte – dass ich nicht so voller Energie und unbefangen war, wie ein 19- oder 20-jähriges verliebtes Mädchen mit Schmetterlingen im Bauch, das diese Verliebtheit auch zeigen darf. Keiner wusste, dass ich diese Schmetterlinge eineinhalb Jahre lang einfrieren musste.

Im Laufe dieses für mich oft frustrierenden Winters hatten Wofal und ich immer wieder darüber gesprochen, ob wir nicht irgendwas ändern können, und nach der Saison dann beschlossen, erst mal alles so zu lassen. Für ihn lief es in der neuen Position gut, und solange niemand meine schwächeren Leistungen mit unserem Verhältnis in Verbindung brachte, gab es keine Probleme. Ich wollte definitiv nicht, dass er für mich diesen Job aufgab. Dementsprechend haben wir es dann in der Vorbereitung auf die nächste Saison im Sommertraining nach außen so weiterlaufen lassen. Er war Trainer, ich war Athletin, und der Kreis derer, die von uns gewusst haben, war sehr begrenzt.

Unserer Beziehung hat das bis auf den fehlenden Freundeskreis auch gar nichts ausgemacht: Wenn wir beieinander waren, war alles super und total schön.

Ganz anders sah es im Sport aus.

Abgesehen von einem dritten Platz in der Kombination in St. Anton im Dezember 1995 verlief die neue Saison genauso enttäuschend, wie die alte geendet hatte. Meine Ergebnisse zwischen Platz 10 und 30 waren weit von dem entfernt, was ich selbst, aber auch das Trainerteam von mir erwartete.

Wenn mich einer von den Trainern fragte, warum ich nichts zusammenbringe, musste ich mir immer irgendeine Geschichte ausdenken. Anfang 1996 war für mich dann der Punkt erreicht, an dem sich etwas ändern musste. Ich hatte genug von dem Versteckspiel und den ganzen Lügen.

Am Ende haben Wofal und ich verabredet, dass er im Frühling, nach der Saison, das Gespräch mit dem Cheftrainer suchen und um seine Versetzung zum Herrenteam bitten würde. Allein das Wissen um diese Veränderung war eine riesige Erleichterung, die sich sofort positiv auf meine sportlichen Leistungen auswirkte. Kurz vor der WM, in der Sierra Nevada, fuhr ich im Super-G nacheinander auf die Plätze 3 und 4. Leider konnte ich diese Ergebnisse aber weder bei der WM noch beim Weltcupfinale in Norwegen bestätigen.

Und als dann im April das Trainerteam fürs nächste Jahr aufgestellt wurde, kam alles doch wieder ganz anders, als wir das besprochen hatten. Das Problem war, dass Stephan Kurz, der Wolfgangs vorgesetzter Disziplintrainer bei den Speeddisziplinen war, gar keinen anderen Co-Trainer an seiner Seite haben wollte. Der Wofal hatte ein super Auge für die Abfahrt. Bei denen war alles harmonisch. Der Kurz hatte zumindest offiziell auch keine Ahnung von unseren Problemen. Wenn er was geahnt hat, dann hat er es sich nie anmerken lassen.

Wofals Plan war nun, unsere Beziehung öffentlich zu machen und es den anderen zu sagen. Für mich war das der absolute Wahnsinn! Damit wäre doch alles nur anders, aber nicht besser geworden. Ich hatte eine brutale Angst, dass die anderen Mädels aus dem Team nie damit einverstanden wären, wenn sie das erfuhren. Ich wollte das so nicht, denn ich hatte die Befürchtung, dann total zwischen den Stühlen zu sitzen. Beim Team nicht mehr richtig dazuzugehören und bei den Trainern gleich gar nicht.

Für mein Gefühl wäre ich da immer nur Zweite gewesen. Eine furchtbare Vorstellung, weil wir ja fast das ganze Jahr miteinander auf Reisen waren. Ich habe mich lange dagegen gewehrt und dem verantwortlichen Trainer gegenüber auch klar gesagt, dass ich das so nicht will und total dagegen bin. Für mich wäre es einfach am besten gewesen, wenn der Wofal das Frauenteam verlassen hätte.

Irgendwann war ich dann mal bei ihm, als sein Cheftrainer angerufen hat und wissen wollte, ob wir uns jetzt geeinigt hätten. Da hat es mir dann endgültig gereicht: »Ihr regt mich auf mit eurer Scheißumeinanderdiskutiererei«, habe ich losgepoltert und klar und deutlich gesagt, wie ich mir das vorstelle: »Macht das, wie ihr wollt, aber ich möchte, dass es für alle offen ausgesprochen wird, und ich möchte, dass ihr sagt, dass das alles euer Wunsch ist!«

Danach war dann alles relativ einfach.

Im Frühling gab es ein Teambriefing, bei dem alle dabei waren: Martina Ertl, Katja Seizinger, Miriam Vogt, Katharina Gutensohn. Da wurde sich mit der Mannschaft zusammengesetzt und eben klar gesagt, dass wir jetzt ein Paar sind und der Wofal auf Wunsch des Disziplintrainers unbedingt bleiben soll. Es wurde klar festgelegt, dass wir nicht miteinander aufs Zimmer gehen, wenn wir unterwegs sind, und sonst alles so weiterläuft wie bisher. Damit hatte dann auch keine der anderen ein Problem.

Klar hat es immer mal wieder Punkte gegeben, wo das ein Thema war, und natürlich war das eine Schwachstelle. Da war halt einfach etwas, das außerhalb des normalen Verhältnisses zwischen Trainer und Athletin liegt. Trotzdem hat es so lange ganz gut funktioniert, wie der Wofal in dieser Co-Trainer-Position war. Da war er nicht der Hauptverantwortliche und konnte sich auch immer raushalten, wenn es um meine Einsätze ging.

# Zurück in der Erfolgsspur

## FREI IM KOPF

Wie richtig es war, all diese Lügen und das Versteckspiel zu beenden, konnte man gleich beim ersten Rennen der neuen Saison sehen. Befreit wie lange nicht fuhr ich zum Saisonauftakt in Sölden auf Anhieb als Dritte aufs Podest.

Ich war völlig gelöst, weil ich nun mit den Trainern und meinem Team offen reden konnte. Ich bin kein Typ, der gut lügen kann.

Schon der Sommer 1996 war ganz anders als die zwei davor.

Ich habe immer seltener in der Kaserne geschlafen und war nun ständig in Wofals Wohnung in Berchtesgaden. Wir hatten uns da etwas umgebaut und dann ganz offiziell miteinander gewohnt. Endlich war Schluss mit heimlichem Reinschleichen oder woanders parken. Ich fühlte mich zum ersten Mal als Vollprofi, weil ich mich nur noch auf den Sport konzentrieren konnte. Endlich war ich richtig im Weltcup angekommen, weil ich keine Nebenbaustellen mehr hatte.

Doch Sölden sollte nur der Auftakt zu einer unfassbaren Saison sein. Nach einem zweiten Platz in Lake Louise gewann ich in Val d'Isère Mitte Dezember 1997 mein zweites Weltcuprennen. Fast drei Jahre nach dem Sieg in Spanien stand ich wieder ganz oben und war bereit zu beweisen, dass das keine Eintagsfliege ist.

Diese drei Jahre zwischen meinem ersten und meinem zweiten Sieg sagen eine Menge darüber aus, wie wichtig gute Bedingungen für den Erfolg sind. 1994 war ich ein unbekümmertes 18-jähriges Mädchen, dass keine Sorgen hatte und frei drauflosgefahren ist. In den folgenden zwei Jahren war ich so viel mit mir selbst beschäftigt, dass die Lockerheit, die du brauchst, um schnell Ski fahren zu können, komplett weg war.

Und jetzt, zu Beginn der Saison 1996/97, war ich einfach nur glücklich und zufrieden. Dazu passte auch die Stimmung in unserem Team. Fast jede Woche stand eine von uns auf dem Podest. Da hat eine die andere mitgezogen.

Auch wenn der Weltcup als Serie sehr wichtig war, fieberten doch alle der Ski-WM im Februar im italienischen Sestriere entgegen. Anders als bei den Olympischen Spielen 1994 wollte ich diesmal unbedingt eine Medaille. Ich war in einer super Form und gehörte diesmal durchaus zu den Favoritinnen, zumal ich mich mittlerweile auch mit der Abfahrt angefreundet hatte. Mit meinem zweiten Platz bei der Abfahrt in Bad Kleinkirchheim kurz vor der WM hatte ich noch einmal unterstrichen, dass ich jetzt eine komplette Allrounderin war. Ich war nun eine, die in allen Disziplinen um den Sieg, zumindest aber ums Podest mitfahren konnte. Das war vor allem für die Kombination aus Slalom und Abfahrt wichtig.

Bei der letzten WM, ein Jahr zuvor, war ich so sehr mit meinen Problemen beschäftigt gewesen, dass ich von einer Favoritenrolle weit entfernt und über einen elften Platz im Slalom nicht hinausgekommen war. Das war damals der Zeitpunkt, als ich den Entschluss gefasst hatte, dass sich etwas ändern musste mit der Beziehung zwischen mir und Wofal, womit ich dann eben die Grundlage für die jetzige starke Saison gelegt habe. Und nun, kaum zwölf Monate später, stand ich vor dem größten Erfolg meiner jungen, aber schon sehr bewegten Karriere.

Allerdings war erst einmal Geduld gefragt. Der sechste Platz im Slalom zum WM-Auftakt war kein schlechter Einstieg. Das war in etwa das, was für mich zu der Zeit im Slalom das Maximum war. Im Riesenslalom, mit dem ich seit Olympia 1994 und der verpassten Medaille immer noch etwas auf Kriegsfuß stand, lief es dann mit Platz 14 eigentlich wie erwartet. Da fehlte mir seit Lillehammer die Lockerheit, es einfach laufen zu lassen. Ich war da auch überhaupt nicht verzweifelt, denn ich wusste, dass meine richtig guten Disziplinen noch kommen.

Das Beste an einer Weltmeisterschaft ist, dass man relativ wenig Zeit hat zu grübeln. Da folgen die Rennen quasi im 48-Stunden-Takt. Beim Super-G war die Ausgangssituation nun allerdings ganz anders. Da durfte ich mir nach meinem Sieg in Val d'Isère und mehreren Platzierungen unter den ersten fünf schon einiges ausrechnen. Diese Disziplin kam mir von meiner Anlage, Ski zu fahren, am meisten entgegen. Diese weiten Kurven lagen mir zu dem Zeitpunkt einfach perfekt. Doch selbst mit so einer guten Ausgangsbasis musst du ein Rennen erst mal noch fahren, bevor du dir die Medaille umhängen darfst.

Ganz wichtig war für mich da vor allem die Unterstützung meines Teams und der Betreuerinnen und Betreuer. Zu Beginn der zweiten Woche, in der die Speeddisziplinen auf dem Programm standen, hat mich unser Abfahrtscheftrainer Stephan Kurz dann auch einfach mal zur Seite genommen. Irgendwie hatte er meine Nervosität gespürt. »Komm, Hilde, du bist gut drauf. Mach einfach deine Sache! Es wäre schade, wenn du die Chance wieder wegschmeißt, das ist genau dein Gelände«, wurde ich daran erinnert, dass ich schon mal ganz kurz vor einer Medaille bei einem Großevent stand. Dieses Gespräch war ganz entscheidend für mich, weil es mir gezeigt hat, dass das Trainerteam hinter mir stand.

Die Bedingungen am Renntag waren dann perfekt und die Strecke lag mir einfach. Die größte Konkurrenz kam mit Katja

Seizinger erwartungsgemäß aus dem eigenen Team. Außerdem war Isolde Kostner eine Menge zuzutrauen, denn die Italienerin hatte in Cortina das letzte Rennen in dieser Disziplin vor der WM gewonnen und war auch noch die Titelverteidigerin. Während sie mit dem Druck einer ganzen Nation bei ihrer Heim-WM umzugehen hatte, musste ich vor allem die richtige Dosis aus Angriff und Kontrolle finden, um nicht am Ende als »Wilde Hilde« wie 1994 wieder mit leeren Händen dazustehen.

Um den warmen Temperaturen aus dem Weg zu gehen, die die Strecke aufzuweichen drohten, entschieden wir uns alle für ganz frühe Startnummern. Zum Glück kann man bei den Speedrennen in Weltcup, Abfahrt und Super-G seine Startnummer selbst wählen. Allerdings gab es da im unteren Teil der Strecke eine Stelle, die so sehr vereist wurde, dass ich auch nach der Besichtigung noch keine Idee hatte, welche Linie die beste sein konnte. Am Start herrschte dann ziemliche Hektik, was auch nicht unbedingt dazu beitrug, meine Nerven zu beruhigen.

Als ich dann mit Startnummer 4 endlich auf der Strecke bin, werde ich nach den ersten zwei Toren deutlich ruhiger. Doch wie schon befürchtet, erwische ich die Passage auf dem Eis nicht wirklich gut und weiß sofort, dass das Zeit gekostet hat. Bei der Fahrt über die Ziellinie leuchtet trotzdem erst einmal die Eins hinter meinem Namen. Ein Lächeln, ein Schrei, eine hochgerissene Hand. Im Großen und Ganzen bin ich zufrieden, habe aber überhaupt keine Ahnung, was meine Zeit wert ist. Die Antwort kommt gleich mit der nächsten Fahrerin. Katja erwischt den unteren Teil noch etwas besser und ist sechs Hundertstelsekunden schneller als ich und damit Erste.

Dann heißt es warten. Silber, Bronze oder am Ende vielleicht nur Blech?

Isolde Kostner erwischt einen perfekten Lauf und sichert sich um ein paar Hundertstel vor Katja die Goldmedaille.

Zum Glück fährt niemand mehr vorne rein und ich gewinne Bronze.

Es wäre gelogen zu behaupten, dass ich mich da nicht ein paar Augenblicke über den Fehler geärgert habe. Hätte ich die Passage kurz vorm Ziel nur etwas besser erwischt, wäre ich jetzt vielleicht sogar Weltmeisterin!

Doch diese Gedanken wurden ganz schnell von Gefühlen verdrängt, die ich in den Jahren vorher nach Skirennen nur sehr selten gehabt hatte: Glück und Zufriedenheit.

Endlich hatte ich meine Medaille gewonnen, die ich drei Jahre zuvor schon fast um den Hals hängen hatte! Endlich durfte ich den Fotografen stolz zeigen, dass ich einen Sieg errungen hatte. Klar, dass ich die Siegerehrung in Sestriere bis heute nicht vergessen habe. Diesen Moment, als der Streckensprecher meinen Namen rief, kurz bevor ich aufs Podest stieg, und wie mir die Medaille um den Hals gehängt wurde – diese Erinnerungen werde ich für immer in mir tragen. Dass ich ein paar Tage später allerdings noch einmal da oben stehen sollte, macht diese ganze WM natürlich noch märchenhafter.

Als Allrounderin gehörte ich auch in der Kombination wieder zu denen, die man in Sestriere auf dem Zettel haben musste. Im Slalom war ich nicht schlecht und in der Abfahrt sogar längst wirklich gut. Außerdem hatte ich nach der Super-G-Medaille die richtige Lockerheit. Der Druck war weg, und alles, was jetzt noch kommen sollte, war eine Zugabe. Allerdings hatte das Wetter umgeschlagen und den Terminplan ordentlich durcheinandergewirbelt. Die Kombiabfahrt sollte nun, anders als geplant, erst nach dem Slalom stattfinden. Damals wurde der Kombinationsslalom wie ein ganz normaler Slalom noch in zwei Läufen ausgetragen.

Die Piste lag mir aber sehr gut, und nach den zwei Läufen war ich Dritte hinter der deutlich führenden Morena Gallizio aus Italien, die aber als reine Slalomspezialistin die deutlich schlechtere Speedfahrerin war. Viel gefährlicher waren die direkt hinter mir positionierten starken Abfahrerinnen wie Katja Seizinger und Renate Götschl aus Österreich. Die hatten jeweils nur minimal Rückstand auf mich, sodass es in der Abfahrt ganz eng werden würde. Die Bedingungen vor dem abschließenden Lauf waren dann aber so schlecht, dass man das Rennen nie hätte starten dürfen. Extrem starke Winde sorgten dafür, dass der Start der Abfahrt deutlich nach unten verlegt werden musste. Eigentlich war die Abfahrt dadurch viel zu kurz, aber die Alternative wäre gewesen, das Rennen und damit die Kombination ganz zu streichen.

Während Götschl und Katja schon unten im Ziel waren, herrschte vor meinem Start oben das totale Chaos. Mal hieß es Start, dann wieder Stopp, dann wieder Start. Keiner wusste mehr, was jetzt gilt. Ich habe dann noch versucht, mich klein zu machen und unterm Wind durchzufahren, wie mir ein Betreuer mit auf den Weg gegeben hatte. Als ich unten im Ziel ankam, leuchtete die Drei hinter meinem Namen.

Doch diesmal war der Ärger größer als die Freude über die Medaille. Nach zwei Slalomläufen und einer windverblasenen Abfahrt lag ich 0,08 Sekunden hinter der Führenden. Statt zu jubeln und zu feiern, zeigte ich wütend einen Vogel in die Kamera.

Natürlich hat dieser Ärger nicht lange angehalten, denn mir war sehr schnell klar, was diese zwei Medaillen bedeuten. Ich war nun aufgenommen in den Kreis derer, die bei einer großen

Siegerehrung auf dem Podest stehen durften. Und für ganz oben sollte die Zeit schon noch kommen.

Eigentlich war das Jahr für mich nach der Weltmeisterschaft kaum noch zu toppen, aber auch das sollte mir noch gelingen.

Neben Medaillen bei einer WM oder den Olympischen Spielen ist der ganz große Traum beim Skifahren, mal eine Kristallkugel zu gewinnen. Diejenigen mit den meisten Punkten quer durch alle Disziplinen bekommen am Ende der Saison bei Männern und Frauen jeweils eine große Kugel als Gesamtweltcupsieger. Für die Besten der einzelnen Disziplinen gibt es jeweils eine kleine. Dass ich plötzlich eine Kandidatin für eine solche Kugel sein sollte, wäre mir ein Dreivierteljahr zuvor niemals in den Sinn gekommen. Nach meinem zweiten Platz in Mammoth in Kalifornien hatte ich nun plötzlich die große Chance, den Disziplinweltcup im Super-G zu holen. Mit dem Rückenwind der WM durfte ich mich zum Saisonende noch auf jede Menge Rennen in Japan und den USA freuen. Das letzte Rennen beim Weltcupfinale in Vail wurde dann zum großen Showdown zwischen der führenden Schwedin Pernilla Wiberg, Katja Seizinger und mir. Vor dem Rennen hatte ich 36 Punkte Vorsprung auf Katja und 39 Punkte Rückstand auf Pernilla.

Katja fuhr mit Startnummer 14, wie nicht anders zu erwarten, auf Platz 1 und lag nun plötzlich in der Wertung mit 474 Punkten in Führung. Für mich war da klar, dass ich nicht mehr als einen Platz schlechter sein durfte als meine Teamkollegin, wenn ich mir die Chance auf die Kugel erhalten wollte, denn nach uns kam ja noch die Schwedin.

Ich weiß nicht, ob ich unterwegs irgendwann angefangen habe zu rechnen, aber im Ziel lag ich genau diesen einen Platz hinter Katja, der mich in der Wertung nach vorne brachte.

Blieb nur noch eine Fahrerin, die mir den Traum zunichtemachen konnte. Doch Wiberg fuhr an einem Tor vorbei und Katja gewann das Rennen vor mir und Martina Ertl.

Und dann stand ich da oben auf dem Podest.

Links Katja, die fast immer vor mir war, rechts Pernilla, die große Favoritin, und in der Mitte eine strahlende Hilde mit der Kristallkugel! Was für ein unglaubliches Gefühl, diesen gläsernen Pokal, den nur die Besten in jeder Saison überreicht bekommen und den ich so oft gesehen hatte, nun selbst in Händen zu halten.

Dazu wurde ich im Gesamtweltcup auch noch Dritte hinter Pernilla und Katja. Was für ein Sprung, wenn man bedenkt, dass ich in den zwei Jahren zuvor einmal 37. und einmal 15. war!

Da klingt doch »drittbeste Skifahrerin der Welt« schon irgendwie anders. Verrückt, wie sich in so kurzer Zeit alles drehen kann. Jetzt war ich im Skihimmel. Nach zwei schwierigen Jahren war endlich alles gut. Glück in der Liebe, Glück im Beruf.

In diesem Moment konnte ich mir kaum vorstellen, dass das in weniger als einem Jahr noch besser werden würde.

## NEU GEMISCHT

Eigentlich war die Konstellation, wie wir sie in der Saison 1996/97 hatten, ziemlich perfekt. Wofal war als Assistenztrainer zwar immer in meiner Nähe, aber eben nicht derjenige, der Entscheidungen treffen musste, die mit mir zu tun hatten. Nach der Saison wurde das Trainerteam aber komplett neu gemischt. Unser bisheriger Cheftrainer Rainer Mutschler hörte auf und gab den Chefposten an Wolfgang »Wolfi« Maier, unseren bisherigen Techniktrainer, weiter. Wolfi war einer, der immer schon ganz große Stücke auf den Wofal gehalten hatte. Dementsprechend hat er ihn dann zu seinem leitenden Disziplintrainer für Slalom und Riesenslalom befördert.

Das machte einen riesigen Unterschied in der Zusammenarbeit mit mir. Plötzlich waren das erschwerte Bedingungen, denn als Disziplintrainer hat man viele Einzelgespräche mit den Aktiven zu führen. Wir mussten da gerade am Hang unheimlich aufpassen, dass kein falscher Eindruck entstand. Niemand durfte sich dadurch benachteiligt fühlen, dass wir einerseits ein Paar waren, aber Wofal nun andererseits für die Entscheidungen über meine Einsätze verantwortlich war.

Ich habe dann einfach versucht, mein Zeug zu machen und mir das zu nehmen, was ich brauche. Das hat auch alles erst mal gut funktioniert. Ganz sicher hat es ungemein geholfen, dass wir eine klare Hierarchie im Team hatten. Ganz oben stand die Katja, die aufgrund ihrer Erfolge als Olympiasiegerin und im Weltcup unantastbar war. Die war einfach unsere »Chefin«. Und dahinter hatten sich Martina und ich mit konstant guten Leistungen eingefunden. Dazu kamen noch ein paar andere gute Fahrerinnen, sodass wir eine richtig schlagkräftige Truppe zusammenhatten. Das war auch sehr wichtig, denn in der kommenden Saison 1997/98 stand mit den Olympischen Winterspielen im japanischen Nagano ein Event an, auf das wir vier Jahre hingearbeitet hatten.

Meine persönliche Vorbereitung auf die Olympiasaison verlief dann auch sehr entspannt. Im Privaten war nun alles klar geregelt und außerhalb des Trainings und Rennbetriebs lebten Wofal und ich ein völlig normales Privatleben. Wir gingen aus und trafen uns, wie andere junge Paare auch, mit unseren Freunden. Vor allem im Sommer hatten wir viel Zeit füreinander, wenn nicht gerade ein Trainingslager anstand. Auch gesundheitlich war alles bestens. Ich kam ohne Verletzungen über den Sommer und war zum ersten Rennen eigentlich perfekt vorbereitet.

Trotzdem verlief der Saisonstart nicht wie geplant. Die ersten vier Rennen waren mit Platzierungen zwischen 8 und 21 weit weg von meinen eigenen Ansprüchen. Immerhin gelang mir dann ein Sieg bei einem Parallelrennen in den USA. Das war zwar gut fürs Selbstvertrauen, aber mehr auch nicht. Zumal danach wieder wenig voranging.

Erst Anfang Dezember, etwa zwei Monate vor Nagano, ging der Knoten auf. Bis Weihnachten schaffte ich einen Sieg und drei weitere Podestplätze in den schnellen Disziplinen Abfahrt und Super-G. Im Slalom und Riesenslalom fuhr ich zu dieser Zeit ganz schön hinterher und landete meist irgendwo zwischen 12 und 15.

Dazwischen gelang mir dann mal ein vierter Platz in Frankreich, bei dem ich zeigen konnte, dass ich noch weiß, wie es geht. Doch zwischen den Stangen fehlte mir einfach die Beständigkeit, und so war es dann auch kein Wunder, dass ich beim nächsten Rennen gleich wieder rausgeflogen bin.

Da habe ich mir schon gedacht: Mensch, Hilde, du musst mal schauen, dass du einfach mehr riskierst und mutiger bist.

Auf der einen Seite war es ja toll, dass ich als Allrounderin so breit aufgestellt war. Aber auf der anderen Seite habe ich durch die zum Teil parallel stattfindenden Trainings, gerade in den technischen Disziplinen, den ein oder anderen Trainingstag verloren, an dem ich mir vielleicht die letzte Sicherheit noch hätte holen können.

Es zeichnete sich da bereits die Tendenz ab, dass viele Läuferinnen nicht mehr vier Disziplinen gefahren sind. Der Trend ging klar zur Spezialisierung. Da war es für jemanden, der viel auf der Abfahrt unterwegs war, immer sehr schwierig, bei den Technikerinnen noch ganz vorne mitzufahren. Weil ich aber aus meinen Anfängen im Slalom noch sehr gute Grundlagen zwischen den Stangen hatte, hätte ich das trotzdem können müssen. Ich habe diese Disziplin schon zu Jugendzeiten immer geliebt und war da auch lange recht erfolgreich. Das war schließlich die Grundlage für meinen internationalen Durchbruch.

Dummerweise war mir die Sicherheit hier durch den Syndesmosebandriss ein paar Jahre zuvor etwas verloren gegangen. Da hatte ich für eine Zeit die Stangen gemieden und mich mit den größeren Radien und höheren Geschwindigkeiten angefreundet.

Beim ersten Slalom im neuen Jahr in Bormio liege ich nach dem ersten Durchgang dann auch wieder irgendwo zwischen 13 und 16. Als ich dann vor dem zweiten Lauf da oben im Aufwärmbereich stehe, sage ich mir selbst: »Hilde, klarer Auftrag: Jetzt greif mal an!« Das hieß konkret, dass ich den Schwung nicht ganz zu Ende fahren wollte, um sicher in das nächste Tor zu kommen, sondern dass ich mir vornahm, einfach früher wieder Geschwindigkeit aufzunehmen. Da musst du mehr Innenlage und eine engere Linie fahren und gehst einfach früher auf das nächste Tor drauf. Das sagt sich natürlich so leicht, denn dabei ist man viel fehleranfälliger und kann schnell mal rausfliegen.

Prompt stehe ich am zehnten Tor total in der Botanik. In dem Moment aber passiert etwas, dass mir in diesem Jahr noch sehr helfen sollte. »Weißt du was, Hilde«, habe ich mir gesagt, »das macht jetzt auch keinen Unterschied mehr, ob es dich fünf Tore später raushaut oder ob du 29. wirst. Denk nicht immer an den Gesamtweltcup und jetzt riskier einfach mal was.«

Und dann komme ich unten ins Ziel und habe die Bestzeit. Da habe ich mich überhaupt nicht mehr ausgekannt!

Am Ende des Tages wurde ich dann Zweite in dem Rennen und wusste plötzlich wieder, wie es funktioniert. Entscheidend war der Fehler. Denn ab dort war die Fahrt super und so, wie ich mir das von einer »Wilden Hilde« vorstellen würde. So wie ich das eigentlich in Lillehammer machen wollte, als ich rausgeflogen bin.

Als ich dann eine Woche später den nächsten Weltcupslalom auf dem gleichen Hang gewann, war mir klar: »Hilde, jetzt weißt du wieder, wie Slalomfahren geht.« Da ist mir der Knopf aufgegangen. Das war ganz wichtig für mein Selbstbewusstsein und auch kein schlechtes Timing, denn bis zum Slalom in Nagano waren es da gerade noch fünf Wochen.

Es hat mir für den Kopf sicher auch nicht geschadet, dass ich direkt vor der Abreise nach Japan in Schweden noch mal richtig aufdrehen konnte. Nach einem vierten Platz in der Abfahrt und Platz zwei im Slalom gewann ich dort sogar die letzte Kombination vor Olympia. Damit war klar, dass ich endgültig zu den Favoritinnen für die Winterspiele gehöre.

## ALS FAVORITIN ZU DEN SPIELEN

Wenn man als junge Athletin das erste Mal an Olympischen Spielen teilnimmt, dann ist das einzigartig. 1994 hatte ich mich ja erst vier Wochen vor Lillehammer qualifiziert. Damals war ich gerade 18 Jahre jung und fuhr meine erste Weltcupsaison. Vor Nagano war ich nun 22 und längst voll im Weltcupteam etabliert. Meine Qualifikation für die Spiele stand diesmal schon seit Monaten fest und ich konnte mich in aller Ruhe darauf vorbereiten.

Klar war die Einkleidung auch diesmal wieder ein absolutes Highlight, aber ich war nicht mehr ganz so aufgeregt wie noch vier Jahre zuvor. Unsere Ausgehkleidung war wieder von Willy Bogner. Diesmal war das aber alles sehr zurückhaltend in Schwarz und Weiß gehalten. Keine grellen Sonnen, stattdessen sehr schöne japanische Schriftzeichen auf den Jacken. Dazu gab es ganz spezielle neue Rennanzüge, die anders gebrandet sind als im Weltcup. Das war dann schon wieder etwas Besonderes, aber auch anders als bei meinen ersten Spielen.

Vor Lillehammer hatte ich so eine kindliche Leichtigkeit, weil ich dabei sein durfte. Diesmal wusste ich viel mehr, was mich erwartet, hatte dafür aber Zeit für so was wie Vorfreude. Die Stimmung in unserem Team war super, weil wir bis dahin eine extrem starke Saison hatten. Das Verhältnis zwischen Trainern und Aktiven war total entspannt und auch die Beziehung zwischen Wofal und mir war zu diesem Zeitpunkt überhaupt kein Thema.

Schon die Anreise war sehr speziell, weil wir nach Nagano gefühlt ewig unterwegs waren. Auch wenn ich im Jahr zuvor schon mal zwei Weltcuprennen in Japan absolviert hatte, war mir das Land bei der erneuten Anreise immer noch total fremd. Um uns an den Zeitunterschied von acht Stunden zu gewöhnen, sind wir schon ein paar Tage früher angereist. Und wurden von einem einmaligen Bild empfangen. Die Landschaft war wunderschön. Die Bäume sehen da ganz anders aus als bei uns in den Bergen. Vor allem am Anfang war das Wetter traumhaft. Blauer Himmel und Sonne von früh bis spät. Natürlich war uns klar, dass sich das da schnell ändern kann, denn Nagano liegt sehr nah am Meer. Bei diesen Skigebieten in Küstennähe gibt es viel mehr und heftigere Wetterkapriolen als im Inland. Da können sich Schnee, Regen und Sturm schnell abwechseln.

Anders als in Lillehammer wohnten wir diesmal nicht im olympischen Dorf, sondern in einer kleinen Pension, die wir nur für uns hatten. Ich war zusammen mit der »Chefin« auf dem Zimmer. Das waren ganz kleine Räume mit einem japanischen Bad unten drin. Da standen Hocker drin und es gab immer kaltes und warmes Wasser, Seifen und jede Menge Schwämme, mit denen man sich einreiben konnte. Das hat mich total fasziniert und wir haben das immer ausgenutzt.

Das Highlight war aber sicher der Onsen, der dort dazugehörte. Das ist ein japanischer Whirlpool mit sehr warmem Wasser. Da saßen wir jeden Tag drin, denn gerade bei schlechtem Wetter war das herrlich.

Auch die Verpflegung war ganz anders als in Lillehammer, wo wir jeden Tag zum Essen in die Mensa mussten. Hier saßen wir alle auf dem Boden unter so flachen Tischen. Zum Glück hatten die unter dem Tisch ein Loch, wo man seine Füße reinstecken konnte. Ich weiß nicht, ob das für uns verletzungsgeplagte Skifahrerinnen gut gewesen wäre, wenn wir alle auf unseren operierten Füßen hätten sitzen müssen.

Als Leistungssportlerin brauchst du gerade vor Wettkämpfen ein vertrautes Umfeld. Das gilt ganz besonders fürs Essen. Du hast da einen festen Rhythmus und willst, dass alles so ist wie einstudiert. Nichts wäre blöder, als ein Olympiarennen zu verpassen, weil du das ungewohnte Essen nicht vertragen hast. Deshalb hatten wir einen eigenen Koch dabei, der in der kleinen Küche der Pension für uns so gekocht hat, wie wir das gewohnt waren. Der Essensraum war der Teamtreffpunkt. Dort haben wir auch außerhalb der Essenszeiten oft zusammengesessen und Karten unterschrieben oder einfach geratscht. Die Stimmung war sehr konzentriert und angespannt, aber überhaupt nicht verkrampft. Es hat einfach alles gepasst.

Natürlich war die Situation für mich ganz anders als bei meinem Olympiadebüt. Wenn du zwei Kombinationen und einen Slalom kurz vor Olympia gewinnst, dann erwarten alle, aber eben auch du selbst, dass du um die Medaillen mitfährst. Der Druck von außen ist, genau wie der innere, dann plötzlich riesig.

Die Chancen waren natürlich gegeben, aber wenn du zu solchen Großereignissen fährst, wird alles auf null gestellt. Da kommt es auch auf das ganze Drumherum an.

Du bist es als Rennläuferin zwar gewohnt, dass du dich ständig neu an sich ändernde Bedingungen anpassen musst, aber Nagano war in dieser Hinsicht schon extrem. Kaum hatten die Spiele begonnen, ging auch schon das Wetterchaos los. Am Tag vor unserem ersten Rennen, dem Super-G, gab es die ersten Warnungen vor Verschiebungen. Da wird dann im Wetterbericht vor zwei Meter Neuschnee über Nacht gewarnt, aber du weißt natürlich nicht, wie zuverlässig so was ist. Wir haben uns dann so vorbereitet, als ob da in jedem Fall ein Rennen stattfindet.

Zu allem Überfluss hatten wir aber in unserem Quartier so ungemütliche Kissen und haben uns mal links-, mal rechtsrum gedreht, sodass weder die Katja noch ich auch nur halbwegs schlafen konnten. Bin ich eingenickt, dann hat sich die Katja gedreht und mich wieder aufgeweckt, oder eben umgekehrt. Als wir dann um 6 Uhr morgens total gerädert aufgestanden sind, war das Rennen zum Glück abgesagt. Dann sind wir halt wieder ins Bett und haben drei Stunden tief geschlafen. So ging das schon mal richtig chaotisch los.

Irgendwann hatten sie die Piste dann doch so weit hinbekommen, dass wir zumindest mal den Super-G fahren konnten. Als Disziplinsiegerin aus dem Vorjahr war ich eigentlich mit großen Ambitionen in die Saison gestartet und hatte gleich mal ein paar gute Ergebnisse in meiner eigentlichen Lieblingsdisziplin rausgefahren. Je näher Olympia kam, ging bei mir aber dummerweise im Super-G immer weniger zusammen. Als schlechteste der vier deutschen Starterinnen, von denen keine eine Medaille gewinnen konnte, landete ich dann in Nagano auf Platz 10. Das war natürlich eine Enttäuschung.

Wer nun dachte, dass sich das Wetter beruhigt, der sollte sich noch wundern. Auf Schnee folgte Sonne, dann mal Regen.
 Mal standen wir in Regenklamotten am Slalomhang und wollten trainieren, da gab es eine Gewitterwarnung und wir waren wieder in unserer Pension, noch bevor wir das erste Mal runterfahren konnten. Beim nächsten Mal standen wir mit den Riesenslalomski schon beim Training, weil ja am nächsten Tag Riesenslalom sein sollte, dann kam der Funkspruch, dass wir die Slalomski holen sollen, weil jetzt morgen doch Slalom ist.

Vielleicht war genau das aber letztlich die Grundlage für unsere Erfolge in Nagano. Wir hatten es geschafft, uns jedes Mal aufs Neue mit den sich dauernd wandelnden Umständen zu arrangieren. Dazu kamen die tollen Bedingungen unseres Quartiers und eine gute Stimmung im Team. Das eine bedingt oft das andere. Wenn es gut läuft, dann ist eine Ruhe da, die sich auf alle überträgt und zum Erfolg führt. Und Erfolg hatten wir in Nagano am Ende reichlich.

## DREIERREIHE

Klar waren wir nach dem Super-G alle nicht ganz glücklich. Vier deutsche Starterinnen unter den ersten zehn, aber keine einzige auf dem Treppchen. Unser Ehrgeiz war geweckt, denn die bis dahin stärkste Nation des Winters fühlte sich deutlich unter Wert geschlagen.

Dementsprechend intensiv gingen wir dann auch die Vorbereitung auf unsere nächste Chance, die Abfahrt, an.

Für den 13. Februar waren wegen der Verschiebungen gleich zwei Trainingsläufe auf der Damenabfahrt angesetzt, während die Männer an diesem Tag ihren Olympiasieger ermitteln wollten. Dass sich dabei eines der spektakulärsten Sportdramen der Olympiageschichte ereignete, wäre beinah an uns vorbeigegangen. Während wir nach unserem ersten Trainingslauf wieder in die Seilbahn einstiegen, erzählte uns Katja von einem unfassbaren Sturz des Österreichers Hermann Maier, der sich ein paar Minuten zuvor ereignet haben musste. Maier galt als großer Favorit auf die Goldmedaille und war für seinen kompromisslosen Fahrstil berüchtigt. Katja hatte auf einem

Fernseher gesehen, wie Maier wenige Sekunden nach seinem Start mit weit über 100 Stundenkilometern ausgehoben wurde und sich nach einem 60-Meter-Flug mehrfach Hals über Kopf überschlagen hatte, bevor er abseits aller Sicherheitsnetze im tiefen Neuschnee gelandet war. Katja war völlig aufgelöst. So etwas Spektakuläres hatte sie noch nie gesehen. Da wir alle den Österreicher kannten, waren wir natürlich um seine Gesundheit besorgt und hatten unser großes Gesprächsthema.

Als wir dann ein paar Minuten später in den Aufenthaltsraum für Athletinnen und Athleten kamen, trauten wir unseren Augen nicht: Da saß Hermann Maier gemeinsam mit dem Teamarzt der Österreicher und ließ sich behandeln. Rein äußerlich war kaum etwas zu sehen. Wir müssen ziemlich deppert aus der Wäsche geschaut haben, denn in seiner Biografie beschreibt Maier, wie die deutschen Skimädels gar nicht glauben konnten, dass er nach so einem Sturz dort einfach rumsitzt.

Die Bilder von diesem Sturz sind bis heute ein absoluter Renner im Internet und haben zur Mythenbildung rund um den Österreicher beigetragen, der nur drei Tage später tatsächlich die Goldmedaille im Super-G gewinnen sollte. Kein Wunder, dass ihn fortan jeder nur noch »Herminator« nannte. Maier galt in diesem Moment als unzerstörbar.

Nach fünf Tagen Pause aufgrund des anhaltenden Wetterchaos ging es dann auch für uns Frauen endlich weiter. Diese Warterei war ganz schön zäh, weil wir nach dem eher schwachen Ergebnis im Super-G am liebsten sofort bewiesen hätten, dass wir besser sind als im ersten Rennen.

Eine Abfahrt für sich ist schon anstrengend genug, doch weil der Rennplan komplett durcheinander war, wurde nach tagelangen Räumarbeiten entschieden, dass wir die Spezial- und die Kombinationsabfahrt an einem Tag nacheinander fahren müssen. Im Nachhinein eine gute Entscheidung für unser Team, denn Katja Seizinger holte sich am Vormittag gleich mal die Abfahrtsgoldmedaille. Klar, dass nun niemand mehr über die verpasste Chance im Super-G sprach. Und die Stimmung für das nächste Rennen bestens war.

Ich landete wie im Super-G auf dem zehnten Platz. Zwei Rennen, zweimal Zehnte – das war natürlich weit weg von dem, was ich mir vorgestellt hatte. Doch diesmal war gar keine Zeit, sich zu ärgern, denn kaum warst du unten im Ziel, da ging es auch schon wieder rauf zum Start. Diesmal musste es einfach besser laufen. Langsam spürte ich schon so was wie Druck. Als zweifache Kombinationssiegerin der Saison wollte ich unbedingt eine Medaille. Ein Plan, der aber schon nach der Abfahrt erheblich wackelte, denn obwohl ich den Ski wechselte, gelang mir wieder kein wirklich guter Lauf. Mit 1,40 Sekunden Rückstand auf Katja, der angetrieben von ihrem Abfahrtssieg am Vormittag erneut ein nahezu perfekter Lauf glückte, lag ich vor dem Slalom auf Platz 5. Als sich auch noch Martina Ertl, die eigentlich die schlechtere Abfahrerin von uns beiden war, deutlich vor mich setzte, war der Frust natürlich groß.

Vor dem Slalom am nächsten Tag galt es jetzt erst einmal, ruhig zu bleiben. Die Ausgangsposition war nicht ideal, aber auch nicht wirklich schlecht, zumal die nach der Abfahrt vor mir liegenden Masnada und Obermoser im Slalom deutlich schwächer einzustufen waren. Der Rückstand auf Katja war zwar gewaltig, aber in zwei Slalomdurchgängen schon noch aufzuholen. Zwischen den Stangen war ich einfach deutlich besser als unsere Abfahrtsdoppelolympiasiegerin. Martina war zwar ebenfalls sehr weit weg, aber eine erstklassige Slalomläuferin.

Für mich ging es erst einmal darum, den dritten Platz zu erreichen. Das war alles andere als sicher, denn knapp vor und auch direkt hinter mir waren sehr starke Slalomfahrerinnen, die sich ebenfalls Chancen auf Bronze ausrechnen durften. Über Nacht hatte das Wetter dann wieder umgeschlagen und es begann erneut, extrem stark zu schneien. Doch durch die vielen Verschiebungen standen die Veranstalter längst so unter Druck, dass es keine Alternativen mehr zur Durchführung des Kombinationsslaloms gab. Der musste unbedingt noch im im Skigebiet Happo One in Hakuba stattfinden, wo die Abfahrtswettbewerbe gefahren wurden. Am nächsten Tag sollte der ganze Tross dann zu den technischen Wettbewerben in das ins Skigebiet Shigakogen umziehen.

Nach dem ersten Durchgang hatte ich schon mal einen Platz gutgemacht und war nun Vierte. Vierte in einem Weltcuprennen ist eine tolle Platzierung, aber Vierte bei Olympia ist halt die erste Verliererin. Da zählen nur die Medaillen. Deshalb wird da eben auch anders gefahren. Raus oder rauf: Dazwischen gibt es nichts.

Dementsprechend aggressiv gehe ich an den zweiten Lauf ran. Für mich ist klar, dass ich alles riskieren und im Ziel unbedingt Erste sein muss. Eine von den dreien vor mir muss langsamer sein oder rausfliegen. Als ich im Ziel ankomme und hinter meinem Namen die Eins groß aufleuchtet, kann ich mich erst mal nicht richtig freuen. Ich hatte unterwegs einen Patzer, der Zeit gekostet hat. Immerhin habe ich meinen Teil aber erst mal erfüllt. Jetzt habe ich es nicht mehr selbst in der Hand.

Die Katja verliert auf mich zwar Zeit, aber ihren ersten Platz nach dem ersten Slalomdurchgang hält sie. Und auch Martina kann ihren zweiten Platz aus der Abfahrt verteidigen und die Lücke zu Katja etwas zufahren.

Auf Platz drei liegt nach dem ersten Durchgang Steffie Schuster. Und weil im Slalom in umgekehrter Reihenfolge der Platzierungen nach dem ersten Lauf gestartet wird, geht die Österreicherin direkt nach mir schon wieder ins Rennen. In diesem Moment bin ich komplett hilflos. Ist sie schneller als ich, ist die Chance auf eine Medaille nur noch minimal. Dann müssen Katja oder Martina schon rausfliegen.

Als die Schuster über die Ziellinie fährt und hinter ihr die Zwei leuchtet, weiß ich: »Ich habe eine Medaille. Jetzt habe ich sie endlich, meine Olympiamedaille!«

Mit vier Jahren Verspätung hole ich sie mir! 1994 hatte ich sie sozusagen schon in der Hand gehabt und kurz vor dem Ziel weggeschmissen. Diesmal hatte ich alles richtig gemacht und am Ende war das Glück auch noch auf meiner Seite. Wahnsinn. Da ist mir schon ein riesiger Stein vom Herzen gefallen.

Die Frage war aber jetzt noch, welche Farbe meine Medaille hat. Dass eine Deutsche an diesem Tag Gold gewinnen würde, war nun klar. Doch statt zu hoffen, dass Martina und Katja raus- oder hinter mich zurückfallen, stand ich da unten und habe mit ihnen gefiebert. Es hat mich deshalb auch überhaupt nicht gestört, dass die Martina mit einer Topleistung in Führung gegangen ist. Sie war an diesem Tag einfach die beste Slalomläuferin. Dementsprechend konnte ich mir nicht vorstellen, dass die Katja dem Angriff von Martina standhalten würde. Doch die wächst nach der Goldmedaille in der Abfahrt am Tag zuvor erneut über sich hinaus und verteidigt tatsächlich ihre Führung. Ich weiß bis heute nicht, wie sie das gemacht hat. Das war ganz großes Kino.

Was für ein Wahnsinn: Gold, Silber und Bronze für das deutsche Team!

Bei Katja dauert es etwas, bis sie das überhaupt mitbekommt. Die steht im Ziel und freut sich über ihre zweite Goldene innerhalb von 24 Stunden. Die hatte oben im Starthaus überhaupt nicht begriffen, dass Martina und ich auf eins und zwei sind. Im Ziel liegen wir uns dann zu dritt in den Armen. Und nicht viel später stehen wir auch schon nebeneinander bei der Flowerzeremonie, während es wie verrückt schneit. Das ist alles so unfassbar überwältigend.

Die Erstplatzierten bekommen noch im Zielraum Blumen überreicht. Die richtige Siegerehrung mit der Medaillenübergabe sollte erst ein paar Tage später folgen.

Bei der Blumenzeremonie steht Martina links und ich rechts von der Olympiasiegerin. Die Mitte ist bei solchen Zeremonien immer den Siegerinnen und Siegern vorbehalten. Ich kenne dieses Gefühl von meinen bisherigen Weltcupsiegen und weiß, wie sich das anfühlt. Ich habe es Katja von ganzem Herzen gegönnt. Und gleichzeitig will ich genau das auch: bei Olympischen Spielen in der Mitte stehen.

Um uns herum sind in diesem Moment die ganzen Arbeiter, die tagelang alles gegeben hatten, damit wir unsere Rennen fahren können. Die mussten unendlich Schnee schaufeln. Die haben Rinnen angelegt und den Schnee damit ins Tal rutschen lassen. Ohne diese fleißigen Helfer hätte ich niemals meine Bronzemedaille gewinnen können. Dann hätte es einfach keine Rennen gegeben. Und egal wie hart die Arbeit auch war, die hatten immer gute Laune. Das hat uns so beeindruckt, dass wir in dem Augenblick beschließen: Wir gehen jetzt da rüber und bedanken uns. Jede von uns dreien ist dann im

Rennanzug ohne Mütze in jeweils eine Ecke des Zielstadions und hat ihre Blumen verschenkt. Ein sehr schöner Moment. Die Arbeiter haben das sofort kapiert und diese Geste sehr honoriert.

Und als wir dann zu unseren Trainern kommen, gibt es kein Halten mehr. Alle drei Medaillen für ein einziges Land hat es in der olympischen Geschichte nur ein paarmal gegeben! Alle strahlen nur noch übers ganze Gesicht.

Zum Feiern hatten wir nach der Kombination nur leider nicht groß Zeit, denn wir mussten mit unserem gesamten Gepäck umziehen. Für den übernächsten Tag war ja schon der Riesenslalom im neuen Skigebiet angesetzt, und weil sich das mit den Speedrennen alles so verzögert hatte, waren wir da mit dem Training hintendran.

## BIG IN JAPAN

Vielleicht war es mein großes Glück, dass der Riesenslalom, mit dem ich nicht so gut zurechtkam, mit dem Slalom getauscht wurde. Nach den starken Schneefällen der Vortage wollten die Veranstalter Zeit gewinnen, um den schwerer zu präparierenden Riesenslalomhang herzurichten. Das ist viel aufwendiger, als den viel kürzeren Slalomhang zu räumen.

Also sind wir zum Slalomtraining auf den Mount Yakebitai.

Ich weiß nicht, ob das »Hildes Goldberg« heißt, aber wenn, dann würde es mich nicht wundern. Das war so ein bisschen Liebe auf den ersten Blick. Dieser Hang hat mir sofort gefallen, als ich ihn gesehen habe.

Während wir dort trainiert haben, kam der Markus Wasmeier, der in Lillehammer, bei meinen ersten Spielen, Gold im Super-G und Riesenslalom gewonnen hat, zu mir. Der hatte längst mit dem Skifahren aufgehört und war in Nagano als Ski-Experte für die ARD im Einsatz. »Hilde, das ist dein Hang. Du wirst sehen, das taugt dir«, erklärte er mir mit seinem typischen Wasi-Lächeln.

Ja, wenn der Wasi das auch sagt, dachte ich mir, dann kann dein Gefühl ja nicht ganz falsch sein.

Wir haben uns dann mit der Piste ein wenig vertraut gemacht. So ein freies Hangbefahren geht relativ schnell. Du fährst da dreimal runter und schaust dir die Übergänge an. Da stehen dann aber noch keine Stangen. Während wir zurückgefahren sind, mussten unsere Trainer, und allen voran der Wofal, dortbleiben.

Vor den Spielen war schon ausgelost worden, wer welches Rennen und wer welchen Lauf setzen darf. Das geht danach, wie viele Leute du in der aktuellen Rangliste der Saison unter den ersten 15 hast, und so viel Tickets kommen in den Lostopf. Da sind am Ende 15 Lose drin. Drei Deutsche, fünf Österreicher und so weiter. Mein Glück war, dass Deutschland für den zweiten und damit finalen Slalomdurchgang am folgenden Tag ausgelost worden war. Weil es am nächsten Morgen sehr früh losgehen sollte, wurden die beiden Läufe schon am Abend vorher gesetzt. Auf der einen Seite vom Hang für den ersten, auf der anderen Seite für den zweiten Lauf. Das macht man bei Großereignissen immer so, damit nicht der, der den zweiten Lauf steckt, nach dem Ergebnis vom ersten Lauf irgendwas manipulieren kann. Unterschiedliche Rennläufer haben halt unterschiedliche Vorlieben, die sie trainieren. Und wenn der Trainer nach dem ersten Durchgang sieht, wer vorne ist, dann könnte er ja noch ein paar Ecken einbauen, die den betreffenden Läufern nicht passen. Und damit es hinterher erst gar keinen Grund zum Schimpfen gibt, werden eben beide Läufe gesetzt, bevor überhaupt jemand gefahren ist.

Natürlich hat da jeder Trainer seine eigenen Präferenzen, aber wenn du nicht weißt, wer vorne ist, dann kannst du auch nicht gegen irgendjemanden arbeiten.

Als unsere Trainer dann zurückkamen, haben sie mich gefragt, ob ich mir die Läufe anschauen will. »Das passt schon«, habe ich gesagt, »ich will mir das nicht anschauen. Wenn wir das morgen sehen, dann fahre ich da runter und alles ist gut.«

Ich weiß nicht warum, aber ich hatte mit diesem Slalom von Anfang an ein gutes Gefühl. Vielleicht war es die Bronzemedaille in der Kombination, die mir allen Druck genommen hat. Vielleicht wäre alles anders gekommen, wenn ich da nicht schon eine Medaille gehabt hätte. Bei den Trainern sah das allerdings ganz anders aus. Die waren schon sehr nervös. Die wussten, dass wir im Slalom eine schlagfertige Gruppe am Start haben. Martina und ich waren zwei, die immer um den Sieg fahren konnten, und die Bergmann Moni war auch unter den besten 15. Da hat man gewusst, das könnte schon funktionieren. Aber sie wussten halt auch, dass wir am Ende mit komplett leeren Händen dastehen können.

Während die anderen sich die Läufe angeschaut haben, wollte ich mich einfach nicht beirren lassen. Vor allem für den zweiten Lauf wusste ich ziemlich genau, was mich erwartet. Den hatte ja der Wofal gesetzt, der unser Technikcheftrainer war. Das war für mich nichts Ungewöhnliches, denn das hatte er ja auch im Weltcup schon ein paarmal gemacht. Natürlich wusste er, was uns liegt. Wir hatten in der Saison gemerkt, dass wir besser zurechtkommen, wenn die Abstände eng sind. Das haben wir natürlich oft trainiert. Da waren wir im Vorteil, denn wir waren körperlich extrem fit und spritzig. Wir hatten Völkl-Ski, die ein bisschen kürzer und etwas mehr tailliert sind als die anderen Slalomski. So hat man einen schnelleren oder kürzeren Schwung fahren können. Dafür hatten wir unsere Probleme, wenn die Abstände zwischen den Stangen weiter waren. Da waren wir entsprechend unserer anderen Gewohnheit immer etwas zu früh dran. Ganz einfach: Wir sind mit den kürzeren Ski und den kürzeren Abständen halt einfach besser klargekommen. Und genau so hat es der Wofal auch gesetzt. Vielleicht habe ich ja auch deshalb in der Nacht vorher so gut geschlafen.

Auch nach dem Umzug in eine andere Pension lag ich wieder mit der Katja auf dem Zimmer. Wahrscheinlich waren wir mit bis dahin schon zwei Gold- und einer Bronzemedaille die erfolgreichste WG der Spiele.

Als ich mich dann ganz früh am Morgen aus dem Zimmer schleiche, höre ich hinter mir die Stimme von der Katja, die für den Slalom nicht vorgesehen war und deshalb ausschlafen durfte: »Dass du mir ja nicht ohne Medaille heimkommst.«

»Ja, Chefin, ist gut« – ich habe mich nicht getraut, ihr zu widersprechen. Ich hatte ja auch keinen Grund, denn ich war richtig gut drauf.

Der erste Lauf war dann aber das genaue Gegenteil von dem, was der Wofal normalerweise gesteckt hatte. Die Stangen standen ziemlich weit auseinander. Das war aber zum Glück nicht schlimm, denn ich hatte bei der Besichtigung sofort meine Linie gefunden. Dazu hatte es über Nacht gefroren, sodass die

Piste schön hart war, was ich von Haus aus geliebt habe, und mit der Startnummer 2 hatte ich eine super Ausgangsposition.

Dementsprechend hat der erste Durchgang dann auch sensationell gut funktioniert, wobei ich das schon richtig einzuschätzen wusste. Die Compagnoni war vorne sechs Zehntel weg und nach mir waren die nächsten alle relativ knapp dran. Wenn da eine mit der Nummer 10 und der deutlich schlechteren Piste etwa gleich schnell fährt wie ich mit der Nummer 2 und den besseren Bedingungen, dann weiß man, wie stark die waren. Ich wusste also vor dem zweiten Durchgang schon, dass ich richtig arbeiten muss, um diese super Platzierung zu halten. Ich habe mich aber durch nichts rausbringen lassen. Ich hatte meinen Rhythmus, den ich mir bei den sehr erfolgreichen Rennen vor Olympia erarbeitet hatte.

Als Zweite aus dem ersten Durchgang bist du dann ja diejenige, die als Vorletzte der Gruppe der besten 15 starten darf. Da hast du oben im Startbereich durchaus Zeit, den anderen am Fernseher zuzuschauen. Ich wollte das aber gar nicht. Ich habe mich immer darauf verlassen, dass die Trainer mir Bescheid geben, wenn es etwas Besonderes gibt. Ich wusste nach der Besichtigung, wo Tore sind, bei denen ich aufpassen, und wo welche sind, bei denen ich Gas geben muss. Das bespricht man ja auch alles mit den Trainern, die da am Hang stehen. Wenn die dann sehen, dass es an der einen oder anderen Stelle Probleme gibt, dann funken die mir das rauf. Darauf habe ich mich verlassen. Dieses Vertrauen ist über die Jahre hinweg gewachsen.

Ich habe dann nur mitbekommen, dass relativ viele ausschieden, und gedacht: Gut. Sollen sie nur rausfahren, brauche ich nur noch runterkommen. Ich habe überhaupt nicht darüber nachgedacht, dass ich da ein Problem haben könnte. Der Servicemann, der am Start bei mir war, wollte aber keine Ruhe geben und drängte darauf, dass ich mir das anschaue. »Weiß ich schon«, habe ich geantwortet, »ich habe schon mit den Trainern gesprochen. Ich weiß auch, dass ich mich da schnell bewegen muss.«

»Magst du nicht schauen?«, hat er dann noch mal nachgesetzt.

»Nein, ich will nicht schauen«, habe ich noch mal deutlich gemacht, dass ich mir hundertprozentig sicher bin, dass ich weiß, was ich tue.

Ich wusste nicht, ob ich das Rennen gewinne, aber ich wusste ganz genau, was zu tun ist. Der konnte das überhaupt nicht fassen. Doch irgendwie schien das Problem größer zu werden, denn auch von den Trainern kamen weitere Funksprüche. Mit zunehmender Renndauer kam die Nachmittagssonne jetzt gegen 13:30 Uhr immer stärker durch. Dadurch wurde es etwas sulzig. Das heißt, der Schnee wird feucht und klebrig und ist bei Weitem nicht mehr so hart wie noch am Vormittag. Das war nun gerade bei den engeren Torabständen ein größeres Problem, denn wenn es weich ist, brauchst du um jedes Tor herum ein bisschen länger. Der Widerstand der Piste ist dann nicht mehr so groß und man rutscht bei jedem Abdrücken erst einmal ein bisschen runter. Die Zuschauerinnen und Zuschauer können das oft gar nicht sehen, aber die Skifahrerin merkt das deutlich. Du kannst dich dann vor dem nächsten Schwung oft gar nicht so schnell wegbewegen. Da geht es um den Bruchteil von Sekunden.

Auf halber Strecke kam eine Dreiervertikale, wo du durch drei Tore schräg fahren musstest. Da ist es dann tierisch schnell geworden. Das nächste Tor ging dann aber wieder ums Eck, wozu du dich auf dem weichen Schnee ordentlich hast abdrücken müssen.

Während ich die ganzen Informationen noch verarbeite, geht plötzlich alles ganz schnell. Kaum dass mein Name aufgerufen wird, stehe ich im Starthaus, und bevor ich michs versehe, bin ich unterwegs. Im Kopf habe ich all die Informationen, die verhindern sollen, dass ich rausfliege – wie eine Reihe derer, die vor mir gestartet sind. Am Ende sind es Kleinigkeiten, die entscheiden, ob du drinbleibst oder rausfliegst.

Auf halber Strecke bekomme ich eine Stange zwischen die Füße und denke: Okay, wenn es sein soll, dann liegst du halt im Schnee. Doch irgendwie komme ich da raus und kriege die Chance, mir meinen Traum zu erfüllen: Gold!

Im Nachhinein weiß ich, dass auch diesmal wieder ein Fehler entscheidend für meinen Sieg war. Ab diesem Moment hatte ich nichts mehr zu verlieren und bin den unteren Teil aggressiver als jede andere gefahren, die es ins Ziel geschafft hat. Wenn ich den Fehler nicht gemacht hätte, wäre ich mehr auf Sicherheit gefahren und wahrscheinlich ein bisschen langsamer gewesen.

Dieser 19. Februar 1998 war mein Tag.

Ich war Olympiasiegerin.

Die Sicherheit, die ich da verspürt habe, die hat man nicht oft im Leben. Dass ich den Kurs am Tag vor dem Rennen nicht hatte sehen wollen und dass ich vorm Start nicht auf den Fernseher geschaut habe, hatte nichts mit Überheblichkeit zu tun. Ich wusste einfach genau, was ich tat. So was habe ich danach mit so einer Überzeugung nie mehr erlebt.

Auf die Siegerehrung und meine mittlerweile zwei Medaillen musste ich aber noch bis zum nächsten Abend warten. Die

Medaillen für Kombination und Slalom sollten erst nach dem abschließenden Riesenslalom vergeben werden. Direkt nach dem Rennen gab es nur die Flowerzeremonie, die mit einer olympischen Medaillenübergabe nicht zu vergleichen ist.

Dennoch: Allein dieser Augenblick war schon unbeschreiblich. Jetzt hatte ich dieses einmalige Gefühl, dass mir zwei Tage zuvor nach der Kombination noch abgegangen war. Diesmal stand ich in der Mitte! Dort wo die Siegerinnen stehen.

Man kann so einen Moment nur ganz schwer beschreiben.

Auf der einen Seite versuchst du, dich ganz auf dich zu konzentrieren und das Glück in dir zu spüren. Und auf der anderen Seite willst du natürlich nichts verpassen. Der Jubel, die Glückwünsche. Ich habe versucht, jeden Moment für mich einzufrieren. Doch so schnell, wie sie begonnen hatte, war die Zeremonie auch schon wieder zu Ende. Danach ging der Stress erst so richtig los. Das war ein endloser Marathon, der vor allem für mich als Siegerin anstand: Interviews, Dopingkontrolle, Fotos. Als ich damit durch war, waren bis auf unseren Pressesprecher schon längst alle weg. Als wir dann nach 16 Uhr endlich zum Mittagessen ins Quartier kamen, warteten da schon wieder die nächsten Kamerateams. Das war alles unheimlich schön und euphorisch. Dann folgten noch die ganzen Telefonate mit daheim, und plötzlich war der Tag zu Ende, ohne dass ich eine einzige Sekunde Zeit gehabt hätte, diesen Erfolg mal bei mir ankommen zu lassen.

Da hätte es am nächsten Tag eigentlich keinen Riesenslalom mehr gebraucht. Irgendwann war ich total durch den Wind.

Erst als ich im Bett lag, kam das langsam an. Hilde, du bist Olympiasiegerin, Wahnsinn!, schoss es mir durch den Kopf.

Doch da war auch noch etwas anderes.

Jetzt bist du Olympiasiegerin, jetzt musst du auch beweisen, wie gut du bist, spürte ich einen Druck aufsteigen, den ich so noch nie gefühlt hatte.

Dieses Gefühl wollte dann auch bis zum Start des Riesenslaloms am nächsten Morgen nicht weichen. Als ich aus dem Starthaus fahre, erwarte ich, dass die ersten Schwünge als Olympiasiegerin etwas Besonderes sein müssen. Doch ich bin irgendwie total blockiert und kann gar nicht mehr richtig fahren. Zumindest fühlt es sich so an. Meine Füße zucken und zittern wie bei einem Adrenalinkick, wenn man einen negativen Schock hat. Nur dass das halt bei mir durch was Positives ausgelöst worden war.

Der 13. Platz war am Ende dieses Tages genau das, was in diesem Augenblick meinem Leistungsvermögen entsprach. Aber der Tag war ja glücklicherweise noch nicht zu Ende, denn das Highlight stand uns noch bevor.

Nach dem Rennen mussten wir zurück in unsere Unterkunft, um uns für die Siegerehrung umzuziehen. Bis wir dann loskamen, war das Wetter schon wieder total schlecht, und wir landeten in einem endlosen Stau. Bis ins Zentrum von Nagano wäre es auch ohne Verkehrschaos mindestens eine Stunde Fahrzeit gewesen. Doch so drohte uns eine endlose Verspätung. Obwohl wir in einem offiziellen Bus saßen, gab es kein Durchkommen, und langsam setzte sich das Gefühl durch, dass wir unsere eigenen Siegerehrungen verpassen würden.

Die Japaner haben dann alles getan, um uns auf die Bühne zu bringen, und eine Polizeieskorte geschickt. Wir sind mehr oder weniger aus dem Bus direkt auf die Podeste. Die hatten schon auf uns gewartet. Das war eine riesige halbrunde Bühne auf dem Central Square in Nagano. Und davor standen bestimmt 5000 Menschen, die einen Höllenlärm machten. Für mich wäre das auch ohne Verspätung schon genug Siegerehrungsaufregung gewesen, denn ich durfte ja gleich zweimal da hoch.

Als Erstes gab es die Medaillen für die Kombination. Da standen dann drei deutsche Skifahrerinnen auf dem Treppchen und oben drüber wehte dreimal die deutsche Fahne. Links stand Martina mit der Silbermedaille, in der Mitte Katja mit Gold um den Hals und rechts außen nahm ich Bronze entgegen. Das war einfach irre. Das waren ja nicht irgendwelche Mädels aus Österreich oder Schweden, sondern meine Teamkolleginnen! Menschen, mit denen ich das ganze Jahr um die Welt reiste. Konkurrentinnen, aber auch Freundinnen aus dem eigenen Haus. Mit der einen habe ich in Nagano im selben Bett geschlafen, mit der anderen bin ich schon als 9-Jährige im selben Skiclub gefahren. Eigentlich konnte das kaum noch besser werden.

Und dann war endlich der Slalom dran. Das ist schon noch mal was anderes, wenn man dann selbst der Star ist. Gemeinsam mit den beiden anderen Medaillengewinnerinnen bin ich einmarschiert und wir haben uns hinter dem Podest aufgestellt. Links von mir stand die Australierin Zali Steggall, rechts Deborah Compagnoni.

Dann war erst einmal die Dritte dran, während ich immer nervöser wurde. Spätestens bei der Silbermedaille habe ich dann kapiert, dass ich gleich tatsächlich an der Reihe bin.

Und dann geht alles ganz schnell: Raufsteigen, Lächeln, Hymne. Soll ich mitsingen, soll ich nicht mitsingen? Sollen mir die Tränen kommen oder lieber nicht? In dem Moment, in dem ich eigentlich total loslassen sollte, schossen mir tausend

Dinge durch den Kopf. Am liebsten hätte ich geweint, aber auf der anderen Seite habe ich mir überlegt, dass das doch jetzt nicht geht. Zu viel überlegt. Und dann ist es auch schon wieder vorbei.

Aber natürlich bleiben von diesen Spielen ganz viele tolle Eindrücke, von der Einkleidung bis zur Übergabe der Goldmedaille. Das sind auch viele Erlebnisse, die einen für immer mit den Personen verbinden, mit denen man das alles erlebt hat.

## EMPFANG IN DER HEIMAT

Die Rückkehr nach Deutschland war ein riesiges Spektakel. Das deutsche Team hatte in Nagano mit zwölf Goldmedaillen als erfolgreichste Nation den Medaillenspiegel gewonnen. Klar war ich stolz, mit meiner Gold- und meiner Bronzemedaille erheblich zu diesem Triumph beigetragen zu haben. Als unser Sonderflugzeug aus Nagano in München landete, stand das ganze Rollfeld schon voller Menschen. Politik, Presse und Angehörige hatten sich zu einem riesigen Empfang eingefunden. Dazu Blaskapellen und Trachtenvereine. Das Bayerische Fernsehen war live vor Ort. Da ging es zu wie auf dem Oktoberfest.

Meine Mama war extra von ihrem Berg heruntergekommen, um dabei zu sein. Wahrscheinlich haben meine Eltern die Tölzer Hütte da mal früher zugesperrt. So was hat die Mama nicht oft gemacht. Das hat mir gezeigt, dass das etwas ganz Besonderes sein musste, was gerade passierte.

Ich habe das alles total genossen. Das war schon was anderes als vier Jahre zuvor. Damals stieg ich aus dem Flieger und stand, ohne etwas Eigenes mitgebracht zu haben, neben den Gewinnerinnen. Und jetzt hielt ich gleich zwei Medaillen in der Hand. Die sahen ganz schnell mächtig ramponiert aus, weil ich die allen zeigen musste.

Von München aus sind wir nach Lenggries, wo ein Empfang für mich organisiert war. Erst danach ging es weiter nach Berchtesgaden. Als die da in der Nachbarschaft dann auch noch etwas für mich machen wollten, war ich ein bisschen überfordert, weil ich mir gedacht habe, dass die in meine Privatsphäre wollen, ich aber eigentlich nicht mehr mag. Außerdem war ich von der langen Rückreise völlig erschöpft.

Natürlich war das trotzdem noch mal unheimlich schön. Da gab es Glühwein und Krapfen am Parkplatz und die ganze Nachbarschaft war da. Aber in dem Moment brauchte ich eigentlich mal meine Ruhe. Und auch danach war immer noch nicht Schluss, denn natürlich wollte der Markt Berchtesgaden seine siegreichen Sportlerinnen und Sportler auch noch ehren. Das war eine super Truppe, die sich auch allesamt aus der Sportfördergruppe der Bundeswehr kannten und die in Nagano ordentlich abgeräumt hatten: Die Rodler Georg Hackl und Barbara Niedernhuber, Snowboarderin Heidi Renoth, die Bobfahrer Zimmermann/Langen und eben die Olympiasiegerin Hilde Gerg. Im Medaillenspiegel wäre die Sportfördergruppe Berchtesgaden vor mancher großen Nation gelandet.

Mein Problem war, dass ich diese Goldmedaille wegen des ganzen Trubels überhaupt nicht verarbeiten und ankommen lassen konnte. Überall hörte ich außerdem Stimmen, die von mir als »Zufallssiegerin« sprachen. Das wurde dann noch schlimmer, als ich in den letzten beiden Rennen der Saison mit Platz drei und acht hinter meinen eigenen Erwartungen hergefahren bin. Ich wollte beweisen, dass ich zu Recht Olympiasiegerin bin und ein Rennen gewinnen kann!

Wenn einer dann auch noch gesagt hat, ich habe in Nagano nur gewonnen, weil mein Freund den zweiten Lauf gesetzt hat, dann habe ich das einfach hingenommen. Das war natürlich völliger Blödsinn, denn das wurde ja ausgelost. Und fahren musste ich das Rennen ja trotzdem noch.

Das hat mich sehr verletzt, denn eigentlich wollte ich mich freuen, während es einige gab, die mir meinen Sieg ganz einfach schlechtreden wollten. Natürlich wusste ich, dass das nur die Neidischen sind, die es zerfrisst, weil ich das geschafft habe. Mein Fehler war, dass ich das Gerede viel zu sehr an mich rangelassen habe. Und in der Konsequenz habe ich meine Medaillen von Nagano in der Schublade versteckt.

Es hat lange gedauert, bis ich die wieder rausgeholt habe, und das ist eigentlich einem Hockeyolympiasieger zu verdanken.

Als ich vor einigen Jahren mal bei Moritz Fürste, mit dem ich für *Wahre Helden* vor der Kamera stand, in Hamburg war, fielen mir seine drei Olympiamedaillen ins Auge. »Mo«, wie ihn alle nennen, hat 2008 und 2012 Gold und 2016 die Bronzemedaille gewonnen. Der hatte diese Medaillen auch lange einfach nur daheim rumliegen. Irgendwann hat seine Frau die in einen wunderschönen Rahmen gesteckt und aufgehängt.

Das habe ich dann genauso gemacht. Die hängen jetzt neben meinen zwei Glaskugeln von den Super-G-Weltcupsiegen. Mittlerweile finde ich das total cool.

Übrigens, ans Aufhören habe ich nach meinem Olympiasieg noch nicht gedacht. Eigentlich wollte ich ja, wie ich das als

Kind bei Marina Kiehls Abfahrtssieg 1988 gesehen hatte, Gold gewinnen und Schluss machen.

Doch mit 12 wusste ich nicht, dass ich mir den Goldtraum schon zehn Jahre später, mit gerade mal 22 Jahren, erfüllen und noch eine Menge Erfolge vor mir haben würde.

## NEUE HIERARCHIE

Normalerweise sollte man ja denken, dass bei Skirennläuferinnen die Hierarchie im Team nicht so wichtig ist wie bei Mannschaftssportlerinnen. Jede von uns fährt, abgesehen vom Teamwettbewerb, in erster Linie für sich selbst und bei Großveranstaltungen noch dazu für das eigene Land.

Tatsächlich spielt ein intaktes Mannschaftsgefüge aber gerade auch bei Individualsportlerinnen eine große Rolle, wenn mehrere starke und erfolgreiche Persönlichkeiten in einer Mannschaft sind. Die stehen untereinander schließlich auch in Konkurrenz. Was das bedeutete, sollte mir und unserem Team nach den erfolgreichen Spielen von Nagano sehr schnell bewusst werden.

Direkt nach der Saison beendete Katharina »Kagu« Gutensohn, eine von den sogenannten »Alten«, ihre Karriere. Zu ihr hatte ich immer ein sehr enges Verhältnis. Auch wenn ich, vor allem mit meinen beiden Olympiamedaillen, jetzt bereits größere Erfolge vorweisen konnte, war sie zu dem Zeitpunkt mit ihren 32 Jahren doch deutlich älter und erfahrener als ich mit meinen 22. Während sie 1985 schon Abfahrtssilber bei der Ski-WM in Bormio gewonnen hatte, hatte ich im selben Jahr mit neun Jahren gerade erst mit dem organisierten Skifahren im SC Lenggries begonnen.

Durch beständige Platzierungen unter den ersten zehn war Kagu eine feste Säule im Leistungsgefüge der Mannschaft gewesen. Ihr Wort hatte großes Gewicht im Team, auch wenn sie nicht diejenige war, die ständig Rennen gewann. Wenn die Kagu etwas gesagt hat, dann haben wir darauf gehört, egal ob die im Rennen vorher jetzt 5. oder 40. geworden war. Wenn Katharina am nächsten Tag fünf Minuten früher wegfahren wollte, dann sind wir halt alle fünf Minuten früher weggefahren. Mit ihrem Abgang riss da eine Lücke auf.

Mit Hockeyolympiasieger Moritz Fürste und Handballweltmeister Pascal Hens habe ich mich über dieses Thema mal länger unterhalten. Bei den beiden Mannschaftssportlern hat das Thema Hierarchie noch mal eine ganz andere Bedeutung. Die haben beide die Erfahrung gemacht, dass das oft ganz schnell wegdriften kann, wenn man von den Führungspersonen auch nur eine einzige auswechselt.

Hätte ich Tennis oder Golf gespielt und wäre ganz allein von Turnier zu Turnier um die Welt gereist, wären solche Hierarchiewechsel nicht wichtig gewesen. Weil wir Mädels uns aber die Trainer geteilt haben und das ganze Jahr zusammen unterwegs waren, traf uns das in diesem Jahr gleich doppelt. Denn Kagu blieb nicht der einzige Verlust.

Unangefochtene Chefin war damals ganz klar Katja Seizinger. Das war wegen ihrer vielen Erfolge mit drei Olympia- und zwei Gesamtweltcupsiegen eine Tatsache und musste nicht groß ausgesprochen werden. Das ist in so einem Skiteam nicht wie beim Fußball, wo der Trainer einen Spieler zum Kapitän ernennen muss, damit die anderen das akzeptieren. Sie war einfach diejenige, die beständig Rennen gewann, darauf konnten sich alle verlassen. Das nahm auch unheimlich den Druck vom Team. Ob ich dann mal siegreich war oder nicht, war meist völlig wurscht. Wenn ich oben stand, war es schön, und wenn nicht, war der Sieg oder eine Top-Platzierung dank Katja meist trotzdem in der Mannschaft.

Die Martina Ertl hat auch ab und an ein Rennen gewonnen und war noch dazu zwei Jahre älter als ich, aber auch sie hatte die Katja in der Hierarchie über sich.

Bis zum Juni 1998 ging das auch alles erst mal richtig gut.

Bis auf die Kagu waren noch alle an Bord und wir hatten mit den Medaillen aus Nagano natürlich reichlich Rückenwind.

Das Thema der Trainer-Athletin-Beziehung zwischen Wofal und mir schien bis dahin auch so weit geklärt, dass sich niemand daran störte. Eine ganz wichtige Rolle hat dabei sicher der Erfolg im Team gespielt. Niemand hatte einen Grund, unzufrieden zu sein.

Ende Juni sollte sich das aber dramatisch ändern. Bei einem Sturz im Trainingslager riss sich Katja das Kreuzband und das Innenband des linken Knies und brach sich den Schienbeinkopf. Mit so einer schweren Verletzung war klar, dass unsere Topläuferin wahrscheinlich für die komplette kommende Saison inklusive der Ski-WM 1999 in Vail ausfallen würde.

Das war ein schwerer Schlag für unsere Mannschaft, weil wir damit gleich zwei Läuferinnen verloren hatten, die in der Teamhierarchie ganz oben standen. Zudem waren das zwei, die die Entscheidung, dass der Wofal als Trainer, trotz seiner Beziehung zu mir, bleiben soll, maßgeblich mitgetragen hatten. Die beiden konnten das sehr gut voneinander trennen und haben mich mit ihrem Zuspruch überhaupt erst ermutigt, dass ich mich auf diese Konstellation, an der ich von Anfang an sehr gezweifelt habe, einlasse.

Im Sommer ließen sich die aus dem Weggang der beiden Führungspersönlichkeiten entstehenden Probleme auch erst einmal nicht erahnen. Doch plötzlich waren in der Mannschaft ganz andere Voraussetzungen. Dazu kam dann noch der Druck, dass alle von uns nach der Wahnsinnssaison 1997/98 nun irgendwelche Wunderdinge erwarteten. Zumindest taten wir Sportlerinnen das und machten uns den Druck dadurch vielleicht ein Stück weit selbst. An das erfolgreiche Vorjahr anknüpfen zu können, war natürlich utopisch, denn diejenige, die allein schon zehn oder zwölf Rennen gewonnen hatte, war nun nicht mehr da.

Dieses Leitwolfding war nicht so meins. Trotzdem fühlte ich mich als Olympiasiegerin und als eine von denen, die schon ein paarmal ganz oben auf dem Treppchen gestanden hatten, ein Stück weit in der Pflicht, als Führungsfigur voranzugehen. Die Voraussetzungen für eine gute Saison waren körperlich auch gut. Im Juli war ich für ein paar Wochen mit Wofal in Mauritius gewesen, wo ich mich trotz Urlaubsatmosphäre sehr gewissenhaft auf den Winter vorbereitet hatte. Wir hatten alles mitgeschleppt, was ich für ein ordentliches Konditionstraining am Strand brauchen konnte. Und es hat da sicher auch nicht geschadet, dass ich einen unserer verantwortlichen Trainer dabeihatte.

Die ersten Rennen verliefen für mich aber alles andere als ermutigend. Zum Saisonauftakt in Sölden wurde ich im Riesenslalom 18. Auch die nächsten Ergebnisse in den USA und Kanada waren, bis auf einen dritten Platz, alle weit weg von irgendwelchen Podestplatzierungen. Und auch die anderen konnten die riesige Lücke, die Katja hinterlassen hatte, nicht füllen. Mit jedem Rennen ohne Sieg wurden der Druck aufs Team und die Unzufriedenheit innerhalb der Mannschaft größer.

Besonders deutlich wurden meine Probleme im Slalom. Statt mein Olympiagold endlich mal mit einem Weltcupsieg zu bestätigen, flog ich in den ersten zwei Rennen in den USA prompt raus. Das Ergebnis war eine zunehmende Unsicherheit. Nichts hat mehr so funktioniert wie im Jahr vorher, als der Knoten auf- und alles wie von selbst gegangen war. Dazu kamen Skiprobleme, die keiner hatte kommen sehen.

Man muss sich das im Skirennsport ein bisschen vorstellen wie in der Formel 1. Wer da aufs falsche Auto setzt und Entwicklungen verschläft, fährt lange hinterher. Während die meisten von uns auf ihren alten Modellen der Firma Völkl unterwegs waren, hatte die Firma Salomon über den Sommer begonnen, auf Carvingski zu setzen. Die sind in der Mitte viel taillierter als die Bretter, die wir bis dahin genutzt hatten. Das hilft gerade im Slalom. Mit diesem Skimodell kann man zwischen den Toren deutlich schneller beschleunigen und viel extremere Kurvenlage fahren. Heute ist dieser Carvingski auf der ganzen Welt verbreitet, doch zur Saison 1998/99 wurden wir davon böse überrascht!

Während des Sommers hatten wir mehrmals mit der Salomon-Fahrerin Zali Steggall trainiert. Weil die Olympiadritte im Slalom auf den neuen Skiern aber maximal so schnell war wie wir, hatten wir uns entschlossen, bei unserem alten Material zu bleiben. Zu dem Zeitpunkt gab es einfach keinen Grund, etwas komplett zu verändern, das im Vorjahr noch überragend funktioniert hatte.

Doch schon bei den ersten Testrennen in den USA deutete sich an, dass das ein Fehler war. Eine Ahnung, die sich dann bei den ersten Weltcuprennen noch deutlich verstärkte, als wir den Fahrerinnen, die mit der neuen Technik unterwegs waren, nur noch beim Gewinnen zusehen konnten. Dummerweise hatte ich die Einschätzung, dass wir einen wichtigen Entwicklungsschritt verpasst hatten, dann auch noch in einem Interview kundgetan. Dementsprechend wütend waren die Reaktionen unserer Skifirma Völkl, die das natürlich so nicht stehen lassen wollte. Ich wollte mit meinen Aussagen auch niemandem die Schuld an unserer Misere geben. Die Entscheidung, beim alten Material zu bleiben, hatten wir als Athletinnen schließlich gemeinsam mit unseren Trainern und der Skifirma getroffen.

Für mich war zu dem Zeitpunkt klar, dass wir das Thema Slalom fürs Erste abhaken mussten. Dazu kam ein immer größerer Druck von außen. In den Medien wurde hinterfragt, warum wir nur noch hinterherfahren. Das führte wiederum zu einer wachsenden Verunsicherung unter den Trainern, die eigentlich nicht nötig gewesen wäre. Es passierte doch nur das, was nach dem Ausfall von Katja abzusehen war.

Ich hatte nach wie vor meine Probleme damit, dass ich nun fürs Team abliefern musste. Bis dahin war ich eigentlich immer nur für mich gefahren. Daran, dass die Darstellung des Teams nach außen nun mit meinen Leistungen verknüpft sein sollte, konnte und wollte ich mich erst mal gar nicht gewöhnen. Das war bislang immer der Job von der Katja gewesen. In ihrem Windschatten konnte ich mich bestens entwickeln. Nun hing alles an mir und Martina. Die hatte aber gerade zu Beginn der Saison selbst ebenfalls noch riesige Probleme mit ihrem Material. Sie war im Sommer von Völkl auf Atomic umgestiegen und arbeitete immer noch an der richtigen Materialabstimmung.

So was dauert eben länger. Dazu kam dann noch, dass Atomic im Slalombereich ebenfalls auf die Carvingtechnik verzichtet hatte. So hatten wir fürs Erste alle weitestgehend das Nachsehen.

Doch irgendwann ging es bei mir plötzlich wieder wie von selbst. Innerhalb weniger Tage gelangen mir rund um Weihnachten 1998 drei Weltcupsiege in Abfahrt, Super-G und Kombination. Pünktlich zur Ski-Weltmeisterschaft im amerikanischen Vail Anfang Februar 1999 kam ich in eine Form, die mich zu einer aussichtsreichen Medaillenkandidatin machte. Selbst im Slalom, den ich abgeschrieben hatte, gelang mir ein zweiter Platz. Dazu kamen noch jede Menge Topergebnisse in den anderen Disziplinen. Dass es die deutsche Mannschaft bei der WM trotzdem irre schwer haben sollte, hatte da wohl niemand erwartet. Bis kurz davor lief noch alles nach Plan. In der letzten Abfahrt vor der Abreise in die USA fuhr ich in Cortina als Dritte erneut aufs Podest und setzte ein weiteres Ausrufezeichen hinter meine Medaillenambitionen.

Nur drei Tage später kam dann aber ein böser Dämpfer. Quasi über Nacht hatte mich eine schwere Erkältung gepackt. Ausgerechnet in Cortina, wo ich bislang so große Erfolge gefeiert hatte, musste ich den letzten Riesenslalom vor der WM nach dem ersten Durchgang wegen entzündeter Nebenhöhlen abbrechen. Es hatte mich so umgehauen, dass ich bis zur Weltmeisterschaft nicht mehr trainieren konnte und meine Anreise verschieben musste. Immerhin schien die Erkältung pünktlich zum ersten Rennen ausgeheilt, und ich fühlte ich mich vor dem Super-G wieder so gesund und fit, dass ich mir beste Chancen auf eine Medaille ausrechnen durfte.

Das Ergebnis war dann aus deutscher Sicht eine einzige Enttäuschung. Auf den Plätzen eins bis drei feierten drei Österreicherinnen den totalen Triumph ihres Teams, während ich als Vierte und Martina als Fünfte zwar ein großartiges Resultat erreicht, aber die Medaillen eben verpasst hatten.

Mit sieben Hundertstel Rückstand auf Bronze und drei Zehntel auf Gold war ich nun die erste Verliererin.

Das Glück, dass uns in Nagano zum Erfolg verholfen hatte, war nun bei den Österreicherinnen, während sich meine Blechsträhne fortsetzen sollte.

In der Abfahrt blieb ich als Zwölfte weit unter meinen Möglichkeiten, die mich in dieser Achterbahnsaison bereits mehrfach aufs Podest gebracht hatten. Der zunehmende Druck im Team, das nach den Speedrennen immer noch ohne Medaille dastand, machte die ganze Situation nicht leichter. Immerhin lag ich nach dem Kombinationsslalom als Fünfte nicht weit von den Medaillen entfernt und hatte in der Abfahrt beste Chancen, aufs Podest zu fahren. Doch wie im Super-G wurde ich erneut Vierte und musste den anderen beim Feiern zuschauen.

Der Rest der WM war sowohl für mich als auch für unsere Mannschaft nur noch zum Vergessen. Während die anderen wenigstens noch ins Ziel kamen, flog ich im Riesenslalom und im Slalom raus und wir ohne eine einzige Medaille nach Hause.

Vielleicht wäre die Situation nicht so enttäuschend gewesen, wenn wir in der Außendarstellung klar kommuniziert hätten, dass wir mit Martina und mir zwar zwei Fahrerinnen haben, die eine Chance auf Medaillen haben, aber noch weit weg von der Stabilität einer Katja Seizinger sind. Niemand war auf diese Situation vorbereitet. Seit 1992 hatte die »Chefin« bei allen Olympischen Spielen und Weltmeisterschaften Medaillen abgeliefert. So war der Druck auf uns von einem Moment auf den anderen so gewaltig, dass diese Lockerheit gefehlt hat, die im Jahr zuvor in Nagano zu diesem außergewöhnlichen Erfolg geführt hatte. Am Ende haben wir alle viel Lehrgeld gezahlt.

Sollte es da schon Stimmen gegeben haben, die sich an meiner Beziehung mit einem verantwortlichen Trainer gestört haben, dann habe ich sie nicht gehört.

Irgendwie war das ein Damoklesschwert, das über uns hing, aber zumindest so lange keine Gefahr darstellte, solange alle erfolgreich und zufrieden waren. Doch dass sich so was schnell ändern kann, wenn es mal nicht mehr läuft, sollte mir schon bald bewusst werden.

## *EINGEHOLT*

Dass die nächste Saison noch schwieriger werden würde, war im Sommer nicht abzusehen.

Die »Chefin« hatte ihre Karriere nach der langwierigen Verletzung beendet, sodass wir nun alle sicher wussten, dass sie nicht mehr zurückkommen würde. Das war wichtig, um einen klaren Schnitt zu machen und das Team neu aufbauen zu können. Mein Sommer verlief ansonsten relativ problemlos und unspektakulär. Mein Leben mit Wofal war abseits der Skisaison glücklich und harmonisch wie bei jedem verliebten jungen Paar. Der Wofal war mittlerweile 30 und ich stand kurz vor meinem 24. Geburtstag. Da denkst du auch schon mal übers Heiraten nach, auch wenn das für uns in diesem Sommer noch kein konkretes Thema war.

Ich habe zu dem Zeitpunkt viel in Berchtesgaden an meiner Kondition und Kraft gearbeitet und war sehr zufrieden.

Auch mit der neuen Skitechnik kamen wir einen großen Schritt weiter. Gemeinsam mit unseren Technikern und Trainern hatten wir inzwischen viel auf Carvingski getestet, um die Lücke, die im Vorjahr entstanden war, zu schließen.

Ich konnte es kaum erwarten, dass die neue Saison beginnt, denn nach der enttäuschenden 98/99er-Saison wollte ich mir selbst beweisen, dass ich nun endlich bereit war, als Führungsfigur voranzugehen.

Auf dem Programm standen zu Saisonbeginn mehrere Technikrennen im Slalom und im Riesenslalom.

Die Ergebnisse waren absolut niederschmetternd. Drei Ausfälle in den ersten drei Rennen waren ganz sicher nicht das, was ich mir vorgestellt hatte. Und auch bei den anderen im Team ging gar nichts. Martina hatte ebenfalls riesige Probleme und fuhr in ihren Lieblingsdisziplinen meist hinterher. Dementsprechend angespannt war die Stimmung im Technikbereich, was den Druck auf Wofal als verantwortlichen Trainer erheblich erhöhte.

Zumindest im Speedbereich hellte sich die Stimmung nach drei zweiten Plätzen in Lake Louise und Val d'Isère auf.

Wenigstens in den schnellen Disziplinen waren wir weiterhin in Siegesnähe. Im Slalom und Riesenslalom wurde die Krise dagegen immer schlimmer, weil bis Weihnachten keine von uns auch nur einmal unter die ersten zehn fahren konnte. Während das wegen meinen starken Leistungen in Abfahrt und Super-G für mich nicht so tragisch war, hatten die Technikexpertinnen damit viel mehr zu kämpfen und suchten ihre eigenen Wege aus der Krise.

Sollte jemand zu diesem Zeitpunkt Probleme mit der Beziehung zwischen Wofal und mir gehabt haben, dann hatte ich das immer noch nicht mitbekommen. Ich habe versucht, mich an alle Absprachen zu halten und meinen Weg zu gehen. Meine Leistungen stimmten nach den Schwierigkeiten zu Saisonbeginn jetzt wieder, und niemand hatte mir das Gefühl gegeben, dass irgendwas im Argen läge. Dementsprechend groß war die Bescherung, als der Wofal an Heiligabend 1999 zum Götschen nach Berchtesgaden gerufen wurde.

Dort befindet sich ein Hang, den wir regelmäßig zum Trainieren und gelegentlich auch für Rennen nutzten. Von unserer Wohnung war das mit dem Auto kaum mehr als 20 Minuten entfernt. Trotzdem war das sehr überraschend, als es hieß, der Wolfgang solle bitte mit den Slalomstangen da raufkommen und einen Lauf für die Martina setzen, weil die dort mit einem anderen Trainer trainieren wollte. Natürlich hatte jeder mitbekommen, dass sie in dieser Saison überhaupt nicht richtig zum Fahren gekommen und dementsprechend unzufrieden war. Doch dass sie da nun mit einem eigenen Trainer auftauchen würde, der nichts mit unserem Team zu tun hatte, war ein ganz schöner Schlag für Wofal. Martina hatte das mit unserem Cheftrainer Wolfi Maier, mit dem sie immer schon ein sehr enges Verhältnis hatte, abgesprochen. Der Wofal aber war nicht eingeweiht und wurde davon kalt erwischt, genau wie ich. Denn natürlich war das auch für mich ganz schön belastend, weil es ja meinen Freund betraf, der bis dahin Martinas Trainer war. Das war bitter und eine richtig blöde Situation, weil niemand auch nur eine Andeutung gemacht hatte in diese Richtung. Der Wofal durfte dann wie ein Assistenztrainer die Stangen aufstellen, zuschauen, wie der andere sämtliche Korrekturen mit Martina besprach, und danach alles wieder abräumen. Erst danach kam dann die Ansage, dass dieser Trainer nun künftig bei den Rennen dabei sein und sich ausschließlich um Martina kümmern würde.

Das war eine sehr seltsame Situation, weil dieser externe Trainer nun ständig mit dabei war. Der hat auf der einen Seite unsere Videoanalysegeräte und Stangen benutzt, gehörte aber auf der anderen Seite gar nicht offiziell zum Team. Plötzlich saß er mit Martina im Raum unserer Trainer und hat dort Videos angeschaut. Wenn wir reinwollten, hieß es: »Nein, da ist jetzt die Martina mit ihrem Trainer drin.«

Es ist völlig okay, wenn jemand sagt, er braucht Hilfe und vielleicht auch einen anderen Trainer. Aber dann soll der doch bitteschön sein eigenes Equipment mitbringen und nicht das Zeug und die Räume der Mannschaft benutzen. Das hätte man anders lösen können und müssen. Da waren die Grenzen überhaupt nicht mehr gewahrt. Das, und vor allem die Art, wie Wofal an Weihnachten vor vollendete Tatsachen gestellt worden war, hat mich brutal getroffen. Damit wurde nun diese Vereinbarung, die für mich von Anfang an zum Scheitern verurteilt war, absolut infrage gestellt!

Ich hatte mich damals nur darauf eingelassen, meinen Freund als Trainer ins Team zu holen, weil mir alle gesagt haben, dass sie voll dahinterstehen. Wir hatten Jahre zuvor klar vereinbart, dass wir offen darüber reden, wenn Dinge nicht passen sollten, und dass das niemals hintenrum zum Thema gemacht wird. Aber genau das passierte nun. Plötzlich war das Verhältnis zwischen Wofal und mir verantwortlich für die Probleme im Technikteam. Die Rede war von »Sonderbehandlungen« für mich. Genau das war es, was ich immer hatte verhindern wollen. Natürlich lebten Wofal und ich unter einem Dach.

Aber wenn wir im Weltcup gemeinsam unterwegs waren, dann war das ein ganz normales Trainer-Athletin-Verhältnis. Am schlimmsten war, dass keiner von den Trainern, mit denen ich dann geredet habe, auch nur einmal für mich Position ergriffen hat. Damals, als es um Wofals neuen Posten ging, hatten sich alle hingestellt und sich klar dafür ausgesprochen, dass das funktioniert. Die Idee, den Wofal einzubinden, war schließlich von den Trainern ausgegangen. Es war ja nicht so, dass wir das forciert hatten. Als ich die Trainer jetzt darauf ansprach, dass sie versprochen hatten, Probleme direkt auf den Tisch zu bringen, statt sie hinter unserem Rücken zum Thema zu machen, konnten oder wollten sich viele nicht mehr an diese Gespräche und unsere Vereinbarung erinnern.

Am meisten war ich wahrscheinlich von mir selbst enttäuscht. Ich hatte mich überzeugen lassen, etwas zu machen, von dem ich wusste, dass es schiefgehen würde, wenn es mal nicht so gut läuft. Hätte ich auf mein Bauchgefühl gehört, wäre das alles nicht passiert.

Ich habe absolut verstanden, dass da eine erfolgreiche Aktive kommt und sagt: »Ich komme mit dem System nicht zurecht, und bevor die ganze Saison weg ist, möchte ich was ändern. Ich brauche einen anderen Trainer.« Trotzdem sind da noch die anderen im Team, die ich schützen muss. Und das haben die Trainer in diesem Fall nicht getan. Davon war ich menschlich brutal enttäuscht und fühlte mich alleingelassen. Natürlich ist das hier alles meine ganz eigene Sichtweise. Wenn man die anderen fragt, dann werden sie vermutlich sagen, dass sie sich um mich und meine Probleme ausführlich gekümmert haben. Für mich hat sich das halt ganz anders angefühlt. Ich hatte leider auch das Gefühl, dass einige meiner Teamkolleginnen froh waren, dass das alles so gekommen ist.

Das konnte ich sogar noch ganz gut nachvollziehen, weil das einfach von Anfang an eine schlechte Konstellation war. Ging bei mir etwas besonders gut, dann auch deshalb, weil mein Freund mein Trainer war und mich da vielleicht bevorzugte. Und ging bei den anderen was schief, hatte man genauso schnell eine Begründung. Solange wir mit der Katja unser siegreiches Rennpferd im Stall hatten, gab es keinen Grund zur Unzufriedenheit. Jetzt dafür umso mehr.

So einen Zwist im Team nimmt man dann auch mit in die Wettkämpfe. In den zwei Wochen nach Weihnachten standen jede Menge Technikrennen an. Durch das ganze Theater hatte ich mich selbst massiv unter Druck gesetzt, besonders gut zu fahren. Ich wollte den anderen beweisen, dass der Wofal kein schlechter Trainer ist. Dass das schiefgehen musste, war eigentlich völlig klar. Wenn ich nicht rausgeflogen bin, bin ich irgendwo jenseits von Platz 20 gelandet.

Am übelsten war es beim Heimweltcup am Götschen, genau dort, wo dieses Trainertheater ein paar Tage vorher begonnen hatte.

Eigentlich sollte es für eine Athletin das Schönste sein, vor eigenem Publikum zu fahren. Doch in diesem Fall war das für mich nur noch eine Belastung. Platz 22 im Slalom und ein Ausfall im Riesenslalom waren ein deutliches Zeichen dafür, wie es um mein Nervenkostüm bestellt war. Wenn der Kopf nicht frei ist, dann funktionieren die Beine auch nicht. Ich war nun wieder dort angekommen, wo ich zu der Zeit war, als wir unser Verhältnis geheim gehalten hatten.

Die beiden Rennen am Götschen waren dann auch meine letzten zwei Weltcuprennen in dieser Saison. Drei Tage später habe ich mir beim Volleyballspielen die Außenbänder im Sprunggelenk gerissen. Damit war klar, dass ich nicht zu den nächsten Rennen nach Lienz und Cortina fahren würde. Das war extrem bitter, denn zu diesem Zeitpunkt hatte ich die besten Chancen, sowohl den Abfahrts- als auch den Super-G-Weltcup zu gewinnen.

In Italien stand Mitte Januar neben der Abfahrt auch ein Riesenslalom auf dem Rennprogramm. Die Situation im Technikteam hatte sich dann so zugespitzt, dass der Wofal dort letztendlich die Entscheidung traf, einen Schlussstrich zu ziehen. Er hat mich aus Cortina angerufen und erzählt, dass ihn die Mädels am Hang alle nicht mehr anschauen und er sich nur noch als der Depp fühle, der die Stangen hinstellen darf. Für ihn war klar, dass er nicht mehr weitermacht. Und in diesem Telefonat wollte er meine Rückendeckung für diese schwerwiegende Entscheidung.

»Das ist deine Entscheidung, da kann ich jetzt nichts machen«, habe ich gesagt und ihm dann Mut zugesprochen, seinen Weg zu gehen: »Ich finde es gut, wenn du zu dir selbst stehst und da jetzt Tabula rasa machst, denn verarschen brauchst du dich auch nicht lassen.«

Damit war dann alles gesagt.

Im Januar ist er als Disziplintrainer Technik zurückgetreten, hat aber weiter für den Skiverband gearbeitet. Das war einfach sein Ding. Der Wofal hat es geliebt, mit den Athletinnen und Athleten zu arbeiten. Da war er auch richtig gut drin. Von da an hat er sich um die Verletzten gekümmert, wenn die wieder zurück in den Schnee gekommen sind. Aber natürlich war das schon ein großer Schritt rückwärts für jemanden, der als verantwortlicher Trainer ein Team im Weltcup und bei Olympischen Spielen und Weltmeisterschaften geführt hat. Am Ende war der Wofal der Leidtragende in dieser ganzen Situation.

Selbstverständlich war dieses ganze Theater auch ein Riesenthema in der Öffentlichkeit. Die Presse hatte ihre Geschichten. Sind sich mehrere Frauen mal nicht einig, dann kommen gleich die Schlagzeilen vom »Zickenkrieg«. Und hat eine Athletin eine Beziehung zu einem Trainer, dann kriegt das vor allem in der Boulevardpresse gleich was Anrüchiges. Dahingehend waren die Probleme in unserem Team natürlich wie gemacht für all diejenigen, die nicht in erster Linie am Skisport interessiert waren. Nach Wofals Rücktritt gab es dann Pressekonferenzen, bei denen ich ständig darauf angesprochen wurde, was denn da los war. Alles in allem war das eine ziemlich ungute Stimmung, die mich sehr von dem abgelenkt hat, was ich eigentlich tun sollte: Skirennen gewinnen.

# Fahrfehler mit Folgen

# DER BRUCH

Beim Skirennsport spielt sich wahnsinnig viel im Kopf ab. Natürlich ist das Material extrem bedeutend. Dazu kommen eine gute Technik, Muskulatur und Kondition. Doch das Wichtigste ist ganz sicher ein klarer Kopf. Stimmt das persönliche Umfeld nicht, dann fehlt einem schnell die Lockerheit, die man braucht, um extreme Situationen im Bruchteil einer Sekunde zu lösen. Stürzt ein Rennläufer, dann kann es dafür viele Gründe geben. Material, Sicht, Risiko oder auch Konzentration.

Warum ich am 2. Februar 2000 beim Super-G-Training in Maria Alm in Österreich letztendlich gestürzt bin, ist schwer zu sagen. Am Ende war es rein technisch gesehen ein Fahrfehler, bei dem ich die Ski verschnitten und nicht mehr aus dem Schnee gebracht habe. Irgendwie hat das in die ganze Situation gepasst, in der mir durch die Streitereien eine gewisse Klarheit abgegangen ist. Bei Geschwindigkeiten von über 100 Stundenkilometern musst du immer 100 Prozent fokussiert sein, sonst kann es zur Katastrophe kommen.

Verletzungstechnisch war ich bis dahin, von meinem Syndesmosebandriss abgesehen, relativ gut durch meine Karriere gekommen.

Doch an diesem 2. Februar merke ich sehr schnell, dass das diesmal nicht gut ausgehen wird. Unmittelbar nach dem Fahrfehler spüre ich, wie mein Körper immer weiter nach vorne schiebt und der Druck auf das überstreckte Bein massiv zunimmt. Mir ist sofort klar: Entweder geht die Bindung auf, oder das Bein gibt nach.

Am Ende ist es dann dummerweise doch das Bein.

Als ich dann nach einem Abflug über den ganzen Hang endlich irgendwo zum Liegen komme, schießen mir Gedanken an eine Teamkollegin in den Kopf, die einen ähnlichen Unfall hatte.

Die hatte sich das Bein gebrochen und ein Kompartmentsyndrom erlitten. Dabei werden Gefäße unter der Haut verletzt, was durch Einblutungen einen sehr hohen Druck auf und Schäden an der Muskulatur zur Folge haben kann. Bei ihr musste man die Muskeln aufmachen, sodass das gestaute Blut abfließen konnte. Das ist nie wieder richtig gut geworden und sie musste mit dem Rennsport aufhören.

»Wie soll ich so jemals wieder in einen Skischuh kommen?«, frage ich mich dann auch als Erstes. Skirennen zu fahren, ist mein Leben. Das darf ich nicht verlieren. Für einen Moment habe ich unfassbare Angst um meine Karriere.

Noch während ich darüber nachdenke, spüre ich einen Höllenschmerz in meinem linken Unterschenkel, verbunden mit einer Riesenschwellung. Das Wichtigste bei diesen schweren Brüchen ist die medizinische Erstversorgung. Während bei einem Rennen immer ein Helikopter bereitsteht, muss der beim Training in der Regel erst gerufen werden. Zu meinem Glück funktioniert das aber alles reibungslos. Innerhalb von zehn Minuten ist der Notarzt da. Auf die Frage, ob ich meinen Rennanzug vor dem Transport ausziehen will, sage ich nur: »Nein, schneid ihn auf und gib mir endlich eine Spritze.« Ich hatte noch nie in meinem Leben solche Schmerzen.

Bevor ich in der Narkose versinke, bitte ich unsere Teamphysiotherapeutin, die die ganze Zeit bei mir ist, dafür zu sorgen, dass ich auf jeden Fall nach Murnau bei Garmisch geflogen werde. Dort gibt es eine große Spezialklinik für komplizierte

Unfallverletzungen. Ich will auf gar keinen Fall in Österreich operiert werden, so wie die junge Teamkollegin, bei der es die Komplikationen gegeben hatte. So ein Rettungshubschrauber ist aber kein Urlaubsflieger und folgt strengen Regeln. Da kannst du als Patientin nicht einfach einen Wunsch angeben und dann setzt der dich an der Klinik deiner Wahl ab. Der muss wieder hinfliegen, wo er hergekommen ist, und dich dort einliefern.

Der Notarzt hat mich am Hang aber so weggespritzt, dass ich wegsacke und erst im Krankenhaus wieder langsam zu Bewusstsein komme. Dort wollen sie mich unbedingt noch mal wecken, weil die von mir selbst hören wollen, dass ich definitiv nach Murnau will. Mich wach zu bekommen ist aber gar nicht so einfach, wenn ich erst mal schlafe. Während ich irgendwelche Stimmen höre, habe ich das Gefühl, in einer Gondel zu sitzen und ständig im Kreis zu fahren. Ich will oben aussteigen und der Stimme folgen, die mich anspricht, komme aber nicht aus dieser verfluchten Gondel raus und fahre die nächste Runde. Irgendwann taucht schließlich etwas Rotes direkt vor meinem Gesicht auf. Ich brauche ewig, bis ich das als einen Arzt mit einer roten Brille wahrnehme.

»Frau Gerg, verstehen Sie mich?«, will der Doktor wissen.

»Ja«, presse ich unsicher heraus, während mir die Augen noch ganz schwer sind und immer wieder zufallen.

Er: »Möchten sie nach Murnau?«

Ich: »Ja, ja, auf alle Fälle nach Murnau.«

Er: »Wollen Sie nicht hier operiert werden?«

Ich: »Nein, gar nicht. Ich zahle es zur Not auch selbst.«

Am Ende entscheidet die Physiotherapeutin, dass sie die Verantwortung übernimmt und ich schnellstmöglich nach Deutschland geflogen werde. Das ist nicht ohne Risiko, denn es besteht natürlich die Gefahr, dass das auf dem 40-minütigen Flug noch weiter einblutet.

Vor dem Flug ziehen die mir dann den Skischuh aus. Das ist nur nicht mal eben gemacht, wenn sich die Patientin Schien- und Wadenbein gebrochen hat, wie auf den Röntgenbildern gut zu sehen ist. Danach packen sie mich wieder ein und schieben mich zurück in den Heli. Von den 200 Kilometern Flug bekomme ich wenig mit. Ich drifte unter dem Einfluss der starken Schmerzmittel immer wieder weg. Ich erinnere mich nur noch daran, dass es in diesem Hubschrauber gemütlich und warm war. Ohne diesen verdammten Skischuh fühlt sich mein Bein auch gleich viel leichter und besser an.

»Wo bin ich?«, will ich vom Arzt wissen, der mich auf dem Flug begleitet.

»Sie sind in einem Hubschrauber«, erklärt er mir geduldig.

»Stimmt es, dass ich mir das Bein gebrochen habe?«, frage ich nach.

»Ja, und wir fliegen Sie jetzt auf Ihren Wunsch nach Murnau«, bekomme ich Bestätigung für das, was ich gerne für einen schlechten Traum gehalten hätte.

Als wir in Murnau ankommen, ist schon alles vorbereitet.

Um 10 Uhr morgens habe ich mir den Fuß in Maria Alm gebrochen und um 13 Uhr wurde ich schon im 200 Kilometer entfernten Murnau fertig operiert aus dem OP-Saal geschoben. Mir ist durchaus bewusst, dass es nicht bei allen so gut und reibungslos läuft. So was kann im Zweifel auch ganz anders ausgehen.

Das Thema Karriereende mit 25 war damit zum Glück sehr schnell vom Tisch, auch wenn es sehr lange dauern sollte, bis ich wieder auf Ski stehen konnte. Vielleicht hatte dieser Unfall aber auch etwas Gutes. Während meiner Woche in der Klinik in Murnau fühlte ich mich total befreit.

Irgendwie war ich froh, dass ich in diesem Moment nicht wieder in den Weltcup zurückmusste. Wäre die Verletzung nicht passiert, dann hätte ich mit dem Team, von dem mein Freund im Streit gegangen ist, weiter von Weltcup zu Weltcup ziehen müssen. Wahrscheinlich hätte ich mich isoliert gefühlt und mich auch selbst zurückgezogen. Ich weiß nicht, wie ich aus der Situation rausgekommen wäre, wenn mich der Bruch nicht zu einer längeren Pause gezwungen hätte. All diejenigen, von denen ich mich zu Recht oder Unrecht verraten gefühlt habe, waren ja noch da. Bestimmt hätten wir alle krampfhaft versucht, zur Tagesordnung überzugehen, ohne uns richtig auszusprechen. Das wäre im besten Fall ein würdeloses Rumgeeiere geworden, im schlimmsten Fall wäre es zu bösen Konfrontationen gekommen. Obwohl das eine wirklich schwere Verletzung war, bei der ich auch nicht wusste, ob das wieder so wird wie früher, war diese vorübergehende Trennung vom Team deshalb eine Erleichterung. Ich hatte außerdem endlich Zeit, alles, was in den letzten Jahren passiert war, mal gründlich zu reflektieren.

Deshalb stieg ich auch Anfang März mit Wofal in ein Flugzeug nach Fuerteventura. Einfach weg. Das konnten wir beide brauchen. Dort hatten wir die Gelegenheit, all das zu verarbeiten, was uns in den letzten zwei Monaten so aus der Bahn geworfen hatte. Wir sind viel am Strand spazieren gegangen, soweit das mit meinem Bein überhaupt ging. Der Sturz und die Operation lagen da gerade erst sechs Wochen zurück. Am Anfang war das Gehen auf dem unebenen Sand mit den Krücken auch sehr schwierig. Ich musste unheimlich aufpassen, dass ich nicht stolpere und mich erneut verletze. Das war aber eher die kleinste Baustelle in meinem Leben.

Es war an der Zeit, dass wir alles Geschehene einmal richtig aufarbeiten. Wofal hatte auch Schuldgefühle. Auch weil sich die Dinge letztendlich genauso entwickelt hatten, wie ich es von Anfang an befürchtet hatte: Durch unser Verhältnis war es zum Bruch im Team gekommen. Es war genau das passiert, was keiner der Trainer, auch der Wofal, vorher hatten glauben wollen. Und das war nicht das Einzige, was wir zu besprechen hatten.

Für mich war klar, dass ich zur nächsten Saison wieder in den Weltcup zurückwollte, auch wenn zu dem frühen Zeitpunkt niemand sagen konnte, wie sich mein Bein entwickelt. Da war so viel an Muskulatur verloren gegangen, dass mir niemand eine Garantie geben konnte, ob ich jemals wieder um einen Sieg fahren kann. Für Wofal ging es andererseits darum, ob er überhaupt weitermachen soll mit dem Skisport. Wo er sich positioniert. Wo er seine Zukunft sieht.

Diese Woche tat unendlich gut. Wir hatten beide keinen Druck. Wir konnten uns als Paar ganz ausschließlich um uns und unsere Probleme kümmern. Wo stehen wir? Wo wollen wir hin? Wir waren ja beide spätestens jetzt im heiratsfähigen Alter.

Als der Wofal nach einer Woche heimgeflogen ist, bin ich einfach noch dortgeblieben. Wenn du in so einem Weltcupzirkus unterwegs bist, hast du monatelang keine Minute für dich. Du bist ständig zwischen Flughafen, Piste, Teambesprechung, Training und Rennen unterwegs. Du teilst dir dein Zimmer mit einer anderen Fahrerin. Dazu musste ich meinem Freund, dem Mann, den ich liebe, ständig aus dem Weg gehen, damit kein Gerede entsteht. Dieses Alleinsein jetzt auf der Insel war großartig. Ich hatte auch keine Probleme, abends alleine zum Essen zu gehen. Tagsüber habe ich mich einfach auf eine Liege an den

Strand gelegt und geschlafen. Ich brauchte die Zeit, um mich physisch, aber auch psychisch zu erholen. Ich kann es nicht beschwören, aber es kann gut sein, dass dort ein Entschluss in mir gereift ist, wieder einmal einen nächsten Schritt zu tun.

Direkt nach meiner Rückkehr aus Fuerteventura Ende März ging es für mich mit den Vorbereitungen auf mein Comeback los. Bis zum Start der Saison waren noch sieben Monate Zeit und die ersten Wunden am Bein waren nun rund sieben Wochen nach dem Unfall ganz gut ausgeheilt.

Mein großes Ziel war es, wieder so auf den Skiern zu stehen, dass ich um die Plätze auf dem Treppchen mitfahren kann. Außerdem stand für den Februar 2001 in St. Anton in Österreich die Skiweltmeisterschaft im Kalender, bei der ich schon gerne um die Medaillen mitgefahren wäre.

Nach einer Woche Reha in Bad Wiessee bin ich dann nach Traunreut zum Schadhauser, einem Physiotherapeuten, der mit mir sehr intensiv gearbeitet hat. Körperlich war ich auf jeden Fall auf einem guten Weg zurück in den Sport.

Nun war es an der Zeit, auch ein paar andere Dinge zu regeln.

## NÄGEL MIT KÖPFEN

Eigentlich hatte ich mir immer vorgenommen, erst dann über eine Hochzeit nachzudenken, wenn ich mit dem Skisport aufgehört habe. Zweimal hatte der Wofal schon sein Glück versucht und um meine Hand angehalten. Beide Male hatte ich ihn abblitzen lassen. Beim ersten Mal kam das doch sehr früh in unserer

Beziehung. Zu dem Zeitpunkt hatte ich definitiv noch keinen Gedanken an so was verschwendet. »Dazu bin ich noch viel zu jung, und heiraten tu ich erst, wenn mit dem Skifahren Schluss ist«, war dann auch meine prompte Antwort. »Jetzt fahre ich Ski und da brauche ich nicht heiraten. Das interessiert mich nicht.«

Damit ließ er es dann auch erst einmal gut sein. Bei seinem zweiten Versuch, ein paar Jahre später, hatte er es wohl deutlich ernster gemeint. Doch auch diesmal kam die gleiche Antwort: »Nein, solange ich Ski fahre, brauche ich nicht heiraten.« Das war allerdings jetzt beim zweiten Versuch schon eine viel heiklere Situation, die ihm gar nicht gefiel. Er hat mir dann klar zu verstehen gegeben, dass das sein letzter Antrag war.

Mir war das lange total wichtig, dass ich mich mit dem Thema erst nach meinem Karriereende beschäftige. Meine Einstellung war eben, dass ich das Skifahren mit Haut und Haaren mache. Da hatte ich in meiner Vorstellung einfach gar keine Zeit für eine so ernste Beziehung. Wenn ich müde war, wollte ich mich ausruhen und nicht ausgehen müssen, wenn dem anderen danach ist. Eine Ehe war für mich noch mal eine ganz andere Verantwortung als eine Beziehung, wie wir sie bis dahin geführt hatten. Wenn ich heirate, wollte ich sicher sein, dass ich auch die nächsten zwanzig Jahre mit dieser Person verbringen möchte. Außerdem kam eine Hochzeit für mich sowieso nicht infrage, solange der Wofal mein Trainer war. Das wäre überhaupt nicht gut gegangen. Da hätten wir auch als Eheleute ständig auf Distanz bleiben müssen, damit nicht wieder Unruhe und falsche Vermutungen aufkommen. Damit wären wir noch viel angreifbarer gewesen.

Doch dieses Problem hatte sich nun ja erledigt. Die Voraussetzungen waren jetzt ganz andere und ein Ende meiner

Skikarriere war auch nicht abzusehen. Wenn man so viel Zeit zum Nachdenken hat wie ich damals auf Fuerteventura, kann sich auch die Sichtweise auf viele Dinge ändern.

Irgendwann im Frühling bin ich dann einfach los und habe einen großen Strauß Rosen gekauft. Die Rose war unsere Blume. Damit hat er mich von Anfang an verwöhnt. Die habe ich dann zusammen mit Verlobungsringen, die ich besorgt hatte, in unserem Wohnzimmer aufgebaut und gehofft, dass er nicht auch ablehnt.

»Gut,« hat er gesagt, »dann machen wir es aber auch sofort. Dann wird jetzt gleich geheiratet.«

Keine zwei Monate nach meinem Antrag standen wir am 24. Juni 2000 im Standesamt Berchtesgaden. Ich hatte anfangs noch nicht mal einen Brautstrauß. Den hat irgendjemand aus der Familie erst am Morgen vor der Hochzeit besorgt, weil man ja ohne Brautstrauß nicht heiraten kann. Ich bin auch niemand, dem das Äußerliche so wichtig ist. Statt im eleganten Dirndl oder Hochzeitskleid trat ich in einem ganz normalen Kleid vor den Standesbeamten. Unsere ganze Hochzeit war ganz unaufgeregt, und das war auch gut so, denn Aufregung hatten wir in den letzten Monaten genug gehabt. Deshalb machten wir auch kein riesiges Fest. Von Bedeutung war nur, dass wir zwei gewusst haben, worum es wirklich geht.

Wir sind dann mit der Familie schön zum Essen gegangen. Das hat mir völlig gereicht. Ich war einfach glücklich. Der Zeitpunkt war auch gut gewählt, denn ich hätte eh nicht gewusst, wen aus dem Team ich hätte einladen sollen und wen nicht. Eigentlich wollte ich in diesem Moment niemanden von denen sehen. Da hat es sich dann einfach angeboten, dass wir das nur auf den Familienkreis beschränken. Und wir sind auch so schon ein Haufen Leute gewesen, weil der Wofal halt doch eine Menge Verwandte in Berchtesgaden hatte. Die kirchliche Trauung wollten wir dann irgendwann nachholen, wenn es passen würde. Das sollte aber noch neun Jahre dauern.

Auf eine Namensänderung von »Gerg« zu »Graßl« hatte ich aufs Erste auch verzichtet. Der Name »Hilde Gerg« war zu dem Zeitpunkt einfach ein Begriff im Skisport. Das war nicht zuletzt durch den Olympiasieg mein Markenname. Und eigentlich war das auch eine richtig gute Marke.

## DER LANGE WEG ZURÜCK

Die Vorbereitung auf die kommende Saison war nach der schweren Verletzung natürlich schwierig. Da stand erst einmal auf dem Programm, diesen gebrochenen Unterschenkel wieder so hinzubringen, dass ich mit dem schnell wieder Ski fahren kann. Mein großes Problem dabei war, dass ich mir nicht nur Muskeln in der Wade verletzt hatte, sondern auch stabilisierende Muskulatur am Sprunggelenk. Mein Gastrocnemius, ein Wadenmuskel, hatte auf der linken Seite bestimmt drei Zentimeter weniger Umfang als auf der rechten. Zum Skifahren ging es zwar noch, aber auf die Zehenspitzen stellen war unmöglich. Es hat auch ewig gedauert, bis ich wieder länger laufen oder springen konnte. Das ist auch mehr als 20 Jahre nach dem Unfall noch nicht ganz optimal.

Damals wusste man lange nicht, ob das wieder funktionieren wird. Diese Reha war deshalb auch ein bisschen ein Durchtasten, was möglich ist und was nicht. Für mich war das alles komplettes Neuland. Erste große Verletzung, erstes Mal längere

Zeit nicht beim Team. Auch die Frage nach dem Anspruch: Was ist Leistungssport? Womit bin ich zufrieden?

Du kommst eigentlich von der OP über das Verkraften der Narkose ganz langsam zum Gehenlernen, sollst dann aber auch im konditionellen und im Fitnessbereich wieder schnellstmöglich komplett hergestellt sein – das ist eben der Teil, der mit Leistungssporttraining und nicht nur mit Reha- und Gesundheitstraining zu tun hat. Besonders deutlich wurde mir das, wenn ich mal wieder bei der Mannschaft war und gesehen habe, was die anderen alles können, wo ich in dem Moment nicht annähernd mithalten konnte.

Zudem wusste ich genau, was ich vor dem Bruch draufhatte, weil ich zwischen 1998 und 2000 körperlich extrem fit gewesen war. Da begann ich natürlich schon sehr zu zweifeln, ob ich das jemals wieder hinbekomme. Oft stand ich frustriert im Training und dachte: Boah, das gibts nicht! Alles, was vorher selbstverständlich war, ging nicht mehr. Einbeinige Kniebeugen, Aufwärmrunden laufen in der Halle, Volleyball spielen, selbst Federball war völlig unmöglich. Das Einzige, was ich noch konnte, war auf so einem Radl sitzen und über kleine Hindernisse springen.

Von der Verheilung des Bruchs her wäre das nach vier oder fünf Monaten alles längst gegangen. Was mir aber weiterhin extreme Probleme bereitete, waren die Weichteilverletzungen, deren Heilung sich ewig hingezogen hat. Dazu kommt bei solchen Unfällen mit schweren und schmerzhaften Verletzungen meist noch der Schock. Gerade bei den Geschwindigkeitsdisziplinen spielt der Kopf eine entscheidende Rolle. Du musst das totale Vertrauen in das Material und deine eigenen Fähigkeiten haben. Da war ich schon sehr am Hadern, ob das jemals wirklich wieder laufen kann.

Ich bin dann ganz verschiedene Wege gegangen, um das zu bewältigen. Besonders im mentalen Bereich habe ich zu der Zeit unheimlich dazugelernt. Vor allem Qigong hat mir enorm geholfen, Dinge zu verarbeiten, zur Ruhe zu kommen und mal andere Ansätze und Lebensweisheiten kennenzulernen. Da habe ich die Fähigkeit entwickelt, klar zu sagen: »Das mache ich und das mache ich nicht.« Das war auch sehr hilfreich beim Verarbeiten der ganzen Geschehnisse, die dazu geführt hatten, dass der Wofal seinen Trainerjob aufgegeben hat. Wahrscheinlich hatte ich deshalb dann auch keine großen Probleme mehr mit den Trainern und Kolleginnen, von denen ich mich ein paar Monate zuvor, ob zu Recht oder zu Unrecht, noch verraten gefühlt hatte. Ich habe begonnen, diesen ganzen Skisport professioneller zu sehen und nicht mehr mit so viel Emotion. Mir wurde bewusst: Das ist meine Arbeit, und dafür brauche ich halt einen Trainer, der mir im Sommer die Hütchen und im Winter die Stangen aufstellt. Mit dem muss ich einfach arbeiten und dann muss das auch gar nicht so ein emotionales Verhältnis sein.

Dieses Jahr hat mir sehr geholfen, in meinem Job erwachsener zu werden. Als ich angefangen habe, war das alles mit so vielen Gefühlen verbunden. Du fängst als Kind an und steckst deine ganze Freude, Kraft und Zeit da rein. Du verzichtest auf Dinge, weil du das allein aus Spaß am Sport gerne tust. Mir haben einfach das Skifahren, dieses An-der-frischen-Luft-Sein, das Bewegen und das Reisen immer unheimlich viel gegeben. Auch die Zusammenarbeit mit den Trainern, auch auf einer freundschaftlichen Basis, war immer etwas Großartiges. Aber da habe ich eben gelernt, das zu trennen.

Mir wurde klar, dass im Leistungssport jede Freundschaft unwichtig ist, wenn es eng wird. Da macht jeder Mensch nur das, was am Ende für ihn gut ist. Und das habe ich im Umkehrschluss dann auch für mich so gemacht.

Das erste Mal so richtig bewusst wurde mir diese neue Einstellung bei einem Konditionstrainingslager in Marbella im Mai 2000. Da waren manche von den Trainern komplett überfordert davon, mit mir zu arbeiten. Während die anderen Athletinnen auf dem Tennisplatz standen, konnte ich zu dem Zeitpunkt nicht einmal normal gehen. Da gab es schon welche, die gesagt haben: »Das wird doch nie mehr was! Was will die eigentlich hier?« Von solchen Leuten habe ich dann bewusst Abstand gehalten. Ich hatte das klare Ziel, wieder Rennen zu fahren, und da war einfach kein Platz für schlechte Gedanken.

Dieser Unfall im Februar war eine brutale Zäsur. Da hatte ich so unfassbare Schmerzen und auch Ängste, dass es von da an nur darum ging, wieder auf die Beine zu kommen. Was da in den Wochen vorher passiert war, war auf einmal überhaupt nicht mehr wichtig. Jede hat ihr Ding gemacht und fertig. Ich glaube, manche Journalistinnen und Journalisten hätten es gerne gesehen, wenn da offener Krieg untereinander geherrscht hätte. Aber das war niemals so. Ich hatte mich entschieden, dass ich meinen Sport weitermache. Fertig. Da war es das viel geringere Problem, ein Verhältnis untereinander hinzubekommen, dass alle optimal ihren Job machen können. Letztendlich waren wir alle Profis.

Und irgendwie war es für mich jetzt, wo der Wofal nicht mehr dabei war, auch viel leichter. Diese schwache Stelle, die mir die anderen vorhalten konnten, gab es nicht mehr. Ich musste zu meinem Freund nicht mehr krampfhaft Abstand halten, nur weil sich jemand benachteiligt fühlen könnte. Die Angriffsfläche, die wir geboten hatten und die mir all die Jahre immer etwas Angst gemacht hatte, war nun komplett verschwunden. Das hat es mir viel einfacher gemacht, mich nur auf mein Comeback zu konzentrieren. Und das war gut so, denn das allein war schwierig genug.

Mitte August sind wir dann mit dem ganzen Team wieder in unser dreiwöchiges Trainingslager nach Chile geflogen. Das war etwa sechseinhalb Monate nach meinem Sturz in Maria Alm. Da sollte ich ganz schnell meine neuen Grenzen kennenlernen.

Für eine Abfahrerin ist dieses Trainingslager essenziell, wenn man wieder eine ganze Saison fahren möchte. Dort hast du einfach die Zeit, jeden Tag mehrere Fahrten zu machen. Die Kurvengeschwindigkeit entspricht genau dem, was in einem Weltcuprennen verlangt wird.

Das war für mich in diesem Augenblick der Wahnsinn. Da bin ich erst einmal ein bisschen frei gefahren und habe versucht, mich mit den Möglichkeiten, die mir das Bein gibt, an Technik und Geschwindigkeit ranzutasten. Natürlich sind in der Abfahrt die Geschwindigkeiten deutlich höher, aber dafür geht es da halt auch viel mehr geradeaus. Das kam mir deutlich entgegen, wie ich dann beim Riesenslalomtraining merken sollte. Da sind die Kurven viel enger, was im linken Unterschenkel sehr schmerzhaft war.

Gut, versuche ich es halt erst einmal mit Super-G, dachte ich mir, denn das ist nicht ganz so schnell und die Kurven sind lange nicht so eng wie beim Riesenslalom.

Drei Tore hat das funktioniert, und als ich beim vierten Tor meinen linken Außenski belasten musste, war es schon wieder vorbei.

Das war eigentlich ein perfekter Tag zum Skifahren. Schönstes Wetter, Traumpiste. Doch statt das zu genießen, saß ich

Der Liegestuhl für die Gäste war sehr beliebt, hier selbst getestet

Gerade mal zwei Jahre alt und immer mit dem Papa draußen im Schnee ... Ich liebe dieses Element einfach

Mit meiner Freundin Martina

Mein Bruder und ich, direkt vor unserem Haus immer am Kraxeln und Turnen

Auf dem Brauneck in Lenggries bin ich aufgewachsen, hier der Blick von der Tölzer Hütte, quasi mein Schulweg (von rechts kommend)

Nach dem Gewinn meiner Goldmedaille gab es ein großes Fotoshooting, hier auf der Kneifelspitze in Berchtesgaden

Wolfgang und ich nach unserer standesamtlichen Trauung im Jahr 2000

Meiner Heimat bin ich immer verbunden geblieben, hier auf dem Sommerfest des Skiclubs in Lenggries, 2001

Nach einer üblen Verletzung musste ich 2005 meine Skikarriere beenden, hier mit Wolfgang im Krankenhaus

Auf der Pressekonferenz in der Wolfart Klinik in München-Gräfelfing, auf der ich schweren Herzens mein Karriereende bekannt gab

Bei den Olympischen Spielen 2006 in Turin gehörte ich zum ZDF-Expertenteam: mit Gunda Niemann Stirnemann, Christoph Langen, Alois Schloder, Petra Behle (v. l.)

Felix Neureuther und ich beim Bayerischen Sportpreis 2013. Er ist ein genialer Skifahrer und mir immer ein lieber Kollege gewesen

Marcus und ich
über den Dächern
von München

Benedict und Anna
nach Annas Firmung

Meine beiden Großen Wolfgang und Anna

Auch nach meiner aktiven Laufbahn bleibt der Sport ein wichtiger Bestandteil meines Lebens. Heute arbeite ich unter anderem als Functional Trainerin

Heute lebe ich in Schönau am Königssee

neben meinem Servicemann frustriert im Schnee und war bereit aufzugeben. »Nie wieder, ich kann nie wieder fahren. Nie wieder werd ich ein Rennen gewinnen«, habe ich ihn vollgeheult.

Dann hat er mich streng angeschaut und gesagt: »Geht es jetzt bei dir ums Rennengewinnen? Hilde, mach mal Schritt für Schritt.«

Der war ein bisschen älter als ich und kannte mich sehr gut, weil wir schon lange zusammengearbeitet haben. Die Serviceleute waren sehr wichtig für uns. In erster Linie sollten die sich um unser Material kümmern. Die hatten gar nicht den Auftrag, uns zu coachen. Aber natürlich bekamen die auch ganz viel davon mit, wie wir Athletinnen uns fühlten. Anders als die Trainer, die ein ganzes Team betreuten, kümmerten sich die Serviceleute immer nur um zwei oder drei Fahrerinnen und Fahrer. Und mit diesem Servicemann war ich sehr eng. Er hat in diesem Moment sehr geduldig versucht, mich weiter zu beruhigen. Das war allerdings nicht einfach, denn für mich war klar, dass ich unbedingt wieder an der Spitze sein will.

»Ich betreibe doch den ganzen Aufwand nicht, dass ich da nur rumgurke«, habe ich gesagt. Dieser Anspruch, gleich wieder Siege einzufahren, war natürlich völlig überzogen, weil ich innerlich gewusst habe, dass ich davon noch meilenweit entfernt bin. Das war schon sehr hart, das einzusehen. Letztendlich hat mein Servicemann mich geerdet und von meinem Hirngespinst abgebracht, schon im August so weit zu sein, wieder auf einem Podest stehen zu können. Das war einfach nicht denkbar. Mir hat ja auch immer noch alles sehr wehgetan. Ich hatte da einen riesigen Marknagel im Bein, mit dem ich 2002 sogar bei den Olympischen Spielen in Salt Lake City gestartet bin. Und auch vom Mentalen her hatte ich riesige Probleme. Ich konnte mich nicht richtig überwinden. Dauernd hatte ich das Gefühl, dass der Fuß nicht so einsatzfähig ist, dass ich da sicher runterfahren kann. Das war am Anfang das Schlimmste. Aber die Trainer haben mir sehr geholfen. Wir haben das in diesen drei Wochen immer so angepasst, dass ich auf meine Kilometer gekommen bin. Damit kam auch die Sicherheit zurück.

Wenn ich aber richtig ehrlich zu mir gewesen wäre, dann hätte ich mir eingestehen müssen, dass ich dem Bein noch längst nicht getraut habe. Ich bin mit maximal 80 Prozent der Belastung gefahren, die eigentlich nötig gewesen wäre.

Wie willst du einen Schwung mit 80 oder 90 Stundenkilometern fahren, wenn du nicht gescheit draufstehst? Du kannst ja nicht alles auf dem Innenski fahren, nur weil es dir außen wehtut. Das ist keine Lösung.

Nach dem Trainingslager in Chile begann für uns das normale Gletschertraining in den Alpen. Langsam ging es immer besser. Vielleicht lag dieses Gefühl aber auch daran, dass ich nach den Erfahrungen in den Anden gelernt hatte, meine Ansprüche etwas runterzuschrauben und mit dem zu arbeiten, was mein Körper gerade erlaubte. Das bedeutete auch, dass ich meinen Rennkalender an meine Fitness anpassen musste. Den Saisonauftakt in Sölden Ende Oktober hatte ich schon frühzeitig gestrichen. Genauso die ersten Rennen in Nordamerika, die in der Regel Mitte November anstanden.

Das waren alles Slaloms und Riesenslaloms, die durch die vielen Tore und Richtungswechsel so früh in der Saison eine zu große Belastung für meine Wade gewesen wären. Für mich war es wichtig, erst mal wieder ins Gleiten zu kommen. Ich hatte endlich akzeptiert, dass ich zu Beginn nicht gleich wieder konkurrenzfähig sein und um den Sieg mitfahren werde.

Mein erstes Rennen nach dem Sturz war der Super-G in Aspen in den USA. Das ist ein schwerer Kurs mit vielen Kurven. Damit du um die gut rumkommst, musst du dich wirklich voll auf den Fuß stellen können. Das war vom Kopf her aber für mich extrem schwierig. Ich war mir immer noch nicht sicher, inwieweit ich auf den Fuß unter Rennbedingungen schon wieder zählen kann. Ich habe mir dann einfach gesagt: »Da musst du durch, Hilde, wenn du wieder nach ganz oben willst.«

Doch die Ausgangsbedingungen waren nicht gut. In den vergangenen Jahren hatte ich mir durch meine konstant guten Leistungen die besten Startplätze sichern können. Wenn du die Rennen aber nicht fährst und nicht punktest, dann haut es dich auch von den Startnummern immer weiter nach hinten. Ich bin ja quasi seit Anfang des Jahres nirgends mitgefahren, weil ich vor meinem Beinbruch noch eine Sprunggelenksverletzung gehabt hatte, die mich seit Mitte Januar zu einer Pause gezwungen hatte. Eigentlich gibt es genau für eine solche Situation für Athletinnen und Athleten so was wie einen Verletztenstatus. Dabei wird der Stand in der Rangliste zum Zeitpunkt des Unfalls eingefroren und man hat bei der Rückkehr ein paar Rennen Zeit, wieder reinzukommen, ohne Punkte zu verlieren. Nur wurde bei mir leider vergessen, diesen Status zu beantragen. Das wäre normalerweise Sache des Verbandes gewesen. Das war dann richtig krass, weil ich dadurch schon mal deutlich nach hinten gerutscht bin in der Startgruppe. Das hat den Druck, auf jeden Fall zu starten, um nicht noch mehr Punkte zu verlieren, natürlich immens erhöht.

Als ich in der Nacht auf die Toilette musste, bin ich aufgestanden und gleich wieder dagelegen. Die Mädels vom Appartement haben das gehört und mich erst mal wieder ins Bett gebracht. Die konnten gar nicht glauben, dass ich am nächsten

Tag trotzdem fahren wollte. Aber ich war mir sicher, dass ich das unbedingt probieren muss.

Am Start beiße ich mich dann durch und denke mir: Komm, Hilde, das geht schon. Ich versuche, alles auszublenden und mich nur auf das Rennen zu konzentrieren. Aber unmittelbar bevor ich auf die Strecke muss, kommt unser damaliger Physiotherapeut zu mir ins Starthaus. Während ich noch 30 Sekunden bis zum Start habe und meine Skistöcke über die Startschranke hebe, fasst der Physio meinen linken Fuß an und sagt: »Halte, halte Fuß!«

Ich denke, ich spinne. Hätte ich Zeit gehabt, dann hätte ich dem gleich im Starthaus eine aufgelegt.

Während ich versuche, mich mit aller mentalen Kraft auf das erste Rennen seit fast einem Jahr zu fokussieren, beschwört der mein Bein, nicht wieder zu brechen. Ich bin in diesem Moment hochkonzentriert wie im Tunnel, versuche alle negativen Gedanken an die Verletzung zu verdrängen – und der erinnert mich daran, dass ich mit dem Bein ein Problem habe. Ein Irrsinn!

Ich denke nur: Konzentriere dich, Hilde, konzentriere dich. Durch meine neuen mentalen Techniken bin ich da zum Glück recht stark im Kopf und bekomme das schnell wieder hin. Trotzdem ist die komplette Anspannung, die ich mir über 30 Minuten aufgebaut habe, erst einmal weg. Und das ein paar Sekunden vor dem Start.

Das Rennen in Aspen war dennoch ein Schlüsselerlebnis für mich. Ich bin durchgekommen. Ich habe jede der Kurven, von denen ich niemals gedacht hatte, dass ich da ums Eck komme, geschafft.

Aus sportlicher Sicht war das Ergebnis, bei meinen Ansprüchen, natürlich eine Katastrophe. Platz 36 mit fast drei Sekunden Rückstand war nichts, was ich gewohnt war. In meinen letzten Speedrennen vor meiner langen Pause war ich immer unter den Besten. Doch das war jetzt völlig egal. Ich war in diesem Moment einfach nur erleichtert. Ich hatte es durchstanden. Ich war wieder ein komplettes Rennen gefahren. Es ging zu diesem Zeitpunkt erst einmal nur ums Überleben.

Meine Hoffnung und mein Anspruch waren natürlich, dass das jetzt von Woche zu Woche besser wird. Leider haben sich diese Ergebnisse jenseits von Platz 20 aber durch die nächsten Rennen gezogen. Platz 22, Ausfall, 22, 41.

Um das Bein nicht zu überlasten, bin ich in den ersten zwei Monaten meines Comebacks nur Abfahrt und Super-G gefahren.

Vor Weihnachten stand für mich deshalb noch ein Speedblock mit zwei Abfahrtsläufen in St. Moritz im Kalender. St. Moritz ist eine sehr schwere Strecke und ich war unsicher. Ich habe dann für mich selbst die Entscheidung getroffen, eine Pause zu machen.

»Nein, ich fahre jetzt nicht mehr, ich gehe jetzt raus«, habe ich den Trainern gesagt, »das bringt nichts, wenn ich da jedes Mal nur hinter Platz 40 lande.«

Ich hatte einfach keine realistische Chance, unter die ersten 20 zu fahren, um wieder ordentlich Punkte zu sammeln. Mit meinen Ergebnissen bin ich in der Startliste nur noch weiter abgerutscht, statt mich wieder für die besseren Startplätze zu qualifizieren. Schritte nach vorne waren überhaupt nicht in Sicht. Dazu fehlte mir auch der Zuspruch aus dem Team. In den Jahren 1997 und 98 hatte ich das Gefühl, dass wir eine Mannschaft waren. Da hatten wir einen tollen Zusammenhalt und die Trainer standen ganz eng zu den Aktiven. Genau dieses Gefühl habe ich nun vermisst. Für mich hat es sich so angefühlt, als habe mir niemand zugetraut, dass das wieder wird wie früher. Was heißt »früher«? Wie vor einem Jahr.

Dass man eine solche Verletzung nicht innerhalb von drei Monaten auskurieren kann und einfach dort weitermacht, wo man aufgehört hat, war mir schon klar. Doch dass es eben überhaupt nicht vorangeht, war nur frustrierend. Die Trainer wollten zwar, dass ich weiterfahre und auf die Pause verzichte, aber ich hatte meine Entscheidung getroffen. Letztendlich ging es ausschließlich um meine Gesundheit und um meine Karriere. Das war für mich eine ganz ähnliche Situation wie bei meiner ersten Abfahrt 1991 in Garmisch-Partenkirchen. So wie ich damals abgeschwungen bin, damit mir nichts passiert, war ich mir auch jetzt sicher, dass das der einzig richtige Entschluss ist. »Dann sollen sie mich halt rausschmeißen«, habe ich mir gesagt und das Team verlassen. Ich habe dann geschaut, dass ich noch mal einen Aufbau für den Fuß herbringe.

Zu meinem Glück war der Trainer, zu dem mich die Hanni Wenzel 1993 nach meinem Syndesmosebandriss geschickt hatte, zu diesem Zeitpunkt für eine Trainingswoche am Arlberg.

Der war sofort einverstanden, mir wieder zu helfen. »Klar, komm her, ich bringe dich unter. Das schaffen wir schon«, bekam ich genau die Antwort, die ich in diesem Moment gebraucht habe. Das war eine Riesenerleichterung, weil der mich eben schon einmal hinbekommen hatte und auch jetzt wieder an mich geglaubt hat.

Bei der Fahrt durch St. Anton am Arlberg, wo im Februar die nächste Skiweltmeisterschaft stattfinden sollte, bin ich an einer großen Werbetafel für die WM vorbeigefahren. An dieser Tafel hing ein Zähler. Der hat runtergezählt, wie viele Tage es noch bis zur Eröffnungsfeier sind. In diesem Moment ist mir das erste Mal so richtig bewusst geworden, dass bald eine Weltmeisterschaft ansteht. Die war für mich aber noch unendlich weit entfernt. Mir wurde schlagartig klar, dass ich bislang nicht mal annähernd qualifiziert war für das Ding. Andererseits waren dafür laut Zähler noch 55 Tage Zeit. Das ist zum Glück noch ganz schön lange hin, ging es mir durch den Kopf.

Das Training war dann einfach nur brutal. Schon vor dem Frühstück und bei schlechtestem Wetter hat der Trainer mich mit den Schneeschuhen irgendwo einen steilen Berg raufrennen lassen. Dann musste ich mit Big Foot – das sind extrem kurze Ski, mit denen man eigentlich nur auf einer harten Piste fahren kann – im Tiefschnee wieder runterfahren. Der wollte, dass es mich dabei schmeißt und ich keine Angst mehr vorm Stürzen habe. Natürlich fährt so ein schwerer Sturz wie im Februar lange im Kopf mit und blockiert dich. Diese Gedanken mussten einfach raus aus meinem Hirn.

Dazu haben wir unheimlich viel am Aufbau des Beines gearbeitet. Die Beweglichkeit war immer noch extrem eingeschränkt. Zu diesem Training gehörten lauter Dinge, die ich durch das viele Skifahren nicht mehr gemacht hatte. Im Teamtraining ging es halt vor allem um die richtige Kurventechnik. Wenn du dich aber nicht traust, dein Bein voll zu belasten, dann kannst du die Kurven auch nicht so fahren, wie es nötig ist. Wenn du in jeder Kurve ein paar Zehntel verlierst, dann bist du ganz schnell drei Sekunden hinter der Siegerin, irgendwo weit jenseits von Platz 30.

Der Trainer hat mir mein Vertrauen zurückgegeben. Ich hatte endlich wieder den Mumm, auch mit Ski richtig auf den Fuß zu steigen. Zu diesem Zeitpunkt hatte ich ja immer noch diesen Nagel im Bein, der ungefähr so groß war wie mein gesamter Unterschenkel. Es ist nicht so, dass man diesen Nagel bemerkt, aber allein das Wissen um einen solchen Fremdkörper kann einen schon behindern.

Wir haben dann mit kurzem Ski angefangen und sind immer länger geworden. Dazu kam noch jede Menge Kraftausdauertraining. Das war alles irre anstrengend.

Als ich wieder nach Hause gefahren bin, waren auf dem Zähler in St. Anton schon deutlich weniger Tage angezeigt. Doch diesmal hatte ich ein anderes Gefühl. Mir war klar: Ich qualifiziere mich für diese WM 2001, die vor ein paar Tagen noch unerreichbar weit weg war. Ich fahre da mit!

Von dem Tag an ging es steil bergauf. Endlich spürte ich auch im Training wieder dieses Gefühl von Sicherheit, das ich einfach gebraucht habe, um frei und schnell zu sein. Plötzlich war ich wieder eine, die auch mit schlechten Startnummern wenigstens wieder in die Nähe der besten zehn Speedfahrerinnen der Welt fahren konnte. Die WM-Qualifikation schien greifbar und ließ nicht lange auf sich warten.

Mit Platz 10 und 11 in Haus im Ennstal konnte ich mir Anfang Januar das Versprechen erfüllen, dass ich mir gegeben hatte, als ich vom Arlberg zurückgefahren war: Ich war für die WM qualifiziert.

# Neue Höhenflüge

## *DIE RICHTIGEN ENTSCHLÜSSE*

Natürlich bin ich Ende Januar 2001 nicht so wie in der Vergangenheit als Medaillenkandidatin zur WM gefahren. Dafür waren meine Ergebnisse noch viel zu weit weg von den Plätzen auf dem Podest. Während im Slalom und Riesenslalom immer noch nichts voranging, war ich in Abfahrt und Super-G aber zuletzt wenigstens wieder stabil unter den ersten 15. Damit konnte ich wichtige Weltcuppunkte sammeln, die mich in der Startliste wieder ein kleines Stück nach vorne bringen würden.

Die Bedingungen beim Super-G in St. Anton waren perfekt. In den Tagen vor der WM hatte es relativ viel geschneit, doch pünktlich zu den Wettkämpfen riss der Himmel auf. Weil die Piste durch den Neuschnee recht weich war, hatte ich mir mit Startnummer 18 eigentlich keine Chancen auf eine Top-Platzierung ausgerechnet. Mit zunehmender Renndauer ließ die Piste wie erwartet deutlich nach, und es zeigten sich erste Rinnen und Schläge, mit denen die Fahrerinnen mit den niedrigen Startnummern nicht zu kämpfen gehabt hatten. Sechs Wochen vorher hätte ich aus Angst um mein verletztes Bein vor solchen Schlägen noch riesigen Respekt gehabt. Da tat jeder Schlag am Skischuhrand noch doppelt weh. Doch seitdem war viel passiert.

Am Start bekomme ich mit, wie die Favoritin Renate Götschl mit bester Zwischenzeit rausfliegt. So was schärft noch mal die Sinne. Einen Moment nicht aufgepasst, ein kleiner Fehler, und du liegst im Fangzaun, rufe ich mir die Gefahren unseres Sports in Erinnerung. Bis zum Jahrestag meines schweren Sturzes in Maria Alm am 2. Februar sind es da gerade noch fünf Tage hin.

Als ich auf die Piste gehe, liegt Régine Cavagnoud vor Isolde Kostner und Megan Gerety in Führung. Im Starthaus hole ich noch einmal mit weit aufgerissenem Mund tief Luft und stoße mich kräftig ab. Nach vier Stockschüben klemme ich die gebogenen Stöcke unter die Arme und gehe ganz tief in die Hocke.

Ich spüre keine Schmerzen und keine Angst.

Die Ski laufen perfekt und mein Bein hält.

Wenn du mit 120 Stundenkilometern auf Ski unterwegs bist, dann bekommst du unter dem Helm nicht mit, was der Streckensprecher schreit. Du weißt nicht, ob du bei der Zwischenzeit vorne bist, aber du fühlst, ob du schnell bist. Und diese Fahrt fühlt sich gut an. Besser als alle anderen seit meinem Unfall.

Als ich über die Ziellinie fahre, höre ich den Lärm der vielen Tausend deutschen Zuschauer im WM-Stadion. Um die riesige Anzeigetafel sehen zu können, muss ich noch 150 Meter nach links fahren. Dann sehe ich es in großen Leuchtzeichen: 18 H. Gerg GER +0.08 – 3.

Ich reiße beide Arme über den Kopf und strecke die Skistöcke in die Höhe. Immer wieder stoße ich die Arme hoch. Nach einer kleinen Drehung lasse ich den Kopf nach hinten fallen und schreie es laut raus: »Jawoll! Ich bin Dritte!«

Als ich im Mannschaftsbereich ankomme, schnappe ich mir sofort ein Handy und rufe bei Wofal in Berchtesgaden an.

Seit seinem Rücktritt als Trainer vor einem Jahr ist er bei den Rennen ja nicht mehr dabei.

»Jetzt warte doch mal ab, da können doch noch welche kommen«, versucht er mich einzufangen, damit die Enttäuschung nicht zu groß wird, falls es, wie bei der WM in Vail vor zwei Jahren, wieder nur zu Platz vier reicht.

»Nein«, sage ich, »nein, da kommt jetzt keine mehr.« Ich bin mir einfach sicher, dass das reicht.

Dieser dritte Platz ist rückblickend auf meine Karriere wahrscheinlich mein größter Sieg. Und er ist mein persönlichster Triumph. Ich musste auf dem Weg dahin so viele Widrigkeiten überwinden, dass das etwas ganz Besonderes war. Ich hatte mich im Grunde von den Leuten, die 1998 oder auch in den Jahren zuvor hinter mir standen, verlassen gefühlt. Vorher hatte es immer eine so gute Zusammenarbeit gegeben, die ich seit der Verletzung null Komma null gespürt hatte. Diese Medaille hatte ich mir ganz allein erarbeitet. Ich habe mir meinen individuellen Weg aus all meinen Problemen selbst gesucht und war zu dem Zeitpunkt unfassbar stolz. In der Selbstreflexion habe ich da einen Riesenschritt gemacht, weil ich Entschlüsse gefasst habe, die einfach die richtigen waren. Dazu gehörte auch, dass ich im Dezember gesagt hatte, ich mache jetzt eine Pause. Das war nicht selbstverständlich. Das sind Entscheidungen, die man sich auch trauen muss. Das lässt einen reifer werden.

Dass das dann alles so aufgegangen ist, war extrem befriedigend. Wäre ich auf Platz 25 gelandet, wäre der Wind natürlich eiskalt von vorne gekommen. Doch wer Erfolg hat, hat erst einmal recht.

Besonders schön war es, dass ich diese Leistung zum Saisonende sogar noch einmal bestätigen konnte. Mir war es wichtig, dass niemand von einem Glückslauf sprechen konnte.

Beim Weltcupfinale in Åre gelang mir mein erster und einziger Sieg in dieser Comebacksaison. 13 Monate nach meinem Unfall war ich nun endgültig wieder die Hilde Gerg, die Rennen gewinnen kann. Fast schade, dass die Saison damit zu Ende war. Andererseits war es ja vielleicht ein gutes Omen für die nächste. Da stand mit den Olympischen Spielen in Salt Lake City in den USA wieder ein ganz besonderes Highlight auf dem Programm.

Und mit Olympia hatte ich bislang ja ganz gute Erfahrungen gemacht.

## *EINE EHRE: SALT LAKE CITY 2002*

Für uns Wintersportlerinnen und viele andere Athletinnen und Athleten, die keine Millionen in den weltweiten Profiligen verdienen, sind Olympische Spiele einfach das Größte. Alle, die mal die Flagge ihres Landes auf dem Rennanzug tragen durften, träumen von der Teilnahme an diesem Event, das nur alle vier Jahre stattfindet. Dementsprechend sind die Vorbereitungen in einer Olympiasaison auch ganz genau auf dieses größte Sportfest der Welt zugeschnitten.

Für mich war es deshalb sehr wichtig, dass ich mich frühzeitig qualifiziere, um nicht lange zittern zu müssen. Mein Bein hatte den Sommer über gute Fortschritte gemacht und ich war zum ersten Rennen hin topfit. Nach meinem Sieg in der letzten Abfahrt der Vorsaison wollte ich beweisen, dass ich diese Form über den Sommer konservieren konnte.

Der Weltcupauftakt in Sölden war dementsprechend ernüchternd, als ich im Riesenslalom schon im ersten Lauf ausgeschieden bin. Zum Glück gehörte der Riesenslalom schon lange nicht mehr zu meinen Lieblingsdisziplinen, sodass ich mich davon nicht irritieren ließ. Nach einem siebten Platz Ende November in Lake Louise hatte ich meine Olympiaqualifikation dann bereits im dritten Rennen der Saison klargemacht. Damit war dieses Thema abgehakt und ich hatte ein Problem weniger.

Weil es sich ohne Druck nun mal leichter fährt, gelang mir eine sensationelle Erfolgsserie mit vier Saisonsiegen und jeder Menge Platzierungen unter den ersten zehn, schon lange vor der Abreise in die USA Ende Januar. Das führte allerdings dazu, dass in den Medien nicht mehr diskutiert wurde, ob ich eine Medaille gewinne, sondern wie viele und in welcher Farbe.

Dass diese Spiele für mich in jedem Fall etwas Besonderes werden sollten, stand aber aus anderen Gründen schon vor meinem ersten Rennen in Salt Lake City fest.

Eine der wichtigsten Positionen, die es im Olympiateam eines jeden Landes zu besetzen gilt, ist die der Fahnenträgerin oder des Fahnenträgers. Wer die Fahne seines Landes trägt, führt sein Team bei der Eröffnungsfeier vor einem weltweiten TV-Milliardenpublikum in das Olympiastadion. Das ist natürlich eine große Ehre und auch eine Auszeichnung für vergangene Leistungen. Wer die Fahne von Deutschland ins Olympiastadion tragen wollte, musste vorher schon einmal eine olympische Medaille gewonnen haben. Irgendjemand der Verantwortlichen beim deutschen Team hatte sich bei der Suche an das großartige deutsche Frauenskiteam erinnert, das bei den letzten Spielen in Nagano sensationell abgeräumt hatte. Da Katja Seizinger ihre Karriere beendet hatte, fiel die Wahl beim Skiverband auf mich. Schließlich hatte ich mit Gold im Slalom und Bronze in der Kombination auch zwei Medaillen bei den letzten Spielen 1998 in Nagano gewonnen. Weil die alpinen Skifahrerinnen und Skifahrer in der olympischen Geschichte noch nie die deutsche Fahne tragen durften, war die Wahrscheinlichkeit auch sehr groß, dass wir den Zuschlag bekamen.

Als ich gefragt wurde, ob sie mich nominieren dürfen, musste ich nicht lange überlegen. Es war einfach nur wichtig, dass diese bedeutende Aufgabe nicht mit meinem ersten Rennen kollidierte. Da das die Abfahrt war, wollte ich dort keineswegs übermüdet und mit schweren Beinen vom vielen Rumstehen an den Start gehen. Weil zwischen Eröffnungsfeier und Abfahrt aber drei Tage lagen, schien mir das unproblematisch. Allein die Bekanntgabe, wem diese Ehre zuteilwird, war schon ein richtiger Medienauflauf! Dafür musste ich zwei Tage vor der Eröffnungsfeier zur Pressekonferenz des deutschen Teams ins Pressenzentrum nach Salt Lake City fahren. Das war ein riesiger Aufwand, weil die Olympischen Spiele 2002 keine sechs Monate nach dem Anschlag auf das World Trade Center in New York stattfanden. Daher waren die Sicherheitskontrollen extrem streng und alles dauerte viel länger. Noch dazu waren wir Skifahrerinnen weit außerhalb im Skigebiet untergebracht.

Als ich endlich bei der Pressekonferenz ankam, standen schon jede Menge TV-Kameras und Journalisten aus der ganzen Welt bereit und berichteten über das Spektakel. Insgesamt waren drei Sportlerinnen nominiert, von denen eine am Ende der Veranstaltung die Fahne zugesprochen bekommen sollte. Natürlich wusste ich, dass wir Skifahrerinnen gute Chancen haben, aber die Konkurrenz war groß. Für die Eisschnellläuferinnen ging unter anderem Anni Friesinger ins Rennen.

Ich konnte es dann auch gar nicht glauben, als Walther Tröger, der Chef des Nationalen Olympischen Komitees, verkündete, dass Hilde Gerg als erste alpine Skifahrerin das deutsche Team bei der Eröffnungsfeier anführen wird.

»Es freut mich natürlich, dass ich die Fahne tragen darf«, erklärte ich den anwesenden Presseleuten gegenüber stolz, aber auch demütig, »ich werde diesen Augenblick in meinem Leben sicher nie vergessen.« Mir war sofort klar, welche Ehre das ist. Dass das Ganze am Ende richtig stressig werden würde, ahnte ich allerdings nicht.

Es war bei uns Alpinen wie immer. Am Morgen nach der Eröffnungsfeier war ein offizieller Trainingslauf zur Abfahrt angesetzt. Dazu kam, dass es bei dieser Feier saukalt war und ich da einfach nicht weggekommen bin.

Normalerweise trägst du die Fahne vorne rein, gehst dann nach einer bestimmten Zeit hinten wieder raus und schaust dir den Rest der oft stundenlangen Veranstaltung in deinem Quartier im Fernsehen an. Das ging aber wegen den Absperrungen diesmal überhaupt nicht. Da ist niemand rausgekommen, geschweige denn hätte dich einer irgendwo abholen können. Das war ein kompletter Hochsicherheitstrakt. Ein eiskalter dazu. Und weil wir wegen der Kontrollen die Fahrzeit zum Stadion nicht abschätzen konnten, mussten wir ewig früh anreisen und dort rumstehen. Das ist natürlich nicht ideal, wenn du am nächsten Tag mit über 100 Stundenkilometern einen Berg runterfahren sollst.

Das Fahnentragen selbst war aber all den Aufwand wert. Wenn du vor einer so großen Mannschaft in ein riesiges Stadion einlaufen darfst und die ganze Welt dabei zuschaut, ist das etwas Einmaliges. Olympiafahnenträgerin, als Alpine, wow! Diese Ehre ist nicht einmal Rosi Mittermaier zuteilgeworden.

Diesen Moment, als ich als Erste aus dem deutschen Team ins Stadion einlaufe und der Stadionsprecher »Germany« sagt, vergesse ich nie mehr in meinem Leben. Ich glaube, es gibt kein einziges Foto von diesem Moment, auf dem ich nicht über das ganze Gesicht grinse. Ja, ich muss ganz ehrlich sagen: Ich war stolz. Dafür habe ich gerne gefroren.

## BLECH UND SPIELE

Leistung hat ganz sicher auch etwas damit zu tun, dass du dich wohlfühlst. Das gilt zum einen für den Körper der Athletin, aber auch für das Umfeld. Lillehammer und Nagano waren in dieser Hinsicht perfekt. In Lillehammer hatten wir dieses wunderbare olympische Dorf, wo alle quer durch alle verschiedenen Sportarten beieinander waren und ein gemeinsames Fest gefeiert haben. In Nagano war das zwar alles viel weiter auseinander, aber zumindest unsere Unterkunft war ideal. In dieser kleinen Pension, die wir ganz für uns hatten, konnten wir als Team eine solche Wohlfühlatmosphäre schaffen, dass wir wie auf einer Wolke von Erfolg zu Erfolg geschwebt sind.

Salt Lake City war leider das genaue Gegenteil. Alles war weit voneinander entfernt und der Transport von A nach B war wegen der Sicherheitsprobleme sehr beschwerlich. Das allein hätte schon gereicht. Dummerweise war auch unsere Unterkunft in Utah nicht unbedingt eine Wohlfühloase, in der ein gemeinsames Teamgefühl entstehen konnte. Das Beste an unserem Haus war die Lage am Hang. Damit waren immerhin kurze Wege garantiert. Dazu kam aber eine Enge, die einfach schlecht war. In diesem Haus waren alle untergebracht, die für das deutsche Skiteam im Einsatz waren. Also alle Trainer, Serviceleute und Aktiven. Nur die Männer hatten abseits von uns noch ein eigenes Haus. Das war viel größer.

All diese Menschen in einer Unterkunft, das ist allein vom zeitlichen Ablauf her schon ein totaler Krampf. Weil alle unterschiedliche Einsatzzeiten hatten, herrschte eine permanente Unruhe. Das Schlimmste aber war, dass es für fünf qualifizierte

Aktive bei uns Frauen nur vier Betten gab. Es war einfach eine ungute Wohnsituation. Mich hat das enorm belastet.

Ich habe mir zum Beispiel ein Bad mit den Trainern teilen müssen. Das lag in der Mitte und hatte zwei Zugänge. Das ist schwierig, wenn man in der Nacht aufwacht und aufs Klo muss. Da musstest du immer lauschen, ob da von der anderen Seite auch gerade einer kommt. Ich hatte nirgends meinen eigenen Bereich.

Wenn der Servicemann nachts um 12 Uhr heimgekommen ist, nachdem er uns stundenlang die Ski präpariert hatte, dann hat der sich erst einmal schön den Fernseher eingeschaltet und ein Brot geschmiert. Weil alles so hellhörig war, war man da sofort wieder wach. Das ist halt blöd, weil du ja schlafen willst, denn am nächsten Morgen ist schließlich ein Rennen. Und am Renntag wird nicht ausgeschlafen, sondern meistens spätestens gegen 7 Uhr gefrühstückt. Ich hatte damit ein echtes Problem und habe so nie meine Ruhe gefunden. Dabei wäre das gerade in Salt Lake City wichtig gewesen. Ich bin da ja nicht als Olympiadebütantin bei meinen ersten Spielen angetreten, sondern war als die Führende im Super-G und Abfahrtsweltcup die absolute Medaillenfavoritin.

Natürlich sind Rennen bei Großereignissen, gerade in der Abfahrt, oft eine Lotterie. Wenn du in den technischen Disziplinen gut drauf bist, ist die Wahrscheinlichkeit, dass du dann eine Medaille machst, höher als im Speed. Bei den schnellen Disziplinen spielen Wind, Wetter und Schnee eine größere Rolle. Die äußeren Bedingungen nehmen einen viel größeren Einfluss darauf, ob das Rennen schneller oder langsamer wird.

Meine Probleme in der Abfahrt lagen aber weder am Wetter noch an unserer Unterkunft. Ich bin mit dieser Piste vom ersten Training an nicht zurechtgekommen. Das wurde dann zwar zum Rennen hin etwas besser, war aber letztendlich einfach zu wenig. Mit einem Zehntel Rückstand auf Platz drei wurde ich wieder einmal Vierte und damit erste Verliererin.

Im Nachhinein überlegst du, wo du die Zeit verloren hast. Beim letzten Zielsprung war ich ein bisschen zu weit links gesprungen und aus der Spur gekommen. Wahrscheinlich war es dort. Letztendlich ist es aber vollkommen müßig, auf einer Strecke von über zwei Kilometern diese Zehntelsekunde zu suchen.

Als ich dann im Ziel die Bestätigung für mein Versagen – denn genau so hat es sich angefühlt – bekommen habe, war ich richtig wütend. »Oh Mann, was ist denn das für ein Käse!«

Blech statt Gold. Das war ganz sicher nicht mein Plan.

Im Super-G ist es ganz ähnlich gelaufen. Da war ich auch lange Vierte, bis noch eine vorne reingefahren ist.

Danach hatte ich das Gefühl, auf ganzer Linie versagt zu haben. Ich hatte es als Favoritin nicht geschafft, bei zwei großen Chancen wenigstens einmal unter die ersten drei zu fahren.

Im Slalom und im Riesenslalom bin ich gar nicht erst angetreten. Das war aber von Anfang an so geplant, um mein Bein nicht zu überlasten. Ich bin nach der Verletzung nie mehr alle Disziplinen gefahren. Meine Zeit als Allrounderin war damit zu Ende.

Dadurch waren diese Spiele von Salt Lake City im ersten Moment auch für das ganze Team enttäuschend. »Wäre ich eine Zehntel schneller gewesen, dann würde die ganze Mannschaft besser dastehen« – ich fühlte mich für die anderen mitverantwortlich.

Zum Glück hat Martina Ertl dann in der Kombination noch die Bronzemedaille gewonnen. Trotzdem standen wir für die Einzelrennen arg in der Kritik. Ob die Bedingungen gut waren oder nicht, interessiert letztendlich niemanden in der Öffentlichkeit. Und jammern darfst du nicht.

Mir war immer klar, dass ab dem Moment, wo ich die Stöcke am Starthaus in den Schnee steche, nur noch die Zeit zählt.

Das Problem beim Skisport ist, dass du abgesehen von technischen Wettbewerben immer nur diese eine Möglichkeit hast, perfekt abzuliefern. Man kann nichts mehr zurückdrehen. Da darf man mit sich selbst nicht so hart ins Gericht gehen. Manchmal triffst du die falsche Entscheidung. Ob ich bei dem Sprung mehr links oder mehr rechts fahre, hatte ich mir ja vorher nicht drei Stunden lang überlegt. Diese Dinge entscheidest du in einer Tausendstelsekunde. Und dann ist halt der Fehler passiert. Wenn ich im Tennis einen Satz verliere, habe ich noch Stunden Zeit, den nächsten zu gewinnen und mich wieder zurückzukämpfen. Das gibt es beim Skifahren nicht. Da hast du genau eine Chance.

Eigentlich wollte ich nach meinem letzten Rennen noch ein paar Tage in Salt Lake City bleiben und die Spiele als Olympiatouristin genießen. Doch nach meinem enttäuschenden Abschneiden in Abfahrt und Super-G hatte ich genug von Olympia. Irgendwo hatte ich vor den Spielen im Kopf, nach einer Goldmedaille in Salt Lake City mit dem Rennsport aufzuhören. Endlich wollte ich das umsetzen, was ich bei Marina Kiehl 14 Jahre zuvor als kleines Mädchen im TV gesehen hatte. Doch dieser Traum war nun erst mal ausgeträumt. In diesem Augenblick konnte ich mir nicht einmal vorstellen, dass ich überhaupt noch mal zu Olympia zurückkehre. Aber das ist eine andere Geschichte.

Ich bin dann heimgeflogen und habe mich erst einmal vergraben.

Trotzdem behalte ich Salt Lake City in guter Erinnerung. Auch wenn ich dort sportlich für mein Verständnis versagt habe, bleibt die Eröffnungsfeier mit der Fahnenträgerin Hilde Gerg für mich immer etwas ganz Besonderes.

Und am Ende der Saison hatte ich trotzdem noch was zu lachen: Mit einem dritten Platz beim Weltcupfinale in Saalbach-Hinterglemm sicherte ich mir zum zweiten Mal die Kristallkugel für den Sieg im Super-G-Weltcup. Auch wenn Salt Lake City nicht so funktioniert hatte, wie ich mir das gewünscht hätte, war es letztendlich eine großartige Saison.

# Hinfallen, aufstehen, Krone richten

## WO EINE WILLE, DA EIN WEG

Wenn man meine Laufbahn als Skiprofi im Nachhinein betrachtet, war ich Ende 2002 langsam im Herbst meiner Karriere angekommen. Mit nun 27 Jahren wurden kleinere Wehwehchen langsam zu einem stetigen Begleiter.

Immerhin hatte ich mir kurz nach dem Ende der Olympiasaison den riesigen Nagel aus dem Bein entfernen lassen. Das war ein gutes Gefühl und ein endgültiger Abschluss mit diesem unschönen Kapitel, das mich sehr viel Kraft und Energie gekostet hatte. Dadurch konnte ich mein Konditions- und Skitraining noch mal steigern und qualitativ verbessern. Der Fuß fühlte sich nun anders an und war nicht mehr so verschraubt und verspannt.

Zu Beginn der Saison 2002/03 hat alles absolut perfekt zusammengepasst. Weil ich erstmals seit Jahren wieder ohne Einschränkung trainieren konnte, war ich körperlich so fit wie lange nicht. Dazu hatte ich einen neuen Serviceman, mit dem die Zusammenarbeit, nach einer kurzen Anlaufzeit, super funktionierte. Jetzt galt es nur noch, dieses gute Gefühl in den Schnee zu bringen.

Der Weltcupauftakt in Sölden verlief eigentlich wie immer. Riesenslalom. Nicht meine Lieblingsdisziplin. Platz 17. Abhaken!

Viel wichtiger und aussagekräftiger waren für mich die Speedrennen in Nordamerika, von denen ich das erste in Aspen auf Anhieb gewinnen konnte. Wow! Was für ein Saisonauftakt! Das war einer meiner schöneren Siege, weil ich genau dort im Herbst 2000 bei meinem Comeback bloß froh gewesen war, heil unten angekommen zu sein, und dann nur noch enttäuscht vom Zielgelände weggelatscht bin. Und jetzt, zwei Jahre später, stand ich als Siegerin auf diesem Treppchen. Das war die Bestätigung, dass der Weg, den ich für mich gewählt hatte, der richtige war.

Mit dem Sieg im Gepäck bin ich dann nach Lake Louise in Kanada geflogen, wo zwei Abfahrten anstanden. Und auch dort gewann ich die erste Abfahrt. Drei Rennen, zwei Siege! Viel besser kann eine Saison nicht beginnen. Die nächste Ski-WM in St. Moritz war da zwar noch zwei Monate entfernt, aber durch meine Ergebnisse war das Thema mit der Qualifikation schon abgehakt. Es ging für mich steil nach oben.

Doch wie nah im Sport Triumph und Niederlage, Freude und Schmerz beieinanderliegen, wurde mir gleich am Tag nach meinem Sieg wieder einmal in Erinnerung gerufen. Bei der zweiten Abfahrt riss ich mir ohne Sturz durch einen Fahrfehler das Kreuzband. Der Meniskus war zum Glück in Ordnung, aber das Kreuzband war durch. An einem Tag stehst du ganz oben, am nächsten Tag liegst du im Rettungsschlitten. Das Leben als Athletin kann eine brutale Achterbahnfahrt sein.

Daheim haben wir dann diskutiert, ob ich das jetzt sofort operieren lasse und damit für längere Zeit ausfalle oder ob wir erst einmal vier Wochen lang versuchen, das Band zu behandeln und durch Training so zu stabilisieren, dass es hält. Wenn das nicht funktioniert, gab es immer noch die Möglichkeit einer Operation. Die Kapsel und die Muskelansätze hatten schon recht wehgetan und die Beugung und Streckung war nicht ganz vorhanden. Die Frage war, ob das ohne OP so stabil wird, dass ich trotz eines gerissenen Kreuzbandes Rennen fahren kann.

Ich habe es dann riskiert. Und es hat tatsächlich bis zu einem gewissen Grad funktioniert. Ganz wichtig waren dabei die Erfahrungen, die ich zwei Jahre zuvor gemacht hatte. Besonders die mentalen Techniken, die ich durch das Qigong gelernt hatte, halfen mir, mich auf die unschöne Situation einzustellen. Ist ja eigentlich logisch, dass man in so einer Phase einfach alles probiert, von dem man glaubt, dass es nützt.

Keine drei Wochen nach dem Riss in Lake Louise bin ich in Lenzerheide schon wieder in den Weltcup zurückgekehrt. Das Ergebnis war ein 52. Platz. Das war aber völlig unbedeutend, denn viel wichtiger war es herauszufinden, ob das Knie auch ohne Band hält. Dank meiner Siege hatte ich keinen Qualifikationsstress für die Weltmeisterschaft und konnte mich somit ganz auf die Genesung des Knies konzentrieren. Ab Mitte Januar bin ich dann nach einer erneuten Pause wieder regulär Speedrennen gefahren und stand in Cortina auf Anhieb auf dem Treppchen. Alles mit diesem gerissenen Kreuzband! Damit stand einer erfolgreichen Teilnahme an der WM in Moritz nichts mehr im Wege.

Natürlich war das mit dem Kreuzband eine Mogelpackung. Wenn man das so einfach lösen könnte, dann würde es wahrscheinlich kaum noch Operationen geben. Bei mir hat das erst mal alles geklappt, weil ich mich habe überwinden können und die Ski in den meisten Situationen gut im Griff hatte. Doch es gab oft diese Momente, in denen ich gemerkt habe, dass das Bein eben nicht so stabil ist, wie es für diesen Sport sein sollte.

In Cortina ist mir bei einem Sprung in der Kurve das Bein komplett weggegangen. Da hätte ich den Anschlag vom Kreuzband gebraucht, aber das war ja nicht da. Und weil ich nicht gestürzt bin, habe ich mich dann in die nächste Kurve gerettet, die ich wieder auf dem rechten Fuß fahren konnte. So ging das dann bis unten. Vorbereiten auf den nächsten Schwung auf links, anspannen, stehen. Wäre ich ehrlich gewesen, dann hätte ich zugeben müssen, dass das eine Wanderung auf einem sehr schmalen Grat war.

Für die WM hatte ich nur die Abfahrt und den Super-G gemeldet. Im Super-G erlebte ich dann einen knallharten Aufschlag in der Realität und landete weit abgeschlagen auf Platz 20. Blöderweise ging bei dieser Weltmeisterschaft eine Grippewelle um. Da hat es relativ viele mit Fieber und schweren Erkältungssymptomen erwischt. Im Abschlusstraining zur Abfahrt war ich noch kerngesund und fuhr eine souveräne Bestzeit. Damit gehörte ich wieder einmal zu den Medaillenfavoritinnen. Die Achterbahn fuhr gerade wieder einmal nach oben und nahm mächtig Fahrt auf. Doch weil es im Leben genauso schnell wieder bergab gehen kann, lag ich am nächsten Morgen mit 39,5 Grad Fieber im Bett. Damit sollte man so oder so liegen bleiben, auf gar keinen Fall aber eine WM-Abfahrt fahren. So was würde ich heute nie mehr machen. Damals allerdings war ich fest davon überzeugt, starten zu müssen.

Mehr als ein 14. Platz war da am Ende nicht drin. Das war die totale Ernüchterung für mich.

Insgesamt war das eine katastrophale Weltmeisterschaft für unser Team. Keine einzige Medaille, weder bei den Frauen noch bei den Männern. Dass es dafür jede Menge gute Gründe wie die Grippe und Verletzungen gab, war den Medien egal. Besonders die *BILD* hat uns komplett vernichtet.

Im Sportteil war ein großes Foto von mir abgedruckt, wie ich mich in St. Moritz aus dem Starthaus drücke. Dieses Bild war wie eine Postkarte gestaltet. Das sah wirklich hübsch aus.

Um das Foto hatten sie so Zacken gedruckt, wie das bei vielen Urlaubskarten üblich ist.
Leider war der Text weit weniger freundlich als die Optik. Oben drüber stand in dicken roten Lettern:

»Unsere WM-Versager – Schöne Grüße aus dem Ski-Urlaub!«

Dazu gab es dann auf der Karte noch einen Text, der uns so richtig böse vorführen sollte.

»Liebe Skifans daheim, der Urlaub
ist sehr erholsam. Das Wetter ist
schön, die Pisten sind toll und
wir müssen nicht mal für
den Skipass bezahlen.
Hilde, Martina und der Rauffer-Max«

Das tat schon echt weh, denn da wurde einfach alles über einen Kamm geschert.
Dabei hatte ich mit meinem Knie meine eigene Geschichte. Es hat nur wenige Leute gegeben, die mit einem gerissenen Kreuzband Skirennen gefahren sind. Die Saison ist so geil losgegangen, da hätte ich in den Disziplinen und vielleicht sogar um den Gesamtweltcup mitfahren können, und dann passiert mir das. Das ist eigentlich schon eine Oberfrechheit. Und dann kannst du dir zwei Monate später auch noch so etwas anhören. Da war ich irgendwo persönlich beleidigt. Ich bin mit dieser Zeitung auch nie mehr richtig warm geworden.

Drei Wochen nach der verpatzten WM habe ich meine Saison nach einigen guten Platzierungen in Innsbruck beendet.

Da konnte ich mit den Plätzen 3, 5 und 7 noch mal beweisen, dass ich trotz meiner Verletzung zu den besten Skifahrerinnen der Welt gehöre. Dort habe ich aber auch gemerkt, dass die Kraft in dem Fuß immer weniger wurde. Und auch mental war ich an dem Punkt angekommen, wo ich mich nicht weiter überwinden wollte, mit den Schmerzen und dem Risiko Rennen zu fahren. Unsere Ärzte haben mir geraten, das Band operieren zu lassen, weil es keine Garantie gab, dass das nicht wieder aufbricht, wenn ich es nur ausheilen lasse. So ist die Entscheidung gefallen, es sofort zu machen. Natürlich hätte ich noch bis nach dem Weltcupfinale in Lillehammer warten können. Doch wenn ich dort gestürzt wäre, hätte alles noch viel schlimmer werden können, denn Lillehammer besteht aus vielen schwierigen Kurven, in denen man sich gut auf den Fuß stellen muss.

Drei Tage nach meinem letzten Saisonrennen lag ich schon unter dem Messer. Ich hatte schließlich noch Großes vor in meinem Skifahrerleben. Da galt es, keinen Tag zu verlieren.

## DAS FERNZIEL

Für mich war es immer wichtig, ein Ziel zu definieren.
Profi, Weltcup, Olympiasiegerin. Wenn ich für mich etwas klar als das identifiziert hatte, was ich erreichen will, dann ist es mir immer leichtergefallen, alle Konzentration und Anstrengung darauf auszurichten. Das galt umso mehr, wenn ich nach einer Verletzung daran arbeitete, wieder den Anschluss an die Spitze zu schaffen. Deshalb war es mir wichtig, dass ich

nach meiner Kreuzbandoperation für mich festgelegt hatte, wofür ich das eigentlich noch mache.

Mit 27 Jahren war ich im Frühjahr 2003 auch nicht mehr die Jüngste. Es gab eine Menge Kolleginnen, die in diesem Alter schon ihre Karrieren beendet hatten. Dass ich nach einer solchen Operation in der kommenden Saison nicht gleich bei 100 Prozent sein würde, war mir völlig klar. Ich konnte mir außerdem nicht vorstellen, nach einer Saison aufzuhören, die ich nicht voll hätte mitfahren können. Weil so ein Comeback ein Riesenaufwand ist, beschloss ich also, noch drei Jahre zu fahren und nach der Saison 2006 Schluss zu machen.

Nach den verkorksten Spielen in Salt Lake City konnte es deshalb nur ein Ziel geben: im Februar 2006 bei den Winterspielen in Turin noch einmal eine Olympiamedaille gewinnen und dann meine Karriere beenden. Ganz entsprechend meiner großen Vision seit Kindertagen! »Italien, noch einmal Olympische Spiele. Dann bin ich 30. Das reicht dann auch irgendwann«, so meine Überzeugung. Und damit stand mein Plan für die nächsten drei Jahre.

Der Wiederaufbau des Kreuzbandes und der verlorenen Muskulatur lief ziemlich gut und ich war zu Saisonbeginn 2003/04 wieder topfit. Das hielt auch die ganze Saison über an, in der es leider kein Großevent gab. Mein schlechtestes Ergebnis in einem Speedrennen war ein 13. Platz. Sonst fuhr ich immer unter die besten zehn, gewann zwei Rennen und stand noch ein paarmal auf dem Treppchen. Ein Jahr nach meiner Kreuzbandoperation beendete ich die Saison als Zweite im Abfahrtsweltcup und als Vierte der Gesamtwertung.

Diese Saison war wahrscheinlich die »langweiligste« in meiner gesamten Karriere, weil ich mich weder verletzt noch eine Medaille gewonnen oder verpasst hatte. So schön kann Langeweile sein!

Zum Glück ging es auch im nächsten Jahr erst einmal so weiter. Daheim in Berchtesgaden ging in meiner Ehe mit Wofal alles seinen Gang. Körperlich war ich in einem super Zustand und musste mich zum ersten Mal seit Jahren nicht durch eine Reha quälen. Die ersten Rennen zum Saisonauftakt, nach meiner mittlerweile schon traditionellen Sölden-Pleite, liefen perfekt. Mit einem dritten Platz in der ersten Abfahrt des Winters 2004/05 sicherte ich mir die Qualifikation für die WM in Santa Caterina in Italien. Danach folgten fast nur Spitzenplätze und sogar mehrere Siege. Mit einem dritten Platz in der Abfahrt von Cortina, ein paar Tage vor der WM, war ich wieder einmal Mitfavoritin auf eine WM-Medaille.

Doch wie bei den letzten Weltmeisterschaften ging ich erst einmal leer aus. Nach Platz 13 im Super-G blieb ich als Achte in der Abfahrt erneut weit unter meinen Möglichkeiten. Da ich meinen Plan, nach den Spielen 2006 in Turin aufzuhören, weiterhin fest im Kopf hatte, wäre diese WM meine letzte Chance gewesen, noch einmal eine Medaille zu gewinnen. Wenn man mal überlegt, wie oft ich bei Weltmeisterschaften gestartet bin, dann hätte bei meinem Potenzial eigentlich mehr drin sein müssen als drei Bronzemedaillen.

Zum Glück hatte die FIS mit dem »Teamevent« einen neuen Wettbewerb in das Programm der WM aufgenommen. Martina und ich hatten uns riesig darüber gefreut, weil wir die Biathleten und Skispringer, bei denen das schon länger fest zu einer WM gehörte, immer sehr um diese Disziplin beneidet hatten. Zum einen war das eine Medaillenchance mehr und zum anderen war das einfach genial, als Team anzutreten.

Da konnten wir uns gegenseitig pushen. Das war für uns Skifahrerinnen schon was Besonderes, weil wir ja sonst immer nur für uns allein gefahren sind.

Dieser Teamwettbewerb fand ganz am Ende der Weltmeisterschaft in Bormio statt. Weil unser komplettes Team in den Einzelrennen wieder einmal ohne Medaille geblieben war, hatten wir da die letzte Gelegenheit, unsere Bilanz aufzupolieren. Dementsprechend hoch motiviert sind wir an die Sache rangegangen.

Insgesamt waren neun Nationen am Start. Auf dem Plan standen acht Läufe: zwei Läufe bei den Frauen und zwei bei den Männern im Super-G und danach noch mal zwei bei den Frauen und zwei bei den Männern im Slalom. Die Teams waren so aufgestellt, dass immer zwei Athleten bei den Männern und zwei Athletinnen bei den Frauen beides, also Super-G und Slalom, fahren mussten und dazu durch je einen Spezialisten ergänzt wurden. Martina Ertl und ihr Bruder Anderl waren unsere Alleskönner, die jeweils in beiden Disziplinen antreten mussten. Als Spezialisten beim Super-G waren Florian Eckert und ich am Start. Dazu kamen Monika Bergmann und Felix Neureuther als Slalomspezialisten. Wir hatten ein echt starkes Team zusammen, auch wenn bis dahin niemand von uns bei dieser WM voll überzeugt hatte. In jedem Durchgang fuhren die neun Starter gegeneinander. Je nach Platzierung gab es dafür Punkte. Die schnellsten bekamen einen, die langsamsten jeweils neun Punkte pro Rennen. Das Team, das am Ende die wenigsten Punkte hatte, war Weltmeister.

Ich war im Super-G in der ersten Gruppe und musste gleich am Anfang ran. Mir gelang im ersten Rennen ein guter zweiter Platz. Damit war ich sehr zufrieden, denn meine Gegnerinnen

Renate Götschl, Julia Mancuso, Tina Maze und Anja Pärson gehörten seit Jahren zur absoluten Weltspitze im Super-G. Der Eckert Flori hatte ebenfalls eine Hammergruppe erwischt und wurde gegen Typen wie Bode Miller und Benjamin Raich ebenfalls Zweiter. Das waren nur vier Punkte nach den ersten zwei Läufen. Martina Ertl war sogar noch besser und gewann ihren Lauf. Ihr Bruder Anderl landete zum Abschluss der Super-G-Rennen auf Platz 7.

Zur Halbzeit, also vor den vier Slalomläufen, lagen wir Punktgleich mit den Österreichern in Führung. Die deutschen WM-Versager waren klar auf Medaillenkurs!

Vor dem Slalom gab es aber erst einmal eine längere Pause, die wir zum Mittagessen nutzen konnten. Als wir schließlich ins Verpflegungszelt kamen, saß da schon der Felix Neureuther und grinste uns breit an. Der hatte unsere Läufe bis dahin im Fernsehen verfolgt. Felix war einerseits total begeistert, dass wir so motiviert an die Sache rangegangen sind, andererseits aber auch ein wenig überrascht von unserer guten Platzierung.

»Du brauchst dir da jetzt keinen Hund leisten und musst jetzt schon noch gescheit fahren, weil wir eine echte Chance haben, eine Medaille zu gewinnen«, gab ich ihm dann gleich mal einen klaren Auftrag mit.

Der Bursche war irgendwie noch nicht richtig wach, weil der am Abend vorher noch ein bisschen unterwegs war. »Das passt dann schon, ich bin ja erst später dran«, hat er sich verabschiedet, bevor er zum Slalom ist.

Im Nachhinein hat er mir erzählt, dass er ganz schön nervös war, weil wir ihm da echt Zunder gegeben haben. Doch der Felix ist einfach ein so genialer Skifahrer gewesen, dass er seinen Lauf dann gleich mal gewonnen hat. Vor dem Felix war die Martina in ihrem Lauf Dritte geworden. Das war erst mal völlig ausreichend, weil die Österreicherin 9 Punkte kassiert hatte. Durch Felix' Sieg konnten wir uns dann deutlich absetzen.

Damit waren wir jetzt ganz nah dran an der Goldmedaille. Die Spannung im Ziel war kaum auszuhalten. Das lag zum einen natürlich daran, dass niemand von uns so was vorher je erlebt hatte, und zum anderen daran, dass wir eben vorne waren. Du stehst da unten, schaust rauf und fieberst bei jedem Starter, der kommt, mit, dass der ja nicht schneller ist als dein Mannschaftskollege. Das war ein Teamgefühl, das keiner zuvor gekannt hatte. Total cool.

Als dann die Monika Bergmann ihren Slalom gewann, war klar: Wir sind Teamweltmeister.

Das war ein wunderbarer und versöhnlicher Abschluss für diese WM und einfach nur lässig. Für mich war es sogar noch ein bisschen mehr. Dass ich das letzte WM-Rennen meiner Karriere mit einer Goldmedaille krönen konnte, war schon surreal. So was passiert normalerweise nur in Kitschromanen.

## FINALE

Wenn du mit so einem Erfolg in den Weltcup zurückkehrst, dann ist die Stimmung natürlich richtig gut. Für mich galt es, dieses positive Gefühl in die letzten Saisonrennen mitzunehmen und bis zum Weltcupfinale in Lenzerheide zu bewahren.

Mit ein paar guten Resultaten hatte ich die Chance, in dieser Saison den Disziplinenweltcup in der Abfahrt zu gewinnen. Zwei kleine Kugeln als Jahresschnellste im Super-G hatte ich aus den Jahren 1997 und 2002 schon daheim stehen. Doch eine Abfahrtskugel wäre noch mal was Eigenes gewesen. Die

Abfahrt gilt wegen ihrer Gefährlichkeit ein bisschen als die Königsdisziplin im Alpinen.

Im Jahr vorher war ich in dieser Wertung schon Zweite hinter Renate Götschl aus Österreich. Da war der Abstand aber relativ deutlich, sodass ich nicht groß damit hadern musste, wieder einmal knapp geschlagen worden zu sein. Doch diesmal waren wir vor dem letzten Rennen in Lenzerheide so eng zusammen, dass noch alles möglich schien. Gleich im ersten Rennen nach der WM hatte ich mit einem dritten Platz noch mal ordentlich Punkte sammeln und zu ihr aufschließen können. Vor dem Finale in der Schweiz hatte Renate 32 Punkte Vorsprung auf mich. Hätte ich das Rennen gewonnen, dann hätte Renate nicht Zweite werden dürfen. Wäre ich Zweite geworden, dann hätte sie nicht unter die besten vier fahren dürfen. Und wäre ich Dritte geworden, wäre bei meiner Konkurrentin alles ab Platz 10 gut für mich gewesen.

Doch irgendwie hat das nicht sein sollen. Sie war einfach die Bessere. Fertig. Das muss man einfach mal so klar sagen. Die hat sich durch nichts beirren lassen und dieses Rennen einfach gewonnen. Damit war alles entschieden. Ich bin als Dritte zwar noch einmal aufs Podest, aber das war dann auch schon egal.

Wie im Jahr vorher hatte ich die Abfahrtskugel erneut verpasst. Da war ich dann echt gefrustet und habe zu allem Übel am Abend noch ein paar Wein getrunken. Am Ende habe ich mich auch noch mit einem Trainer umeinanderdiskutiert und gestritten, weil mich das alles so aufgeregt hat. Ja, da war sie wieder: Die »Wilde Hilde«.

Den Super-G am nächsten Tag hätte ich mir sparen können. Da war ich überhaupt nicht mehr motiviert und bin 20. geworden.

Das war einfach so frustrierend. Ich stand im Starthaus und war nur enttäuscht, weil mir diese blöde Kugel nicht vergönnt war. Diesen Abfahrtsweltcup hätte ich so gerne einmal in meiner Karriere gewinnen wollen. Nein. War eben nicht so.

Hätte ich gewusst, dass dieser Super-G dann mein letztes Weltcuprennen sein sollte, hätte ich mich da noch einmal zusammengerissen. Aber ich wollte ja noch nicht aufhören. Mein Ziel war klar formuliert: Ich wollte in Turin bei den Winterspielen im kommenden Februar eine Medaille gewinnen und dann so wie Marina Kiehl durch die ganz große Tür abtreten.

# Vorbereitung für den großen Abgang

# DER LETZTE SOMMER

So bewusst wie im Sommer 2005 bin ich wahrscheinlich in keinem Jahr meiner Karriere in die Vorbereitung auf die nächste Saison gegangen.

Die Entscheidung, nach den Olympischen Spielen in Turin aufzuhören, war klar gefallen. Das hatte ich auch überall so kommuniziert. Ich war auch total happy mit der Entscheidung, weil ich mir einfach gesagt habe: »Okay, Hilde, jetzt hast du noch mal ein Jahr, da haust du alles raus.« Das war eine Zusatzmotivation, die in meinem Alter von jetzt 29 Jahren sicher nicht schaden konnte. Ich hatte so viele Sommer so hart trainiert und war aus Verletzungen zurückgekommen, dass es einfach gut war zu wissen: Das ist jetzt das letzte Mal.

Ich hatte viele Jahre im immer selben Rhythmus verbracht. Die Anstrengungen für das Kraft- und Ausdauertraining waren essenziell, um erfolgreich Ski zu fahren. Du musst einfach körperlich fit sein, um konkurrenzfähig zu bleiben. Die Jungen schlafen von Haus aus nicht und haben eben auch den Tick mehr Motivation, weil sie das alles noch nicht so oft gemacht haben. Dazu tun sich die jüngeren Körper leichter als die »alten« mit ihren vielen Wehwehchen.

Da tat es besonders gut, ein so großes Ziel zu haben. Selbst entscheiden, wann ich gehe, und dann eben von der ganz großen Bühne abtreten! Nichts ist schlimmer für eine Sportlerin, als wenn dir diese Entscheidung durch eine Verletzung abgenommen wird. Katja Seizinger hätte sich nach all ihren unfassbaren Erfolgen sicher auch gewünscht, bei einem Rennen als Aktive verabschiedet zu werden, statt wegen einer Verletzung aufhören zu müssen. Doch leider ist so eine Skikarriere kein Wunschkonzert.

Bei mir lief vor diesem letzten Winter aber alles reibungslos. Ich habe mich richtig stark gefühlt, war körperlich topfit. Das lag sicher auch daran, dass es für den Kopf gut war zu wissen, dass die Planungen für das Leben danach sehr weit fortgeschritten waren. Mir war wichtig, dass ich nicht am Morgen nach Olympia aufwache und nicht weiß, was dann kommt. Es war ausgemacht, dass der Wofal zu Hause die Pension und das Anwesen übernimmt. Das war ein kleiner Bauernhof mit Wald und Wiesn. Wir wollten das Wohnhaus und die Pension im nächsten Sommer gemeinsam um- und neu bauen und da Ferienwohnungen errichten. Das war alles geklärt. Für mich stand fest, dass ich dieses Skifahren jetzt ordentlich zu Ende bringe und wir uns dann um Familie und neue berufliche Wege kümmern. Die Ferienwohnungen waren zumindest für die ersten drei oder vier Jahre eine gute Einnahmequelle und würden sich gut mit der Familie vereinbaren lassen, solange die Kinder noch klein waren. Mir war immer klar, dass wir irgendwann Kinder haben, aber eben erst, wenn ich mit dem Sport aufgehört habe. Dazu kamen erste Gespräche mit dem ZDF, das mich gerne als Ski-Expertin haben wollte. Damit waren wir schon gut aufgestellt für die Zeit nach dem Sport, was eine riesige Erleichterung war.

Ich wusste, dass das dann ein ganz anderes Leben sein würde. Bislang musste ich mich um nichts kümmern, denn ich war fester Bestandteil in der Tretmühle Leistungssport, in der alles komplett durchorganisiert war. Doch in weniger als einem Jahr sollte das alles ganz anders sein.

Ich hatte auch irgendwie im Kopf, vielleicht noch mal eine Ausbildung für einen spezifischen Zweig zu machen. Das Thema Gesundheit hatte mich seit meiner Grundausbildung bei der Bundeswehr nicht losgelassen. Doch dafür war auch später noch

Zeit. Jetzt galt es erst einmal, das eine abzuschließen, um mit dem Nächsten beginnen zu können.

## TESTFEHLER

Rückblickend auf meine gesamte Karriere kann ich mich an keine Saison erinnern, vor der ich so entspannt war, wie vor der Olympiasaison 2005/06.

Jeder wusste längst, dass ich nach Turin mit dem Rennsport aufhöre, und daheim war alles bereit für mein neues Leben.

Dazu kam neues Material, mit dem ich auf Anhieb gut zurechtkam und richtig schnelle Zeiten im Training fahren konnte. Den Weltcupauftakt im Riesenslalom in Sölden hatte ich frühzeitig gestrichen. Ich wollte mich in meiner letzten Saison ausschließlich auf die Speedrennen konzentrieren.

Mitte November sind wir wie immer nach Amerika geflogen, um uns auf die Überseerennen vorzubereiten, die ein paar Tage später in Kanada beginnen sollten. Durch den Klimawandel war es zu der Zeit leider schon so, dass wir auf unseren Gletschern in Europa kein gutes Speedtraining mehr hinbekommen hatten. Die schnellen Disziplinen mussten wir im Sommer in Chile abarbeiten beziehungsweise in den 14 Tagen vor dem Start der Nordamerikarennen.

Da geht es dann gar nicht so sehr um die Technik, sondern vor allem um das richtige Material. Für mich standen dort deshalb noch jede Menge Tests an, um den passenden Rennski für den Super-G zu finden. Das war alles gut vorbereitet und organisiert. Unser Ziel war Copper Mountain in Colorado. Dieser

Skiort liegt auf 3000 Meter Höhe und bietet deshalb schon recht früh im Jahr sehr gute Trainings- und Testbedingungen.

Leider saßen wir durch eine Flugverspätung eine Nacht in Denver fest und hatten schon einen Trainingstag verloren, bevor wir überhaupt angefangen hatten. Wir sind erst recht spät am Nachmittag da raufgekommen und hatten nur noch ganz wenig Zeit, um uns einzufahren. Gerade nach so einer langen Anreise ist es enorm wichtig, dass du dich etwas locker machst. Für den nächsten Morgen war der Treffpunkt am Lift schon für 6 Uhr früh angesagt.

Der Jetlag mit der Zeitumstellung von acht Stunden hatte mir zugesetzt. Ich konnte in dieser Nacht kaum schlafen. Als der Wecker um halb sechs klingelte, wollte ich gar nicht raus aus dem Bett. So todmüde war ich mir nicht sicher, ob das jetzt eine gute Idee ist, in diesem Zustand zum Super-G-Training zu gehen. Weil wir aber schon einen Tag verloren hatten, gab es keine Alternative. »Die Ski müssen getestet werden, dann machst du halt nur zwei Fahrten«, versuchte ich mir die Gefahr auszureden und habe mich auf den Weg zum Training gemacht.

Die Skischuhe, die ich an dem Morgen dabeihatte, waren auf der Unterseite leicht erhöht. Das war damals nicht verboten. Wenn man diese Erhöhung durch Gewichte erschwert hat, dann konnte man dadurch im Speedbereich aus den Kurven heraus etwas besser beschleunigen. Weil das Material für mich noch recht neu war, wollte ich diesen erhöhten Schuh beim Skitest gleich mit ausprobieren. Das hatte beim Einfahren am Tag zuvor schon super funktioniert, musste sich aber noch unter Rennbedingungen beweisen.

Bevor wir Mädels auf die Piste durften, hatten die Herren schon ihre erste Fahrt durch den Lauf gemacht. Normalerweise hätte die Piste nach den Männern noch mal präpariert werden sollen, was aber an diesem Tag nicht richtig funktionierte. Die Strecke war deshalb an vielen Stellen etwas krisselig. Da lagen überall so kleine Eisbollen rum. Das war ein richtiges Kugellager.

Viele Hobbyskifahrer kennen das von den ersten Fahrten am Morgen, wenn es am Tag vorher recht warm war. Da rattert man über diese kleinen Bällchen und wird richtig durchgeschüttelt. Das geht brutal auf die Gelenke. Bei über 100 Stundenkilometern fühlt sich das noch deutlich schlimmer an, als wenn man da ganz entspannt drüberfährt.

Gleich bei meiner ersten Fahrt komme ich in diese Kugeln und kriege Innenlage. Bei dem Versuch, das zu korrigieren, stürze ich in einer lang gezogenen Kurve, die etwas ums Eck geht.

Wenn da vorher welche fahren, schieben die den Schnee an den unteren Rand der Ideallinie. Bei Skirennen gibt es für so was Rutschkommandos, die diese Kugeln dann aus der Piste rutschen. Aber das war ja noch kein Rennen.

Ich bin wahnsinnig schnell dahergekommen, weil das mit dieser Beschwerung im Skischuh super funktioniert hat. Irgendwie bin ich dann mit einem Schuh hängen geblieben und wollte schnell auf den anderen Fuß wechseln. Doch plötzlich war der rechte Ski, auf dem ich den Ansatz für den nächsten Schwung fahren wollte, in der Luft. Bei dem Versuch, diesen Ski mit einer schnellen Bewegung nach unten zu holen, schmeißt es mich richtig böse. Ich fliege erst über den rechten Fuß drüber und überstrecke dann noch das Knie dabei.

KATASTROPHE

Als ich endlich im Schnee zum Liegen komme, weiß ich sofort: Oh Mann, da ist ordentlich was hin.

Als Erstes reiße ich mir meinen Helm herunter und versuche, aus den Schlaufen meiner Stöcke zu kommen. Dann will ich den Ski lösen, komme aber nicht gleich aus der Bindung. Als die Trainer dann da sind, um mir zu helfen, schreie ich sie an: »So mag ich nicht aufhören ... Das kann doch nicht sein!«

»Das weißt du doch noch gar nicht, Hilde«, hat einer von denen mich zu beruhigen versucht.

»Doch, das weiß ich jetzt schon!«, antworte ich. Mir ist sofort klar, dass es das war mit meiner Karriere. Mit meinem Traum vom Abgang durch die große Tür in Turin.

Kurz darauf werde ich mit dem Rettungsschlitten abtransportiert. Das Knie ist sofort dick geschwollen und mir ist unendlich schlecht. Da kommt alles zusammen. Der Jetlag. Die Schmerzen. Die Wut. Der Schock. Noch dazu blutet so ein Bruch ordentlich ein. Dadurch haut es einem sowieso schon mal den Kreislauf zusammen. Zu dem Zeitpunkt habe ich aber noch viel mehr Sorgen um mein Kreuzband. Ich habe überhaupt nicht auf dem Schirm, dass da was gebrochen sein könnte.

Die bringen mich dann sehr schnell zum Arzt in das 30 Minuten entfernte Vail. Das ist ein riesiger Skiort, an dem ich während meiner Karriere große Erfolge feiern durfte.

Doch diesmal soll es kein Happy End geben.

In Vail befindet sich mit der Steadman Clinic eines der international besten orthopädischen Fachkrankenhäuser. Da lassen sich Sportlerinnen und Sportler aus der ganzen Welt operieren.

Die wissen bei mir ganz schnell, was alles hinüber ist: Impressionsbruch des Schienbeinkopfes, ein Teilabriss des hinteren Kreuzbandes sowie ein abgerissener Meniskus.

Dazu noch Verletzungen an der Schulter und am Finger.

Sie legen mir ans Herz, dortzubleiben und mich sofort operieren zu lassen. Mit so einer Verletzung lange zu fliegen, sei wegen einer erhöhten Thrombosegefahr sehr gefährlich, versuchen die mich zu überzeugen.

Im ersten Moment will oder kann ich das aber alles nicht an mich ranlassen. Als mir die Ärzte erklären, dass der Schienbeinkopf gebrochen ist, mache ich erst einmal zu. Entweder habe ich das auf Englisch nicht richtig verstanden oder ich will das einfach nicht hören. Ich habe für mich da längst die Entscheidung getroffen, zurück nach Deutschland zu fliegen.

Der Arzt bestellt mich dann für den nächsten Tag noch einmal ein, damit er mir eine Thrombosespritze für die Reise geben kann. Unser Team versucht währenddessen, überhaupt erst mal einen Flug nach Hause zu bekommen. Das ist ja auch keine Selbstverständlichkeit.

Das Absurde an der ganzen Situation ist, dass ich da in dieser Spezialklinik bin. Während ich nach Hause will, lässt der FC Bayern seine Spieler bei Knieverletzungen immer genau dorthin fliegen. Wenn sich einer von denen in der Bundesliga verletzt, setzen die den 20 Stunden lang in ein Flugzeug und lassen den dort operieren.

Passenderweise sitzt dann auch gerade Oliver Schmidtlein, einer der besten Physiotherapeuten der Bayern, mit einem Spieler im Wartezimmer. Die haben auf ihren Termin gewartet, während ich untersucht und behandelt wurde. Der rät unserem Cheftrainer Wolfi Maier natürlich, dass ich mich am besten gleich dort operieren lasse, wo ich doch schon mal da bin.

»Nein«, sage ich, »ich will nach Hause, wir haben daheim ja auch gute Ärzte.«

Ich habe den Olli erst vor einigen Jahren dann mal persönlich kennengelernt. Damals, in der Klinik, kannten wir uns beide überhaupt nicht. Und als wir uns dann wiedertrafen, hat er mich erst mal auch nicht einordnen können. Als er dann aber hörte, wer ich bin, hat er sich sofort erinnert, wie er mit einem Spieler um die halbe Welt geflogen war und im Wartezimmer saß, während ich unbedingt nach Hause wollte.

Das sollte tatsächlich auch die falsche Entscheidung sein. Aber ich musste unbedingt wieder einmal meinen Kopf durchsetzen. In der Vergangenheit hatte ich damit ja oft richtig gelegen. Doch diesmal lief das einfach von Anfang an nicht gut.

Ich hatte ein Knie wie ein Ballon. Ich weiß noch, dass die Martina bei mir im Appartement geklingelt hat, um sich nach meinem Gesundheitszustand zu erkundigen. Weil niemand da war, der die Tür öffnen konnte, musste ich selbst aufstehen. Als ich dann so vor ihr stand, hing unter meinem Knie ein richtiger Sack.

»Wie schaut denn dein Knie aus?«, fragte sie mit vor Schreck verzogenen Mundwinkeln. »Ja, Scheiße«, war alles was ich darauf sagen konnte.

Die Rückreise aus den USA war ein einziger Horrortrip mit diesen Thrombosespritzen und Schmerztabletten. Dazu hatte ich eine wahnsinnige Schlaftablette verpasst bekommen, die mich gleich für den kompletten Flug ausgeknockt hat. Als ich in Frankfurt gelandet bin, wartete der Wofal dort schon auf mich. Der ist die 560 Kilometer von Berchtesgaden bis nach Frankfurt mit dem Auto gefahren, damit ich nicht noch einmal umsteigen musste. Auf der Rückfahrt haben wir zwei- oder dreimal angehalten, weil ich mich vor Schmerzen und wegen der Medikamente übergeben musste.

Irgendwann waren wir dann endlich beim Arzt in München. Der hat gleich gesagt: »Bleib da, ich mach das morgen früh.« Aber ich wollte nicht. »Nein, ich will heim. Ich will duschen. Dann komme ich morgen früh wieder her«, musste ich meinen Dickkopf erneut durchsetzen. Der nächste Fehler.

Auf der Fahrt nach Berchtesgaden schneite es so extrem, dass wir gar nicht vorangekommen sind. Also sind wir auf halber Strecke wieder umgedreht und ich habe doch in der Klinik eingecheckt. Letztendlich ist mein Bein am nächsten Tag operiert worden.

Ja, das hätte man alles viel einfacher haben können. Der Wofal musste da schon einiges mitmachen. Im Nachhinein muss ich sagen, dass es tausendmal gescheiter gewesen wäre, in Vail zu bleiben. Bis ich zurück in Deutschland war, war es einfach schon zu spät, das zu operieren. Die OP hat letztendlich eine Osteomyelitis, eine Knochenmarkentzündung, hervorgerufen. Das ist dann lange nicht gut geworden. Erst Ende 2006, also mehr als ein Jahr nach dem Unfall, hat sich eine deutliche Verbesserung eingestellt. Bis dahin hatte ich dauerhaft Probleme und Schmerzen. Ich hatte mir halt eingebildet, unbedingt heimzumüssen, weil ich Angst davor hatte, irgendwo in Amerika allein in einer Klinik zu liegen.

Bereits vor der OP war ich also körperlich und psychisch schwer angeschlagen, weil diese ganze Reiserei mit den starken Schmerzen enorm anstrengend war. Dazu kam der Frust, weil mir klar wurde, dass es jetzt aus und vorbei war mit dem Skisport. Ich hatte einfach null Komma null Lust, noch mal eine Reha zu machen, um wieder Ski fahren zu können. Und am Ende hätte es nicht einmal eine Garantie gegeben, dass ich erneut ein Comeback schaffe. Meine Entscheidung, die Karriere zu beenden, stand ja ohnehin längst fest. Das sollte allerdings erst im März und nicht schon Mitte November passieren!

Natürlich hätte ich die Entscheidung, sofort Schluss zu machen, wenigstens noch ein bisschen hinauszögern können. Für den Fuß wäre es sogar besser gewesen, wenn ich gesagt hätte, ich schau, dass ich noch mal fit werde. Im schlimmsten Fall hätte ich auch sagen können: »Okay, ich mache Reha und verabschiede mich mit einem letzten Rennen im März in Åre.«

Aber ich wollte nicht mehr.

Punkt. Für mich war das vorbei. Ende.

Ich hatte so viel Rehas in den letzten Jahren gemacht, dass das jetzt einfach keine Option mehr war. Für mich war einfach klar, dass ich aufhöre und einen klaren Schnitt mache. »Ich mache jetzt einen auf Familie, ich mag jetzt einfach nicht mehr«, war eine entscheidende Stimme in meinem Kopf.

## *SCHLUSS MACHEN*

Der Traum, selbst zu entscheiden, wann ich meine Karriere beende, war mir genommen worden. Oder besser gesagt: Ich habe ihn mir selbst genommen, weil ich an dem Morgen des Unfalls gegen mein besseres Wissen so blöd war, aufzustehen und zum Skitest zu gehen.

Zu dem Zeitpunkt direkt nach der OP war ich daher unfassbar frustriert. Dieser Frust wurde noch schlimmer und zu einer richtigen Wut, als ich in der Klinik den Fernseher einschaltete und im Teletext, noch vor meiner Abschiedspressekonferenz, zu der ich schon eingeladen hatte, lesen musste: »Hilde Gerg beendet ihre Karriere«, Quelle: *BILD*-Zeitung.

Das hat mich furchtbar aufgeregt. Und auch persönlich getroffen. Das kam von Journalisten, die mich seit Jahren begleitet haben. Mit denen war man auch irgendwo eng verbunden. Da habe ich gemerkt, dass sich in der Zeit die Ausrichtung vieler Medien, aber ganz speziell dieser Zeitung, brutal gedreht hatte. Plötzlich ging es nur noch darum, Erste und Schnellste zu sein. Ich weiß alles und ich erzähle es auch! Da wurde null Rücksicht auf die Befindlichkeiten derer genommen, denen man vielleicht etwas wegnimmt. Und wenn ich doch weitergemacht hätte, dann hätten sie halt geschrieben: »Jetzt macht sie es doch anders.«

Ich war verletzt, weil ich meinen Abschied selbst verkünden wollte. Es ging mir darum, dass ich es so erzähle, wie ich es fühle. Das tat ich dann auch: am 21. November 2005, fünf Tage nach meinem Unfall in Copper Mountain, in einem von Journalistinnen und Journalisten völlig überfüllten Raum in der WolfartKlinik in München-Gräfelfing.

Eigentlich hatte ich seit dem Sturz kaum Zeit gehabt, mal zur Ruhe zu kommen. Der Unfall war an einem Mittwoch. Am Donnerstag bin ich von Denver zurück nach Deutschland geflogen und dort am Freitag gelandet. Am Samstag lag ich auf dem Operationstisch und jetzt am Montag war schon meine Abschiedspressekonferenz. Nachdem ich an Krücken an der Seite von Wofal in den Raum gehumpelt war und Platz genommen hatte, musste ich erst einmal meinen Ärger über die *BILD* loswerden. »Bevor ich jetzt anfange, muss ich schon sagen, dass ich es nicht richtig finde, dass mein Karriereende vorher schon in der Zeitung verkündet wird, bevor ich mich dazu geäußert habe«, machte ich meiner Wut Luft. Einmal in Rage musste ich das einfach alles loswerden und habe klargemacht: »Wenn ich eine Entscheidung treffe, dann möchte ich die selbst mitteilen und das nicht im Vorhinein lesen, vor allem wenn sich gar keiner mit mir unterhalten hat.«

Am besten wäre es in diesem Moment gewesen, wenn ich mich hingesetzt und gesagt hätte: »Ja, alles falsch. Ich mache weiter bis Vancouver 2010.« Doch mir war zu diesem Zeitpunkt überhaupt nicht zum Scherzen zumute. Nach der Wut kamen dann die Tränen. Als ich dort vorne saß und meine Karriere mit allen Erfolgen Revue passieren ließ, gab es kein Halten mehr. Das war auch gar nicht schlimm. Da waren so viele schöne Momente dabei in meinem Leben als Skifahrerin, dass es einfach sehr emotional war, gezwungenermaßen damit aufzuhören.

»Es wäre mir jetzt einfach lieber, wenn das vier Monate später passiert wäre und wir nicht hier in einer Klinik, sondern irgendwo anders sitzen würden«, heulte ich in die Kameras und Mikrofone. Die wollten die Pressekonferenz schon abbrechen, aber ich wollte weitermachen. Ich war noch nicht fertig. »Jetzt muss ich halt einfach damit umgehen, dass das andere Knie auch noch im Arsch ist«, ließ ich meinen Emotionen freien Lauf. Natürlich wären auch Tränen geflossen, wenn ich die Saison zu Ende gefahren und dann zurückgetreten wäre. Aber dann wären das andere Gefühle gewesen. So war da viel Enttäuschung dabei.

Als Katharina Gutensohn 1998 aufgehört hatte, standen wir Mädels unten im Ziel und haben sie mit Sekt vollgespritzt.

Die hat auch geheult, aber eben aus Rührung. In meiner Vorstellung wollte ich bei meinem letzten Rennen in einem

Dirndl den Berg runterfahren und unten die Ski abschnallen. Die Chance bekam ich nun nicht mehr.

Ich hatte sogar mal kurz überlegt, bei der FIS anzufragen, ob ich mich beim Finale 2006 doch noch verabschieden darf. Vielleicht hätten die mir sogar eine Startnummer gegeben. Das habe ich aber nicht gemacht. Und das war bestimmt auch gut so, denn mit dieser Pressekonferenz war meine Karriere abgeschlossen. Und eigentlich war ich froh, dass nun ein neues Kapitel begann und ich gefühlt ein ganzes Leben abschloss. Ein Leben, das sich bis dahin fast ausschließlich um Training, Rennen, Reha und Medaillen gedreht hatte. Dass ich am Ende doch noch in Turin dabei sein würde, hätte ich im Moment meines Rücktritts ganz sicher nicht erwartet.

# Seitenwechsel

## NEUE PERSPEKTIVE

Mein großes Glück in diesem ganzen Drama um mein Rennsportende war, dass das alles erst so kurz vor meinem geplanten Rücktritt passiert ist. Andere müssen ihren Traum von Weltcup und Olympia schon mit 20 oder 22 nach einem Sturz beenden.

Weil ich aber schon im Jahr vorher wusste, dass für mich bald Schluss sein wird, hatte ich mich gut vorgearbeitet. Unter anderem in den Gesprächen mit dem ZDF. Der Sender hatte mir großes Interesse bezüglich eines Einsatzes als Expertin für Ski alpin signalisiert. Das sollte nach unserer Planung allerdings erst in der Saison 2006/07 beginnen, weil ich ja nicht vor März 2006 aufhören wollte. Kurz nach meinem Sturz und meinem Rücktritt als Rennläuferin kam aber schon die Anfrage, noch in der gerade begonnenen Saison einzusteigen. Das war super, weil ich gleich wieder eine Aufgabe hatte und nicht wehmütig auf dem Sofa sitzen musste, wenn die anderen die Piste runterrasten.

Natürlich gab es da ein paar Hürden zu nehmen, denn so eine Expertin besichtigt in der Regel früh am Morgen die Rennstrecken. Daran war mit dem verletzten Bein nicht zu denken. Außerdem wusste ich auch nicht sicher, ob ich das mit dem Kommentieren hinbekomme.

Letztendlich habe ich aber tatsächlich am 11. Januar 2006 in Bad Kleinkirchheim mein erstes Rennen kommentiert. Wenn man so will, war ich acht Wochen nach meinem Sturz in den Weltcup zurückgekehrt. Überhaupt hatte ich immer eine besondere Beziehung zu diesem Datum. Zum einen war das der

Geburtstag von Wofal und zum anderen hatte ich während meiner aktiven Zeit mehrfach an einem 11. Januar ein Rennen gewonnen. Und nun durfte ich just an diesem Datum meine Premiere am Mikrofon feiern!

Das war alles total neu für mich. Ich musste vor meiner Premiere erst einmal nach Mainz, wo das ZDF seinen Sitz hatte, und die ganze Technik lernen. Dazu kamen jede Menge Probekommentare. So ein Rennen wird immer zu zweit kommentiert. Da gibt es zum einen den offiziellen ZDF-Reporter und zum anderen eben den Experten oder in meinem Fall die Expertin. Bei den Übungen ging es darum festzulegen, wer was wann sagt. Und wie man die Rollen aufteilt. Das hat auf Anhieb gut funktioniert. Reden konnte ich ja eigentlich schon immer.

Damit stand dann auch fest, dass ich doch noch an den Olympischen Spielen in Turin teilnehmen werde! Zwar auf eine völlig andere Weise als geplant, aber ich war dabei. Das war auch für mich persönlich so spannend, weil ich die Spiele zum ersten Mal als Nichtaktive erleben durfte. Zum ersten Mal habe ich bei Olympia richtig gut geschlafen.

Dazu hatte ich eine ganz andere Ausrichtung. Als Athletin konzentrierst du dich nur auf dein Rennen und die Bedingungen. Diesmal wollte ich auch das Drumherum sehen. Du nimmst als Nichtaktive viel mehr wahr, was da alles geboten wird und wo man überall hingehen kann. Plötzlich hatte ich Zeit, zwischendurch einfach so Gespräche zu führen. Kein Training, keine Massage und keine Teambesprechung, die auf mich gewartet hätten. Das hat mir wahnsinnig viel Spaß gemacht.

Ich habe Dinge einfach von einer anderen Seite gesehen, über die ich früher nie nachgedacht hatte. Wenn es hieß:

»Wir brauchen für den Vorbericht zum Abfahrtslauf ein 40-Sekunden-Statement vom Läufer XY«, dann hat man erst einmal überlegt, wie man da drankommt. Dass da zwei oder drei Stunden Arbeit drinstecken, bis der blöde O-Ton im Kasten ist, hätte ich mir als Aktive nie vorstellen können. Es war überraschend zu sehen, wie aufwendig es ist, zwei Minuten Fernsehen zu machen. Da habe ich mir das eine oder andere Mal gedacht, dass ich als Aktive schon öfter mal hätte sagen können: »Klar, ich habe kurz Zeit.«

Ich habe unheimlich viel gelernt und auch schnell Fortschritte gemacht. Ich war einfach glücklich, dass ich diese Aufgabe hatte. Das hat mir auch geholfen, mit meiner Frustration, nicht mehr selbst am Start stehen zu dürfen, umzugehen. Ich war andauernd beschäftigt und hatte kaum Zeit zu grübeln. Es braucht ein gewisses Training, Dinge anzumoderieren und sich richtig vor der Kamera zu bewegen. Da habe ich mich ständig weiterentwickelt. Das war mir auch ganz wichtig. Das war jetzt eben mein neuer Beruf. So wie ich mich im Sport ständig verbessern wollte, wollte ich das jetzt vor der Kamera oder am Mikrofon. Natürlich ahnte ich, dass ich während der Spiele irgendwann dennoch damit hadern werde, dass ich nicht selbst fahren darf.

Dummerweise hatten wir beim ZDF sowohl die Rechte für die Abfahrt als auch für den Super-G. Bei der Besichtigung der Strecken kam dann schon Wehmut auf. Ich wusste, dass mir diese Strecken gut gelegen hätten. Auch die Schneebeschaffenheit war wie für mich gemacht. Die einen Skimarken gehen bei einem bestimmten Schnee besser und die anderen halt nicht. Dieser Schnee in Turin war wie für meine Ski gefallen. Ich bin mir sicher, dass ich dort eine super Chance auf eine Medaille gehabt hätte. Und dann sitzt du da in der Kommentatorenkabine und denkst dir, dass du jetzt diejenigen, denen du um die Ohren fahren wolltest, runterkommentieren musst. Das war dann schon mal für einen Moment frustrierend. Ich habe dann einfach versucht, mich zu konzentrieren, und mir immer wieder gesagt: »Okay, Hilde, das Kommentieren ist jetzt dein Job. Kopfhörer auf. Nimm die Rolle der Kommentatorin ein und mach einen guten Job.«

Als wir mit dem Rennen durch waren, ist es aber aus mir herausgebrochen. Ich habe die Kopfhörer runtergezogen und erst mal angefangen zu weinen. Es war emotional doch sehr schwierig, direkt vor Ort zu sitzen und nur darüber reden, aber nicht selbst fahren zu dürfen. Auf der anderen Seite war da aber auch ein Begreifen und Verarbeiten. Es ist ja immer gut, wenn man sich Situationen stellt.

Als die Michaela Dorfmeister dann Doppelolympiasiegerin wurde, dachte ich nur für mich: Ja, da war die Bahn frei für sie, denn mit meinem Abschied war da eine Konkurrentin weniger im Feld. Schließlich sind wir jahrelang gegeneinander gefahren und ich war in sehr vielen Rennen schneller. Und jetzt wird die Doppelolympiasiegerin!

Natürlich weißt du gerade bei einem Großereignis niemals, wie das ausgeht. Die Chance hätte 50 : 50 sein können, dass ich wieder Vierte, Fünfte, Sechste oder Siebte werde. Dann wäre das wieder ein großes Drama gewesen und die Presse hätte mich zerrissen. Aber es hätte eben auch eine 50%ige Chance gegeben, dass ich unter die ersten drei fahre. Der Frust, nicht dabei gewesen zu sein, hat aber nicht lange angehalten.

Wenn dir dein Mann sagt, dass er jetzt froh ist, weil er keinen Stress und keine Angst mehr haben muss, wenn du da runterfährst, dann weißt du schon, dass es jetzt einfach genug war.

Ich hatte akzeptiert, dass ich nun ein gewisses Alter erreicht hatte, wo andere Dinge im Leben anstehen. Und so sollte es auch ganz schnell kommen.

## VIER GEWINNT

Der folgende Sommer war richtig cool. Ich habe es genossen, nichts zu müssen und alles zu dürfen. Zum ersten Mal habe ich Sport nur noch für mich und nicht zur Saisonvorbereitung gemacht. Das Wichtigste war, dass mein Knie wieder gut wird. Dahin war der Weg aber noch sehr weit.

Dazu hatten wir begonnen, den Bau des Hauses für das nächste Jahr zu planen. Ansonsten war das ein freies Jahr, denn wir hatten ja noch keine Kinder, auch wenn ich dafür nach meinem Karriereende voll und ganz bereit war. Gott sei Dank hat das aber noch gedauert, weil bei meinem Knie noch ein paar Operationen anstanden. Doch kaum war das kurz vor Jahresende erledigt, machte sich ein kleiner Mensch auf den Weg. Das war ein unglaubliches Weihnachtsgeschenk. Ein Jahr nach meinem erzwungenen Ende als Rennläuferin war ich ganz fest in meinem neuen Leben angekommen. Der Job beim ZDF machte unheimlich viel Spaß und ließ sich mit der Schwangerschaft perfekt verbinden.

Ich hatte nun auch nicht mehr dieses wehmütige Gefühl, mit dem ich in Turin noch zu kämpfen hatte, und konnte die Ski-WM 2007 in Åre richtig genießen. Da hatte ich einfach meine Kommentatorenaufträge und musste mich um meine Hintergrundinformationen kümmern. Das war jetzt alles schon fest eingespielt. Ich war kein Reporterlehrling mehr.

Dazu kam, dass ich Åre immer schon als Ort geschätzt hatte. Das ist eine wunderschöne Landschaft an einem zugefrorenen See. Früher bin ich mit dem Rennski die Piste zum See heruntergerast und hatte kein Auge für die Umgebung, und jetzt konnte ich auf Langlaufski um den See fahren. Statt im Hotelzimmer auf das nächste Rennen zu warten, saß ich mit meinen ZDF-Kollegen in gemütlichen Restaurants beim Essen. Vieles im Leben ist eine Frage der Perspektive, und die, die ich jetzt hatte, gefiel mir auch.

Auf dem Rückweg aus Åre haben wir eine Nacht in Stockholm verbracht. Da gibt es an einem See lauter Feuerkörbe, wo wir Würstchen grillen konnten. Das war für mich ein komplett neues Leben. Ich habe die Orte, an denen ich war, zum ersten Mal richtig kennengelernt. Als Aktive hieß es nur: Flughafen, Gepäck einsammeln, Ski verräumen, schnell an den Ort, an dem das Rennen stattfindet, wieder alles ausräumen, Konditionstraining, schlafen, essen, Rennen. Und wieder von vorne. Obwohl ich während meiner Zeit als Rennläuferin die Erde mehrfach umrundet habe, hatte ich erst als Kommentatorin begonnen, sie zu sehen und wahrzunehmen.

Während mein Bauch im Sommer 2007 wuchs und wuchs, nahmen die Bauarbeiten am Haus immer konkretere Formen an. Im September war es dann endlich so weit. Mit der Geburt der kleinen Anna waren wir zu dritt. Da habe ich dann auch meinen Nachnamen von Gerg zu Graßl geändert, damit wir als Familie alle den gleichen Namen haben.

Während der Wofal sich daheim um die Pension und die Forstwirtschaft gekümmert hat, bin ich mit unserer kleinen Tochter um die Welt geflogen. Die hat mich einfach zu meinen

Kommentatorenjobs begleitet. Das war auch völlig logisch, weil ich sie stillen musste. Es war auch nicht so, dass wir jedes Wochenende unterwegs waren. ARD und ZDF haben sich mit dem Wintersport fast jede Woche abgewechselt. So waren Anna und ich meist nur jede zweite Woche bei irgendwelchen Rennen vor Ort. Ich habe dann sämtliche Leute aktiviert, die mir einfielen und die sich Zeit nehmen konnten, mit uns um die Welt zu tingeln und auf die Anna aufzupassen, während ich kommentiere.

Als sie mit drei Monaten kurz vor Weihnachten ihren ersten Schnupfen bekam, waren wir gerade in St. Moritz. Das war schrecklich. Da wollte ich gleich heimfahren, weil das Kind erkältet ist. Da haben sie mich alle angeschaut und gedacht, dass ich jetzt vollkommen durchdrehe!

Ich musste in diese Mutterrolle erst mal reinwachsen. Das war nicht so einfach. Da stand mir einiges im Weg, das ich im Leistungssport über viele Jahre gelernt hatte. Da war alles immer sehr genau und akribisch vorbereitet, damit man seine Leistung bringen kann. Im Profisport wurde nur wenig improvisiert. Doch so einen Perfektionismus braucht es im normalen Leben nicht. Da musst du auch mal ein bisschen runterkommen. Sonst schaffst du das gar nicht. Das war nach all diesen durchgeplanten Jahren etwas ganz Neues für mich. Doch während ich noch lernte, mit der einen Herausforderung umzugehen, war die nächste schon im Anflug. Während ich zum Weltcupfinale nach Bormio gereist war, war Anna mit ihren fast sieben Monaten daheim bei Wofal und seinen Eltern geblieben. Das gab mir die Gelegenheit, mal ganz früh am Morgen zum Skifahren zu gehen. Es hatte viel geregnet. Wenn es dann mal eine klare und eiskalte Nacht gab, war die Piste am nächsten Morgen dementsprechend vereist. Obwohl ich keinen gut präparierten Ski hatte, wollte ich unbedingt ein paar Runden für mich drehen. Schließlich war ja kein Baby im Hotel, das auf mich gewartet hätte. Anscheinend habe ich die Bedingungen unterschätzt und lag, zack, bum, halbschlau auf der Nase. Das Ergebnis war ein Bruch der Elle am linken Arm. Damit war das mit dem Kommentieren des Weltcupfinales erledigt und ich bin wieder zurück nach Hause. Das war zu der Zeit, als ich begonnen habe, die Anna abzustillen. Ich hatte irgendwie im Kopf, dass ja eh nichts passieren kann, solange ich stille. Letztendlich hat sich in dieser Woche, in der ich nun ungeplant zu Hause war, der kleine Wolfgang eingeschlichen. Das war aber überhaupt nicht schlimm, weil uns immer klar war, dass es nicht bei einem Kind bleiben soll.

Natürlich war das dennoch eine Lebenssituation, auf die wir uns ganz neu einstellen mussten. Wir waren gerade in das Haus gezogen und hatten begonnen, uns ein Geschäft mit dem Vermieten der Ferienwohnungen aufzubauen. Dazu war die Anna noch nicht mal ein Jahr alt und ich begann erst, mich in die Mutterrolle einzufinden. Das Haus war noch gar nicht eingerichtet. Unser ganzes Leben war gerade dabei zusammenzuwachsen. Und dann war schon der Nächste unterwegs. Das hat dann auch den Sommer über gedauert, bis das richtig bei mir angekommen ist.

Eigentlich hätte der Wofal an Heiligabend 2008 zur Welt kommen sollen, ließ sich dann aber doch noch ein paar Tage Zeit. Das war für mich von der Arbeit her aber auch nicht tragisch, weil ich in der Saison 2008/09 beim ZDF Pause gemacht habe. In den letzten Rennen vor Weihnachten wäre ich hochschwanger gewesen und in den ersten Rennen danach gerade frisch von der Entbindung gekommen. Das hätte natürlich keinen Sinn gemacht. Das war wirklich toll vom ZDF, dass sie mir gleich signalisiert haben, dass ich in der nächsten Saison wieder weitermachen kann. Ein sehr fairer Arbeitgeber, wie ich später auch noch an anderer Stelle lernen durfte.

Und dann waren wir plötzlich zu viert. Da mussten wir uns erneut erst einmal zurechtfinden und neu organisieren.

Zwei Kinder, die Ferienwohnungen, die immer besser liefen, und ein Ehemann, der immer häufiger nicht da war. Der Wofal hat nämlich zusätzlich noch als Trainer gearbeitet und war vor den Olympischen Spielen 2010 als Abfahrtstrainer in die Weltcupmannschaft zurückgekehrt. Damit war er jetzt wieder viel unterwegs. So war ich nun diejenige, die das Zuhause gemanagt hat. Wenn er da war, hatte er für so was gar keine Zeit, weil er mit seinem Vater und seinem Bruder ständig im Wald arbeiten musste. Wir hatten im Sommer 2009 ein riesiges Problem mit Borkenkäfern. Die hatten in unserem Wald jede Menge Bäume zerstört, die jetzt dringend beseitigt werden mussten. Das hat fast zwei Monate gedauert. Und war brutal viel – für drei Leute eigentlich zu viel. Die kamen abends spät aus dem Wald und waren völlig platt. Das war körperlich eine sehr schwere Arbeit.

Wir hatten in diesem Sommer deshalb auch nur wenig Zeit, die wir miteinander verbringen konnten.

Eines haben wir aber noch hinbekommen. Während von unserer Familie und unseren Freunden niemand etwas ahnte, hatten wir mit dem Pfarrer, der unseren Wolfgang taufen sollte, vereinbart, dass wir an diesem 3. Mai 2009 unsere kirchliche Hochzeit einschieben. Die war ja noch nachzuholen. Neben den Taufgästen hatten wir also auch unsere Trauzeugen zu dem Fest eingeladen. Die wussten aber genauso wenig Bescheid wie unsere Eltern. Dementsprechend überrascht waren die Gesichter in der Kirche, als der Pfarrer plötzlich etwas anderes tat, als alle erwartet hatten. »So, bevor wir jetzt dieses Kind taufen«, fing er an, »ist es an der Zeit, dieser wilden Ehe ein Ende zu setzen, und deshalb kommt ihr zwei jetzt zu mir nach vorne«, ließ er die Katze aus dem Sack.

Der Bruder vom Wofal hat dann schnell noch ein bisschen Musik organisiert und so wurde aus unserer Taufe eine Hochzeitsfeier. Für uns war das genau richtig. Dadurch dass es niemand gewusst hat, gab es auch überhaupt keine Erwartungen. Damit haben wir uns in dieser stressigen Zeit selbst nicht noch mehr unter Druck gesetzt. Als die Kinder später müde waren, habe ich sie heim- und ins Bett gebracht. Der Abend ist dann ganz entspannt bei uns zu Hause ausgeklungen.

Im kommenden Olympiawinter war ich wieder für das ZDF im Einsatz. Es war echt schön, nach einem Jahr Pause wieder in den Skisport zurückzukehren. Der Wolfgang war mittlerweile schon ein Jahr alt und musste nicht mehr gestillt werden und Anna war sogar schon zwei.

Die Spiele 2010 in Vancouver waren super. Acht Jahre nach Nagano waren Wofal und ich zum ersten Mal wieder gemeinsam bei Olympischen Spielen. 1994 war er noch nicht dabei und 2002, nach dem Theater in unserem Team, nicht mehr. Dass wir gemeinsam anreisen konnten, ging auch nur deshalb, weil wir das Glück hatten, dass sich Wofals Mutter um die Kinder kümmerte. Auch wenn wir uns vor Ort nicht so oft gesehen haben, haben wir das sehr genossen. Die Alpinen hatten ihre Wettbewerbe in Whistler, einem ziemlich schicken Skiort mit vielen Bars und Restaurants. Er war meistens beim deutschen Team und ich war mit dem ZDF unterwegs. Wenn dann aber mal ein freier Tag war, sind wir zusammen zum Essen gegangen. Und anders als noch in Nagano 1998 mussten wir unsere Gefühle diesmal nicht verstecken.

Als die Saison im März zu Ende war, war der Wofal endlich mal wieder länger am Stück zu Hause. Das war wichtig, denn es gab einfach unendlich viel zu tun. Wir hatten ja nicht einfach nur ein Haus, das wir in Ordnung halten mussten. Da waren die Vermietungen, eine Wiese, die bestellt werden musste, und der Wald. Der Wofal hat sich da kaum eine Pause gegönnt. Wenn bei uns nichts zu tun war, ist er rüber ins Nebenhaus zu seinem Bruder, der sich dort eine Wohnung eingerichtet hat, und hat halt da geholfen. Das war aber trotzdem eine gemütliche Zeit, weil wir als Familie alle beieinander waren. Die Kinder konnten beide schon umeinandersausen und die Ferienwohnungen brachten Geld in die Kasse.

Wir waren endlich so richtig im Leben angekommen.
Eigentlich hätte es nicht besser sein können.
Doch dann kam der 12. April 2010 ...

# Ohne Vorbereitung

## 12. APRIL 2010

Es gibt Tage, die verbindet man ganz fest mit Ereignissen, die das Leben nachhaltig geprägt haben.
 Bei mir ist das natürlich der 19. Februar 1998, als ich in Nagano die olympische Goldmedaille gewann. Obwohl das nun schon eine ganze Zeit zurückliegt, kann ich mich noch an jede einzelne Sekunde dieses Tages erinnern. Das ist alles ganz fest auf meiner persönlichen Festplatte gespeichert. Das sind enorm positive Erinnerungen, die immer wieder eine große Freude auslösen, wenn ich daran denke. Doch es gibt auch solche Erinnerungen, die ganz fest mit einem negativen Ereignis verbunden sind, das man niemals vergisst.
 Dass der 12. April 2010 zu einem solchen Tag werden würde, war weder in den Tagen zuvor noch an diesem Morgen zu erahnen.

Ich musste mir Blut abnehmen lassen und bin, weil ich nüchtern sein sollte, schon ganz in der Früh zum Arzt gefahren. Das hat auch für Wofal gut in seinen Tagesablauf gepasst, weil er um 9 Uhr einen Termin hatte und sich bis dahin um die Kinder kümmern konnte. Irgendwie kam er an diesem Morgen ewig nicht aus der Dusche und schien nicht richtig gut beieinander zu sein. Aber weil er halt nichts gesagt hat, war das für mich eine ganz normale Alltagssituation. Das hat jeder mal, wenn er morgens noch müde ist, dachte ich mir. Gegen 11 Uhr habe ich dann angefangen, das Essen vorzubereiten, weil der Wofal zwischen zwölf und eins wieder daheim sein wollte. Außerdem musste ich die Anna und den Wofal zum Mittagsschlaf hinlegen.

Gegen halb zwölf hatte ich das Telefon in der Hand und wollte ihn schnell anrufen, um zu hören, wann er zu Hause ist. Ich habe Schnitzel gemacht und wollte, dass die frisch für ihn aus der Pfanne kommen. Dann habe ich den Hörer aber wieder weggelegt und mir gedacht: Ist jetzt wurscht. Ich esse jetzt schon mal eine Kleinigkeit mit den Kindern und bringe die danach ins Bett.

So habe ich das auch gemacht und bin danach rauf ins Büro. Ich wollte für mich mit dem Essen warten, bis Wofal zurück ist, und die Zeit, solange die Kleinen schlafen, nutzen, um ein paar E-Mails zu machen. Ich saß dann im Büro und habe E-Mails für die Ferienwohnungen und das ganze Zeug beantwortet.

Irgendwann gegen kurz vor zwölf klingelt es an der Tür. Ich denke, dass das wieder die vom Film sind, weil bei uns in der Nähe gerade gedreht wird. Mist, jetzt wecken die mir die Kinder auf, schießt es mir durch den Kopf. Ich bin dann mit Vollschuss da runter und reiße die Tür auf, damit auf keinen Fall noch mal geklingelt wird. Da steht dann einer, der mir irgendwie bekannt vorkommt, aber den ich überhaupt nicht einordnen kann. Der sagt gleich, dass es dem Wofal nicht so gut geht und dass er mit dem Bus drüben in der Schönau steht. Der Notarzt sei schon da, und es wäre wichtig zu wissen, ob er eine Vorerkrankung habe.

»Oh Gott, ja!«, antworte ich und will wissen warum. »Ja, der Doktor bräuchte dringend Informationen«, sagt der Mann zu mir, wie sich rausstellt ein Zivilpolizist, der zu uns raufgefahren ist. Ich erzähle dem Arzt dann am Telefon, dass der Wofal an einer Aortenisthmusstenose leidet. Jeder Mensch hat eine Verbindung zwischen Aorta und Lunge. In der Regel verschließt sich die aber im Mutterleib oder gleich nach der Geburt. Das hat bei Wofal nicht so gut geklappt. Mit neun Jahren ist er deshalb daran operiert worden. Ihm wurde damals ein Stück eingesetzt, das nicht mitwächst. Das war nicht ungefährlich, weil die anderen organischen Teile im Körper eben gewachsen sind, seit er neun Jahre alt war. Das wurde über die Jahre immer wieder kontrolliert. Aber weil da alles in Ordnung schien, hat er das immer mehr verdrängt. Er wollte nicht ständig in der Angst leben, dass irgendwann was passieren könnte, sondern hat das einfach laufen lassen. Als ich dem Notarzt die Geschichte erzähle, weiß er sofort Bescheid.

Ich bitte den Polizisten, mich rüberzufahren, gebe aber noch Wofals Papa Bescheid, damit der sich um die Kinder kümmert, wenn ich weg bin. Die Mama vom Wofal ist mit seiner Schwester zu dem Zeitpunkt über das Wochenende verreist und noch nicht zurück. Letztendlich bleibt Wofals Bruder bei den Kindern, weil mein Schwiegervater unbedingt mitfahren will.

Als wir am Rettungswagen ankommen, wollen die mich aber erst mal nicht zu ihm lassen. Da ist eine brutale Hektik.

Unser Hausarzt, zu dem es von dort nur noch ein paar Meter gewesen wären, sitzt schon im Rettungswagen. Höchstwahrscheinlich war der Wofal auf dem Weg zu ihm, als er zusammengebrochen ist. Unser Hausarzt versucht mit der Notärztin, ihn zu reanimieren und am Leben zu halten. Ich bestehe dann darauf, dass ich zu ihm muss. Sie erklären mir, dass es ihm jetzt wirklich nicht gut gehe. »Ja«, sage ich, »das ist mir jetzt wurscht.«

Als ich zu ihm rein bin, ist mir im Grunde sofort klar, dass er schon nicht mehr lebt.

Bei einem Aortenriss lebt man noch etwa fünf Minuten.

Er ist in dem Moment, als ich zu ihm komme, definitiv schon tot.

Ich habe irgendwo aber das Gefühl, dass er noch kämpft. Vielleicht will ich das in diesem Augenblick auch so fühlen.

Ich sage zu ihm: »Komm, Wofal, kämpfen. Schau, das geht schon, das wird schon.«

Dann gehe ich da raus und denke: Nein. Das wird nichts.

Und dann habe ich plötzlich dieses Erlebnis, von dem viele Menschen erzählen, die jemanden verloren haben. Obwohl schönstes Wetter ist, geht ganz plötzlich für einen Moment ein Wind. Auch wenn der Wofal erst später für tot erklärt wurde, in diesem Moment schaue ich auf und denke: Jetzt ist er weg.

## »FUNKTIONIERE, HILDE!«

Als der Rettungswagen mit dem Wofal ins Krankenhaus fährt, nehmen wir seinen Bus, mit dem er zu unserem Hausarzt wollte, und fahren schnell heim. Ich bin irgendwie total ruhig und fahre selbst. Ich mache mir kaum noch Illusionen. »Okay, Hilde, du fährst jetzt da hin und schaust, wie das ausgeht«, sage ich mir.

Wofals Bruder ist völlig schockiert und bleibt bei den Kindern, während wir ins Krankenhaus fahren. Als wir da ankommen, werden wir schon erwartet. Die Intensivstation ist ganz hinten in der Klinik. Da geht es einen ewig langen Gang hinter. Während ich mit dem Opa dort hinlaufe, kommt uns schon der Arzt entgegen. Der schaut mich schon so komisch an. Ich denke nur: Bitte lass ihn warten, bis wir sitzen, wenn er uns sagt, dass er gestorben ist.

Ich hatte den Wofal ja vorher im Rettungswagen gesehen, und deshalb ist für mich fast klar, was jetzt kommt. Ich bin in so einem Zustand, dass ich emotional gar nicht reagiere. Der Arzt erklärt uns, dass man nichts mehr für den Wofal tun konnte. In diesem Moment wird der Opa 100 Jahre älter. Der sinkt in sich zusammen und ist am Ende.

Das ist etwas, das sich ganz tief in meine Erinnerungen an diesen Tag gegraben hat. Mein Schwiegervater war 65 und der Wofal gerade 40. Das ist ein schwerer Schlag, wenn dir dein Kind genommen wird.

Etwas später kommen die Schwester und die Mama vom Wofal an. Die sind in ihrem Hotel in Österreich informiert worden und sofort heimgefahren. Die laufen da mit ganz viel Hoffnung den Gang runter, denn die wissen nicht viel. Die brechen dann genauso zusammen, als ich ihnen sagen muss »Nein, da hat man nichts mehr tun können.«

Das sind brutalste Emotionen und Gefühle.

Wenn dann alle auf einmal da sind, das ist dann Wahnsinn.

Ich hatte da längst in einen reinen Funktionsmodus geschaltet. Der Körper baut durch den Schock einen Adrenalinpegel auf, der einem sehr helfen kann. Das war etwas, das ich von meinen diversen Unfällen auf der Skipiste kannte. Doch das hier war anders. Das war auch nicht mit einer Operation mit anschließender Reha aus der Welt zu schaffen.

Das war endgültig.

Als wir zu ihm ans Krankenbett durften, hat der Wofal viel friedlicher und zufriedener ausgeschaut als im Krankenwagen. Zuerst war ich noch ein bisschen mit den Schwiegereltern und am Ende dann ganz allein bei ihm im Zimmer. Irgendwann bin ich gegangen und wollte nur noch zu unseren Kindern. In der Klinik konnte ich jetzt eh nichts mehr tun.

Das war hart.

Auf so etwas bereitet einen das Leben nicht vor.

Morgens geht der Papa aus dem Haus, und dann kommt er nicht mehr zurück.

Ich wollte da gar nicht lange drum herumreden und habe zu Anna und Wofal gesagt: »Der Papa wird ein Engel, der ist jetzt zum Ur-Opa in den Himmel.« Damit konnten sie etwas anfangen, weil der Opa vom Wolfgang im Januar verstorben und seitdem eben im Himmel war.

Als mich Wofals Papa am Abend gefragt hat, ob ich noch einmal ins Krankenhaus fahren will, um mich zu verabschieden, da konnte ich nicht mehr. Das hätte ich zu dem Zeitpunkt nicht gepackt.

Ich war dann noch einmal mit ihm allein in der Aussegnungshalle. Da habe ich mich in aller Ruhe verabschieden können. Das war dann auch gut so. Für mich hat das in diesem Moment gepasst.

In den ersten Tagen bin ich überhaupt nicht zum Nachdenken gekommen. Bis zur Beerdigung am Donnerstag, also drei Tage nach Wofals Tod, war unendlich viel zu organisieren. Ich hatte überhaupt keine Ahnung, was auf uns zukommt. Wenn jemand aus einer so alteingesessenen Familie wie der vom Wofal stirbt, dann ist die Anteilnahme natürlich gewaltig. Dazu kam durch meine Prominenz als erfolgreiche Ex-Sportlerin noch ein gewaltiges Interesse der Medien.

Ich hätte es gerne gehabt, dass man am Grab keine Beileidsbekundungen macht. Das ist in Berchtesgaden aber Tradition, vor allem dann, wenn eine Familie sehr in der Kirchengemeinde verankert ist. Weil das für meine Schwiegereltern wichtig war, haben wir das dann gemacht.

Ich habe mir zuerst auch gar nichts dabei gedacht, denn es ist mir um die Kinder und um meine Familie gegangen. Mir war wichtig, dass das für jeden passt. Ich hatte total unterschätzt, was das bedeutet.

In den Tagen nach Wofals Tod hatte ich immer wieder Kontakt mit Ralph Eder. Der war schon zu meiner aktiven Zeit Pressesprecher des Deutschen Skiverbandes und oft mit mir im Weltcup unterwegs. Ralph hatte vor der Beerdigung schon seine Bedenken geäußert, ob es wegen der zu erwartenden Anteilnahme nicht vielleicht besser wäre, eine kleine Beisetzung im Familienkreis zu machen. Doch das ging eben nicht.

Im Grunde hatte ich diese Öffentlichkeit überhaupt nicht auf dem Schirm. Es war überwältigend, wie viele Leute da waren. Da wurde mir erst wieder bewusst, dass der Wofal weltweit in der Skicommunity total angesehen und vernetzt war. Das war mir in der Zeit, seit ich aus dem Sport rausgegangen war und mich nur noch um das Haus und die Familie gekümmert habe, etwas entfallen. Da hatte ich für mich, nach so vielen Jahren im Skisport, auch bewusst den Abstand gesucht. Der DSV hat sich bei der Beisetzung dann aber toll um uns gekümmert. Die haben uns mit dem Auto extra zum Friedhof gefahren und etwas abgeschirmt. Mir war nur wichtig, wie ich meine Kinder versorge und dass alles für meine Schwiegereltern und meine Familie passt. Meine Mama saß damals schon im Rollstuhl und brauchte besondere Hilfe.

Und dann kam, was Ralph Eder vorausgeahnt hatte: ein gewaltiger Haufen Journalistinnen und Journalisten. Die lauerten schon am Friedhof und versuchten, mich auf dem Weg zur Aussegnungshalle abzufangen. Einige von denen, vor allem von den einschlägigen Boulevardzeitungen, hatten nach dem Bekanntwerden von Wofals Tod schon gefühlte 23-mal angerufen. Da war ich aber nie rangegangen, weil ich die Nummern schon kannte. An der Stelle hatte der Skiverband für mich übernommen und das in die richtigen Bahnen gelenkt. Diese Unterstützung war nicht selbstverständlich, weil ich schon längst kein Mitglied mehr war. Die haben sich sehr um ihre Skifamilie gekümmert. Der Ralph Eder hat den Medien dann gesagt, dass sie mich jetzt mal in Ruhe lassen sollen, und angekündigt, dass ich mich in ein paar Wochen äußern werde.

Doch leider gibt es auch diejenigen, denen das alles egal ist und die überhaupt keinen Anstand kennen. Die standen dann tatsächlich auf dem Friedhof und haben mich angesprochen. »Hallo Hilde, dürfen wir ...« Ich bin einfach vorbeigegangen und habe die stehen lassen. Da waren für mich ganz klare Grenzen überschritten. Ich kannte dieses »Witwenschütteln«, wie das genannt wird, bis dahin nicht. Ich empfand es als bodenlos, mit diesen Emotionen und dem Verlust zu spielen. Ich war menschlich von einigen Reportern erneut schwer enttäuscht. Das waren Leute, mit denen ich 20 Jahre eng zusammengearbeitet hatte. Das konnte und wollte ich auch nicht verzeihen. Die habe ich an diesem Tag für mich mitbeerdigt.

## PARALLELEN

Dieses Begreifen, dass man den Menschen, mit dem man so viel erlebt hat, nun nicht mehr sieht, ist bei mir erst nach vier oder fünf Wochen so richtig angekommen. Auch das Verstehen, dass es jetzt wirklich so ist, dass es dieses Körperliche, ihn anzufassen, nicht mehr geben wird. Man ist sich in Zwiegesprächen weiterhin irgendwo verbunden, weil du diese Beziehung aufarbeiten und auch beenden musst. Aber dass er dich nicht mehr in den Arm nimmt und du ihn nicht mehr in den Arm nehmen kannst, das ist etwas, das ich lange nicht richtig begriffen habe. Da habe ich vor allem anfangs in einen reinen Funktionsmodus geschaltet. Aber das war ein Eigenschutz, den ich da definitiv gebraucht habe, weil sonst alles im kompletten Chaos geendet hätte. Da habe ich viele Dinge, die ich im Sport bei schweren Niederlagen und Verletzungen erlebt hatte, wieder ausgepackt. Du bekommst als Sportlerin, wenn du für so was offen bist, einen Psychobaukasten. Das sind gelernte Muster, die einem Sicherheit geben.

Wofals Tod hat mich in meinem ureigenen Bedürfnis nach Sicherheit erschüttert, weil ja nichts mehr gepasst hat. Es ist ja nicht irgendwo jemand gestorben, den du einfach nur gerne magst. Sondern es ist jemand weg, mit dem du ein Leben aufgebaut hast. Jemand, mit dem ich bestimmte Werte ausgetauscht und entwickelt hatte. Dazu kamen plötzlich auch finanzielle Dinge. Die Verantwortung für den Hof, für das Haus, für die Landwirtschaft, für die Leute drum herum. Das waren bis dahin alles Sachen, die wir gemeinsam getragen haben.

Und dann waren da noch zwei ganz kleine Kinder. Eineinviertel und zweieinhalb Jahre alt. Die Vorstellung, gemeinsam Kinder zu erziehen und ihnen Werte und die Sicherheit mitzugeben, dass es ihnen zu Hause gut geht, also ein Urvertrauen, war zerstört. Und genau da hat es mir geholfen, auf Dinge zurückzugreifen, die ich gewohnt war und die mir schon einmal Erfolg gebracht hatten. Irgendwann war diese Schockstarre weg.

Ich glaube, es war etwa zwei Wochen nach der Beerdigung, als ich in der Früh das Fenster aufgemacht habe und plötzlich einen positiven Blick hatte. Auf einmal konnte ich wieder wahrnehmen, wie schön das Wetter und die Luft ist und dass da Vögel zwitschern. Auf einmal ging es mir auch körperlich wieder besser. Das Einzige, das anders war als noch ein paar Wochen zuvor, war, dass er nicht mehr da war. Das war ganz surreal. Das Innere hat mit dem Äußeren nicht mehr zusammengepasst. Dieses Begreifen und Verarbeiten war bei mir ein langer und langsamer Prozess. Das konnte man durchaus mit den ersten Schritten nach einer schweren Verletzung vergleichen. Für eine Kreuzband-Reha sagt der eine Arzt neun Monate und der nächste Arzt sechs Monate voraus. Der eine macht es so und der nächste so. Es gibt oft unterschiedliche Ansätze, die an das gleiche Ziel führen.

Da musste ich einfach einen Weg einschlagen und versuchen, dass ich am besten noch stärker aus der Situation rauskomme, als ich rein bin. Und wenn ich merkte, oh, das reicht jetzt so nicht oder da braucht es noch mehr, dann musste ich noch etwas ändern. Als ich nach meinem Beinbruch 2000 versucht habe, in den Sport zurückzukommen, und in Chile heulend im Schnee saß, weil mir alles weh tat, musste ich meine Pläne anpassen, meine Methoden immer wieder verändern. Das war etwas, das ich gelernt habe. Wenn es nicht geht, muss man bereit sein, sich eine andere Lösung zu suchen.

Bei mir kam ein paar Wochen nach Wofals Tod langsam die Erkenntnis, dass sich die Natur und das Drumherum nicht verändert hatten. Das war alles gleich und das Leben ging weiter. Nur ich stand halt ein bisschen abseits. Da braucht es dann manchmal ein Schlüsselerlebnis, um einen wieder richtig reinzuholen.

Etwa sechs Wochen nach Wofals Tod war ich mit der Anna draußen vor unserem Haus. Das war zu der Zeit, als sie gerade begann, das Radfahren zu lernen. Wir wohnten so ein bisschen am Hang mit einem recht großen geraden Parkplatz vor der Tür. Von da ging so eine kleine Mauer runter. Während wir alle miteinander geredet und nicht auf das Kind aufgepasst haben, ist sie mit ihrem kleinen Rad mit den Stützrädern dort hinuntergesaust. Zum Glück ist ihr nichts passiert. Aber da war mir klar: Hey, Hilde, jetzt musst du da sein – die Kinder brauchen dich. Du musst im Hier und Jetzt leben. Wenn du trauern möchtest, dann machst du das, wenn sie schlafen oder wenn du die Kinder abgegeben hast.

Ich habe daraufhin begonnen, mich mit Trauerverarbeitung zu beschäftigen, und bin auch zu einem Kinderpsychologen. Da habe ich wieder diese Programme abgerufen, die ich im Sport mit einem gebrochenen Fuß gelernt hatte. Da hatte ich schließlich auch geschaut, dass ich den besten Operateur habe, den besten Nachbehandler und und und ... So bin ich das dann auch mit der Trauer angegangen. Ich habe mir gesagt, ich möchte es abarbeiten.

Ich hatte auch endlich begriffen, dass mir das nicht hilft, wenn ich den ganzen Tag herumjammere. Also brauchte ich meine persönlichen Trauerzeiten. Die habe ich mir dann auch genommen.

Aber wie macht man so was, diese Trauer verarbeiten?

Sollte ich mir etwa alle Lieder anhören, die mich mit ihm verbinden? Damit ich das ein bisschen abschließen kann?

Was ich nicht wollte, war, dass ich Auto fahre und einen emotionalen Ausbruch bekomme, weil ich ein Lied im Radio höre, das mich an ihn und uns erinnert. Das kann ja auch gefährlich werden. Und da habe ich mir gedacht, okay, wenn ich dann so ein Lied höre, dann möchte ich irgendwann sagen können: »Schön, das war unser Lied.« Das war der Gedanke, als ich mir alle unsere Lieder durchgehört habe.

Als Nächstes habe ich mir alle Filme angesehen, die uns wichtig waren. Filme, die wir gerne miteinander angeschaut haben und die eine persönliche Bedeutung hatten.

Danach waren die Bilder dran. Tausende von Fotos. Anschauen. Verarbeiten. Loslassen.

Und dann war das Haus dran.

Ich kann es nicht beschwören, aber ich glaube, dass ich unser Haus 25-mal umgeräumt habe. Und dann habe ich mich hingehockt, mal mit einem Wasser, mal mit einem Erdbeerlimes, mal mit einem Schnaps, und habe mich einfach ausgeheult.

An manchen Tagen war ich einfach am Ende, weil ich nächtelang nicht richtig schlafen konnte. Da war ich so unendlich dankbar, dass ich Wofals Familie in der Nähe hatte. Dann habe ich halt beim Opa und der Oma gefragt, ob sie die Kinder nehmen. Anna und Wolfgang haben anfangs alle vier, fünf Tage eine Nacht bei denen geschlafen. Und da bin ich auch oft um acht am Abend ins Bett und habe bis um acht in der Früh durchgeschlafen.

Kein Traum, nichts. Leer, schwarz, aus.

Das kam auch alles genau so, wie es mir Menschen mit ähnlichen Erfahrungen gesagt hatten.

Ich habe ständig irgendeine andere Phase durchlebt.

Mal konnte ich nur untätig rumsitzen, das nächste Mal war ich wieder depressiv, und beim dritten Mal hatte ich das Gefühl, irgendetwas tun zu müssen. Das wurde mal weniger und dann wieder mehr. Das waren im Nachhinein betrachtet Phasen der Neuorientierung.

Ich musste mich auch als Frau selbst neu kennenlernen. Ich war, seit ich 18 war, mit dem Wofal zusammen gewesen und hatte ihn vorher schon zwei Jahre angesponnen. Bis zu diesem Moment, nach seinem Tod, war ich nie allein gewesen. Das war eine komplett neue Erfahrung in meinem Leben. Mit jetzt immerhin schon 34 Jahren.

Ich habe mir immer versucht zu sagen, dass das Glas halb voll und nicht halb leer ist. Ich wollte mir was suchen, das mir guttut, auch wenn es mir nicht gut geht. Ich hatte mir vorgenommen, die Phasen, wo es einfach schlimm, traurig, lethargisch und ein bisschen depressiv ist, mit Licht und Freude zu füllen. Ich musste das auch im Auftrag meiner zwei kleinen Kinder machen. Die sollten mich auf gar keinen Fall nur trauern sehen. Ich wollte ja meinen Kindern das Leben, die Natur, die Berge zeigen. Das ist mal mehr und mal weniger gut gelungen. Ich bin halt Gott sei Dank auch so ein Typ Sonnenkind. Ich war immer eher mit einem fröhlichen Gemüt ausgestattet, als zu sehr zu grübeln.

Ganz abgesehen davon ist das natürlich eine Tragödie, wenn ein Mann in diesem Alter stirbt und zwei kleine Kinder hinterlässt. Deswegen habe ich ihn auch oft in Situationen vermisst, wo ich mich dann gefragt habe, warum das alles so sein musste. Aber dann gibt es auf der anderen Seite auch wieder so viele Dinge, die ich erlebt und gelernt und gesehen habe, die nie so gekommen wären, wenn das nicht passiert wäre. Es hat immer alles zwei Seiten.

Ich musste aber erst lernen, mir auch mal zuzugestehen: Tatsächlich, das gefällt mir jetzt eigentlich besser als vorher. Und das habe ich dann auch oft geübt und auch mit ihm darüber gesprochen: »Wofal, schau, das ist jetzt eigentlich gar nicht schlecht«, oder: »Da kannst du mir jetzt zuschauen, da bin ich jetzt wieder völlig überfordert, und du, du flachst auf deiner Wolke und schaust mir zu und ich habe die zwei da und komme nicht zurecht.«

Diese Selbst- und Zwiegespräche haben mir enorm geholfen.

## FREUNDINNEN UND FREUNDE

Ab einem gewissen Punkt war ich bereit, Hilfe von außen anzunehmen. Das ging aber erst, als ich für mich einen Weg gefunden hatte, wie ich loslassen konnte.

Der Kontakt zu ehemaligen Skikolleginnen war nicht so einfach. Das hatte sich über die Jahre etwas verlaufen. Dadurch dass wir in Berchtesgaden, im äußersten Eck Deutschlands gewohnt haben, war die räumliche Distanz zu den anderen generell schon einmal recht groß. Dazu kam einfach, dass ich voll ausgelastet war. Es war zu Wofals Lebzeiten ja schon so, dass ich, wenn ich nicht für das ZDF im Einsatz war, mehr als genug mit dem Haus, den Ferienwohnungen und den Kindern zu tun hatte. Nach seinem Tod war das noch extremer. Gerade in diesem ersten Sommer und Winter musste ich der Anna und dem Wofal dauernd nachrennen. Wenn du einen Eineinvierteljährigen und eine Zweieinhalbjährige hast, und die eine fährt mit dem Roller und der andere probiert es mit dem Bobby-Car, musst du immer schauen, dass nichts passiert. Da war es oft schon schwierig, überhaupt mal das Haus zu putzen. Geschweige denn dass du mit denen auf einen Berg gehst oder irgendeinen Ausflug machst. Wenn der Wofal da gewesen wäre, hätte sich jeder von uns um einen von den beiden kümmern können. So gingen solche Aktivitäten eigentlich nur, wenn man in einem größeren Verbund unterwegs war.

Damals hat sich eine Freundschaft mit einer Nachbarin entwickelt, die einfach da war und es verstanden hat, mich dort abzuholen, wo ich es gerade gebraucht habe. Die hat sich in der Nacht hingesetzt und mit mir telefoniert und ist mit uns wandern gegangen. Das ging gut, weil unsere Kinder ähnlich alt waren.

Besonders schön war es, als sich nach etwa drei oder vier Monaten die Sibylle Brauner bei mir gemeldet hat. Das war eine ehemalige Weltcupkollegin, mit der ich mir zu Internatszeiten schon das Zimmer geteilt hatte. Was ich überhaupt nicht überrissen hatte, war, dass es Menschen gibt, die einfach nicht gewusst haben, wie sie mit mir umgehen sollen. Bei ihr war das so. Sie hat erzählt, dass sie einfach nicht wusste, was sie sagen und wie sie mir helfen soll. Die hat dann sofort angeboten, zu kommen und mir unter die Arme zu greifen. Da war ich total baff. Sie hat sich gedacht, so ein Telefonat, das hilft überhaupt nichts, wenn, dann muss sie kommen. Die hatte auch zum Wofal eine total enge Beziehung, weil der jahrelang ihr Trainer und eine wichtige Bezugsperson gewesen war.

Das war herrlich, als die Sibylle da war. Wir haben uns mit den Kindern eine Pizza geholt, zusammen gegessen und sie dann ins Bett gebracht. Danach haben wir einfach nur dagesessen und geratscht. Am nächsten Tag in der Früh haben wir gemeinsam Frühstück hergerichtet und danach wieder geratscht. Die Kinder waren da fast ein bisschen eifersüchtig, weil das für die ungewöhnlich war. Aber für mich war es so vertraut. Das war etwas, das mir wieder eine gewisse Sicherheit gegeben hat. Das war wie früher im Weltcup. Da haben wir oft das Zimmer geteilt und nachts stundenlang geredet. Jede wusste, wohin die andere ihren Skianzug geschmissen hat oder wo der Schlafanzug lag. Wir haben halt miteinander den ganzen Tag gewurschtelt.

Die Sibylle war deshalb auch nicht als Gast bei uns und hat sich verwöhnen lassen, sondern hat wirklich mitgeholfen. In der Früh hat sie die Semmeln geholt oder die Kinder sind zu ihr runter. Sie war zwar immer nur zwei oder drei Nächte da, das aber regelmäßig.

Als ich im Herbst 2011 eine Phase hatte, in der es mir nicht gut ging, wollte ich einfach nur raus aus diesem Haus und dem Umfeld. Ich musste mal ans Meer. Weg aus den Bergen. Ich brauchte Weite. Doch ich habe mir nicht zugetraut, mit den beiden Kleinen allein zu fahren. Da ist sie einfach mit. Das war gar nicht selbstverständlich, denn die Sibylle hatte sich gerade als Physiotherapeutin selbstständig gemacht. Wir waren dann zu viert eine Woche in Ägypten in einem Clubhotel. Das war der Hammer!

Für die Kinder war das natürlich komisch, wenn die Freundin jetzt plötzlich bei der Mama im Bett schläft und sie ins Kinderzimmer müssen. Das war ungewohnt, weil sie mich seit Wofals Tod nur noch exklusiv hatten.

Das sind ganz wichtige Dinge gewesen, wo immer wieder Hilfe kam. Zum Glück war ich offen genug, dass ich diese Hilfe angenommen oder auch mal gesagt habe, dass es mir schlecht geht und ich das ändern möchte. Wichtig war, dass ich mich nicht dem Selbstmitleid ergeben hatte. Zu sagen: »Ich bin so arm dran, mein Mann ist gestorben, ich komm da nicht mehr raus ...«, das war nicht mein Ding.

# Neuanfang

## ZURÜCK AUF DEN SCHIRM

Etwas, das mir nach Wofals Tod besonders zugesetzt hat, war eine Art von Minderwertigkeitskomplex. Ich fühlte mich plötzlich wie die arme Witwe, die alle komisch anschauen, weil sie ihren Mann verloren hat.

In dieser Situation hat mir das ZDF sehr geholfen. Bereits wenige Monate nach Wofals Tod hatte mich Uli Nett, der für die Skiabteilung zuständig war, kontaktiert. Er wollte mal bei mir vorbeikommen, um über eine weitere Zusammenarbeit als Ski-Expertin zu sprechen. Natürlich war das jetzt alles viel schwieriger, weil ich mir nicht sicher war, wie ich das mit den Kindern auf die Reihe bringe. Andererseits brauchte ich auch eine Einnahmequelle, weil wir kurz vor Wofals Tod das Haus und die Ferienwohnungen umgebaut und einige Kosten hatten und der damalige Hauptverdiener weggefallen ist. Auf die gesetzliche Witwenrente hatte ich keinen Anspruch, weil ich mit den Einnahmen aus den Ferienwohnungen sehr schnell über dem Betrag lag, den man dazuverdienen durfte.

Auf der anderen Seite hatte ich natürlich im Sport auch mein Geld verdient und trotz diverser Investitionen noch etwas übrig. Es war deshalb nicht so, dass ich gesagt habe: »Ich muss jetzt sofort einen 40-Stunden-Vollzeit-Job machen.« Da ging es mir besser als vielen anderen, bei denen die Kinder dann sofort in eine Ganztagsbetreuung müssen. Dennoch musste ich mich schon mal orientieren und sehen, wovon wir in absehbarer Zeit leben.

Deswegen hat mich der Anruf vom ZDF sehr gefreut. Ich hatte Angst, dass die sagen: »Die ist jetzt Witwe, die können wir nicht mehr brauchen im Fernsehen.« Im Nachhinein muss ich sagen, dass diese Gedanken natürlich bescheuert waren. Die rührten einfach von einem blöden Gefühl her, das ich hatte. Ich habe immer geglaubt, dass mich die Leute jetzt alle anstarren. Und habe mir dann auch jedes Mal gedacht: Ja, sag mal, ich habe ihn doch nicht umgebracht.

Aber es ist wirklich so, dass dich die Leute ein bisschen meiden. Das hat nichts damit zu tun, dass sie dich nicht mehr mögen. Viele tun sich mit dieser Situation einfach schwer, weil sie nicht wissen, was sie sagen sollen. Das war in den ersten Monaten nach Wofals Tod tatsächlich ein Thema, mit dem ich erst einmal lernen musste umzugehen.

Der Uli hat dann zu mir gesagt: »Komm, mach das, sobald du das mit den Kindern organisieren kannst. Vielleicht können deine Schwiegereltern aushelfen. Wir hätten dich gern dabei. Das kommt auch von oben beim ZDF in Mainz.«

Letztendlich ging es nicht darum, dass ich in der Skisaison zwischen Dezember und März monatelang weg bin, sondern sowieso nur jedes zweite Wochenende. Da waren natürlich auch etwas längere Reisen bis nach Norwegen dabei, wo ich schon mal vier oder fünf Tage unterwegs war. Doch mit den Eltern vom Wolfgang ging das alles super und war überhaupt kein Problem. Den Kindern hat es dort ja sehr getaugt.

Mein erster Einsatz nach Wofals Tod war am 22. Oktober 2010.

Ausgerechnet in Sölden, wo ich als Aktive nie gut zurechtgekommen bin. Immerhin musste ich diesmal nicht selbst dort hinunterfahren. Das war ein komisches Gefühl, denn über so viele Jahre war ich dort immer mit Wofal unterwegs gewesen.

Was weiß ich, wie oft wir im Herbst gemeinsam nach Sölden gefahren sind und dort nebeneinandergesessen haben. Wir sind dort ja nicht nur zu Rennen gewesen, sondern haben auf dem Gletscher auch sehr viel trainiert.

Als ich dann ein halbes Jahr nach seinem Tod allein nach Sölden reinfahren musste, war das schon ein mulmiges Gefühl. Du triffst dann da wieder auf Leute, die dich schon jahrelang begleitet haben. Nur dass du dich jetzt wie ein anderer Mensch fühlst. In meinem Leben hatte sich durch den Verlust und den Schmerz wahnsinnig viel verändert.

Da gab es zum einen diejenigen, die ganz normal waren und auch keine Scheu hatten, über den Verlust meines Partners mit mir zu sprechen. Dann waren da welche, die selbst schon so einen Verlust durchgemacht hatten, was man oft gar nicht wusste. Und dann waren da noch die, die einen so ein bisschen von der Seite anschauen und gar nicht wissen, was sie mit dir machen sollen. Wenn ich zu denen Kontakt haben wollte, dann war ich diejenige, die auf die zugehen musste.

Ich bin dort einem Haufen Menschen begegnet, die den Wofal sehr gut kannten. Viele der Trainer hatten mit ihm eine persönliche Beziehung. Die standen jahrzehntelang tagtäglich nebeneinander am Hang. Bei den Deutschen war das auch kein Problem. Die hatten sich im Sommer alle schon bei mir gerührt und einige hatten mich auch besucht. Aber die Österreicher, die Amis, die Schweden – die habe ich dort alle zum ersten Mal wiedergesehen. Das war merkwürdig. Ich fühlte mich beobachtet und unwohl. Ich hatte das Gefühl, dort nicht mehr dazuzugehören.

Aber das war ausschließlich meine eigene Wahrnehmung. Das hat sich zum Glück schnell wieder gelegt. Ganz viele von denen sind gekommen und haben kondoliert. Das war dann schon oft so, dass mich das erst einmal ein Stück runtergezogen hat. Aber das ist wohl gerade im ersten Trauerjahr normal. Danach hatte man die meisten Menschen, mit denen man häufiger zu tun hat, wenigstens einmal gesehen. Dann konnte man das abhaken.

Aber viele dieser Begegnungen haben mir auch sehr gutgetan. Da kamen viele ältere Trainerkollegen, die wissen wollten, was passiert ist. Da haben sich ganz tolle Gespräche entwickelt, die mir gezeigt haben, was der Wofal für ein Standing hatte. Das war total schön. Manchmal bin ich da auch komplett überrascht worden. Gerade von ehemaligen Kollegen, mit denen ich sonst nie viel persönlichen Kontakt gehabt hatte. Während ich dort am Gletscher stand, ging einmal der österreichische Olympiasieger Benni Raich an mir vorbei und hat mich einfach gedrückt. Aus dem Nichts. Ich hatte ihn gar nicht gesehen. Auf einmal zog er mich ganz fest an sich. Der hat mich nur angeschaut und kein Wort gesagt. Das war eine starke Geste, die mich sehr berührt hat. Der hat halt einfach damit sagen wollen: »Du, das tut mir leid, dass dir das passiert ist.«

Das war alles sehr bewegend. Doch irgendwann war ich damit durch. Als ich bereit war, diese Situationen zuzulassen, hatte ich wieder ein Stück von einem Bereich dazugewonnen. Die Normalität kehrte langsam zurück.

Leider ging die Zeit beim ZDF nach der Ski-WM 2013 zu Ende.

Die hatten mit Marco Büchel noch einen zweiten Experten im Team und wollten künftig Männer und Frauen von einer Person analysieren lassen. Schon in meiner letzten kompletten Saison 2011/12 hatte ich gemerkt, dass es langsam schwierig wurde, diesen Job mit den Kindern zu vereinbaren. Das lief nicht mehr so rund. Die hatten mit Marco einen Mann, der als Aktiver gerade erst aufgehört und sich auch bei den

Kamerafahrten voll reingehauen hat. Ich hätte das für mich sicher noch ein bisschen weitergemacht, aber es hat dann letztendlich schon gepasst.

Dieter Gruschwitz, dem ZDF-Sportchef, hat das damals schon sehr leidgetan, als er mir das sagen musste. Wir haben uns extra bei Miesbach in Bayern getroffen und geredet. Da hat er mir mitgeteilt, die hätten das in der Redaktion so beschlossen. Auch wenn es schade war – ich hatte nie das Gefühl, dass die mich rausgekegelt haben. Das ZDF hat mich immer gut aufgefangen.

## STUDENTENLEBEN

Wenn ich etwas in meinem Leben nie ertragen habe, dann war es Stillstand. Ich konnte noch nie einfach dasitzen und abwarten, was wohl als Nächstes kommt. Mir war es immer wichtig, selbst den nächsten Schritt zu gehen. Das war ganz sicher etwas, das ich durch meine Kinderzeit auf dem Berg mitbekommen habe. Wenn Mama und Papa mit der Gastwirtschaft beschäftigt waren, musste ich meist selbst schauen, wie ich vorankomme.

Etwa zwei Jahre nach Wofals Tod, im Sommer 2012, war ich an einem Punkt angekommen, an dem ich für mich sagen konnte: »Auf gehts, Hilde, du bist jetzt mit der schlimmsten Trauerphase durch.« Zeitgleich zeichnete sich ab, dass meine Zeit beim ZDF nach der Ski-WM 2013 zu Ende gehen würde. Mit noch nicht mal 37 Jahren konnte ich mich nicht aufs Sofa setzen und warten, dass noch etwas passiert in meinem Leben. Ich wollte etwas machen und mir etwas aufbauen. Ich suchte eine Aufgabe, die mir Spaß macht und mich auch dann noch begeistert, wenn mich die Kinder mal nicht mehr so intensiv brauchen.

Die Ferienwohnungen waren toll und machten auch eine Menge Arbeit. Ich musste mich um die Buchungen kümmern, Gäste begrüßen, Gäste verabschieden. Beim Putzen habe ich immer jemanden gehabt, der mitgeholfen hat, weil ich an den Wochenenden oft bei Vorträgen und fürs ZDF unterwegs war, wenn der Gästewechsel stattfand. Aber irgendwann fiel mir auf, dass ich an den Abenden oft alleine dasitze. Ich hatte keine Beziehung und die Kinder waren im Bett. Kurz, ich hatte Zeit, auch mal etwas für meinen Kopf zu tun. Mich weiterzubilden.

Zuerst dachte ich über den Trainerschein nach. Ich kannte mich ziemlich gut mit Ernährung und Bewegung aus und begann deshalb, in diesem Bereich zu recherchieren. Meine Cousine Annemarie, mit der ich mehrere Jahre im Weltcup gefahren bin, hatte zu diesem Zeitpunkt gerade ein Studium für Gesundheitsmanagement an der Deutschen Hochschule für Prävention und Gesundheitsmanagement in München abgeschlossen. Das schien mir eine ziemlich runde Sache, zumal ich dann ein abgeschlossenes Bachelorstudium hätte. Zeitlich war das anfangs mit sechs Blöcken zu jeweils drei Tagen an der Hochschule in München relativ überschaubar und mit der Familie in Berchtesgaden gut zu vereinbaren.

Das erste Semester funktionierte ohne Probleme. Am Ende des Jahres wurde das aber zunehmend mehr. Da musste ich Haus- und wissenschaftliche Arbeiten schreiben, die sehr viel Zeit in Anspruch nahmen. Das zog ständig weiter an, was ja auch logisch ist, denn am Ende sollte ich schließlich eine

Bachelorarbeit verfassen. Das nahm irgendwann nur so viel Zeit in Anspruch, dass es mit der Kinderbetreuung und den Ferienwohnungen kollidierte.

An manchen Tagen bin ich überhaupt erst um 9 Uhr am Abend dazu gekommen, mit dem Schreiben fürs Studium anzufangen. Wenn ich um Mitternacht ins Bett kam, war ich völlig platt, und am nächsten Morgen musste ich wieder früh raus. Den Kindern war ja völlig egal, wie lange die Mama abends studiert hat.

Weil es sich bei diesem Studiengang um ein duales Studium, also eine Mischung aus Theorie und praxisorientiertem Arbeiten gehandelt hat, habe ich parallel in einem Fitnessstudio in Österreich gearbeitet. Das war auch mit relativ viel Aufwand verbunden, weil ich dafür immer erst nach Salzburg fahren musste. Das ist von Berchtesgaden zwar nicht sehr weit, hat mich aber doch eine Menge Zeit gekostet, die ich daheim vermisst habe.

Zu meinem großen Glück hatte ich damals Probleme mit meiner Schulter und war bei einem Physiotherapeuten in Berchtesgaden in Behandlung. Der Marcus war sehr nett und hat mich nach meinen Behandlungen zuschauen lassen, wenn er irgendwelche Sportlerinnen und Sportler trainiert hat. Durch die Bobbahn und die Sportfördergruppe der Bundeswehr gab es da immer einige bekannte Athleten, die einen Physiotherapeuten brauchen konnten. Bei Marcus habe ich sehr viel gelernt. Irgendwann hat er mir schließlich angeboten, mich als Trainerin anzustellen! Das war für mich viel einfacher zu organisieren, als ständig nach Salzburg fahren zu müssen. Ich habe dann an vier Tagen in der Woche vormittags je drei Stunden bei ihm gearbeitet. Ab Mittag hatte ich somit Zeit, mich um die Kinder zu kümmern. Außerdem war das ein echt guter Typ, mit dem ich mich von Anfang an sehr gut verstanden habe.

## ZULASSEN

Ein paar Jahre nach Wofals Tod hatte sich bei mir das Gefühl verstärkt, dass ich langsam wieder offen bin für einen neuen Mann in meinem Leben. Es war nicht so, dass ich losgezogen bin und geschaut habe, dass ich unbedingt jemanden finde. Ich wusste einfach nur, dass ich das auf Dauer nicht alleine schaffe. Und hatte nie dieses Bedürfnis zu sagen: »Ich konzentriere mich voll darauf, Mama zu sein, und lasse keinen Mann in unser Leben, weil der nur stört.«

In den ersten Jahren habe ich mich mit vielen anderen Witwen ausgetauscht. Das war spannend, denn da gab es völlig unterschiedliche Richtungen. Einige haben gesagt: »Nein, für den hat man die Unterhosen gewaschen, aber für jeden tu ich das nicht.«

Mir war nach Wofals Tod völlig klar, dass ich erst einmal ein paar Jahre allein bin. Anfangs waren die Kinder ja auch noch sehr klein. Wo willst du da jemanden kennenlernen? Alles, was du tust, sind Unternehmungen mit anderen Familien oder der Verwandtschaft. Als ich so weit war, das erste Mal auszugehen, ging es mir gleich wieder so wie in Sölden. Ich hatte das Gefühl, ich habe ein Schild vor der Stirn, auf dem »Witwe« steht, und dass mich jeder anstiert. Es war aber nie so, dass ich geglaubt habe, etwas Verbotenes zu tun.

Als eine meiner Cousinen 1996 bei einem Autounfall ums Leben gekommen ist, war das ein wichtiges Thema für Wofal und mich gewesen. Wir waren uns einig, dass es für ihren Mann wichtig ist, irgendwann wieder eine Beziehung einzugehen. Die hatten ein kleines Baby und wollten gerade heiraten. Wem hätte das was gebracht, wenn der Witwer für den Rest seines Lebens ohne Frau getrauert hätte. Das hat uns damals auch sehr belastet, weil wir noch so jung waren. Ich war gerade 21 und meine verstorbene Cousine nur ein Jahr älter. In diesen Gesprächen miteinander haben wir uns gegenseitig gesagt, dass sich derjenige, der zurückbleibt, irgendwann wieder einen neuen Partner oder eine Partnerin suchen soll. Derjenige, der gestorben ist, der ist ja auch gegangen, ohne das zu wollen. Der ist wahrscheinlich auch erschrocken, was da jetzt los ist.

Ich bin mir sicher, dass der Wofal wollte, dass ich stabil bin und dass die Kinder jemanden haben, bei dem sie sich geborgen fühlen und daheim sind. Jemanden, der ihnen auch bei der Verarbeitung hilft. Der Wofal bleibt ja trotzdem in vielerlei Hinsicht da und wird auch immer deren Papa bleiben. Ich denke nicht, dass er wollte, dass alle nun für immer trauern und sich nie mehr öffnen. Im Gegenteil. Ganz sicher wünschte er sich für seine Lieben, die zurückbleiben, auch ein neues Glück. Daran glaube ich ganz fest und deshalb hatte ich Gott sei Dank nie ein schlechtes Gewissen.

Es geht letztendlich nicht um denjenigen, der gestorben ist, oder um die da draußen, sondern darum, dass du dich selbst wieder traust. Du hast Kinder auf die Welt gebracht, da ist man körperlich auch nicht in so einer Topform, dass man sich von jemandem, den man nicht gut und lange kennt, auch anlangen lassen möchte. Gleichzeitig habe ich mir gedacht, ich brauche wieder einen Partner. Eine starke Schulter zum Anlehnen. Zuspruch. Aber funktioniert hat das alles erst, als ich mir gesagt habe: »Nein, jetzt leckt mich alle am Arsch, ich habe das jetzt alles wieder selbst im Griff.« Ich wollte niemanden, der einfach nur eine Lücke ausfüllt, sondern jemanden, der gleichberechtigt mit mir im Leben steht und etwas aufbaut.

Dazu musste ich aber auch wieder ein Stück loslassen.

In dieser Phase hat es mir sehr geholfen, unsere Wohnung weiterhin so zu gestalten, dass nicht in jeder Ecke etwas an Wofal erinnert hat. Natürlich hatte ich am Anfang einen Platz mit Kerzen und Bildern, wo ich mich immer wieder hingesetzt habe und richtig traurig war. Aber um mich an Wofal zu erinnern, habe ich das irgendwann nicht mehr gebraucht. Es ist ja nicht so, dass ich diesen Menschen deshalb aus dem Haus rausschmeiße. Er hat es gebaut, das ist sein Erbe gewesen. Aber es musste halt auch so sein, dass ich in das Haus reingehe und mich auf Anhieb wohlfühle. Dazu musste meine Energie da drin sein. Eine positive Energie. Nach vorne schauend und nicht zu sehr nach hinten. Das hat sich nach und nach einfach ergeben. Hier habe ich einen Vorhang aufgehängt, den der Wofal nicht wollte, dort habe ich die Couch etwas anders aufgestellt. Das waren ganz kleine Schritte. Es ging darum, sich das Leben zurückzuholen. Nicht von dem, der gegangen ist, sondern von der Trauer. Und ja, ich war auf dem richtigen Weg. Ich musste diese Veränderungen nur zulassen.

# Glücksregen

## KEINE EILE

Im Sommer 2013, etwas mehr als drei Jahre nach Wofals Tod, war ich zwar langsam an einem Punkt angekommen, wo ich mir wieder vorstellen konnte, jemanden näher kennenzulernen, ich hatte aber noch genügend andere Baustellen in meinem Leben. Außerdem hatte ich überhaupt keine Eile. Ich war davon überzeugt, dass das, was passieren soll, auch passieren wird. Viel wichtiger war es mir, meine verletzte Schulter, die mir Probleme bereitete, wieder zu reparieren und mein Studium voranzutreiben.

Ich muss aber gestehen, dass mir die Art, wie Marcus mit Leuten umging, sehr gefallen hat. Wenn wir auf dem Sportplatz waren und er mit Athleten trainiert hat, konnte man sofort sehen, dass der sich richtig gut ausgekannt hat in diesem Bereich. Dafür habe ich ihn schon sehr bewundert. Irgendwann sind unsere Gespräche vom Beruflichen immer mehr ins Private übergegangen. So hatte ich erfahren, dass er einen Sohn aus einer früheren Beziehung hat, der ungefähr so alt wie mein Wofal war. Die beiden Buben waren sogar, wie sich herausstellte, in einer gemeinsamen Frühstücksgruppe im Kindergarten. Das war lustig, weil ich seinen Sohn Dominik somit schon vor ihm kannte. Zu diesem Zeitpunkt war das aber alles weit weg von irgendwelchen Gefühlen.

Gegen Ende des Sommers habe ich dann eine Einladung für ein Charity-Golfturnier bekommen. Da habe ich mir gleich gedacht, dass ich so was doch auch mal wieder machen könnte. Das war mal wieder was anderes. Etwas, das mich aus meinem Alltag geholt hat. Ich war bis dahin zwar keine große Golferin, hatte das aber bei verschiedenen Konditionskursen zu meiner aktiven Zeit immer wieder mal versucht. Allerdings war ich unsicher, ob das mit meiner Schulter überhaupt funktionierte. Das Golfthema hat dem Marcus aber voll getaugt. Darüber sind wir abseits der Arbeit und meiner Behandlung ins Gespräch gekommen.

»Ja, kannst du Golf spielen?«, wollte er gleich wissen und hat mir erzählt, dass er dreimal in der Woche auf unserem Berchtesgadener Platz am Obersalzberg spielt. Der hat mir dann gleich einen Platzreifekurs und einen Satz Golfschläger verpasst. Als ich so weit war, dass ich mich selbstständig auf dem Platz bewegen durfte, hat er mich Mitte September eingeladen, mit ihm mal eine Runde auf dem Platz zu drehen. An diesem Tag war allerdings total schlechtes Wetter. Doch das war mir wurscht. Ich hatte frei und die Kinder waren versorgt. Ich war zudem froh, mal wieder etwas mit einem Mann zu unternehmen. Der Regen wurde an dem Nachmittag aber so stark, dass wir irgendwann in einer Wetterhütte auf dem Golfplatz Unterschlupf gesucht haben.

Das war eigentlich ganz schön, weil wir da so richtig Zeit hatten, uns über das Leben zu unterhalten.

Mit der Liebe ist das ja so eine Sache. Beim Wofal war ich mir schon im ersten Moment sicher, dass ich ihn mal heiraten werde, auch wenn das anfangs natürlich nur die alberne Schwärmerei eines 15-jährigen Teenagers war. Der war genau mein Typ. Groß. Blond.

Der Marcus passte mit seinen dunklen, fast schwarzen Haaren eigentlich überhaupt nicht in mein Beuteschema, wenn man das mal so ausdrücken will. Die Typen mit den hellen Haaren hatten mir bis dahin immer besser gefallen.

Rückblickend würde ich sagen, dass es zwischen uns an diesem Tag auf dem Golfplatz dann aber tatsächlich gefunkt hat. Aus anfänglichen kurzen Blicken wurden im Laufe des Gesprächs immer längere. Und plötzlich dachte ich: Oh, Scheiße. Ob das jetzt so gut war. Jetzt hab ich mich verliebt.

Aber das war völlig in Ordnung. Ich hatte keinen Stress und konnte einfach abwarten, was passiert. Es hat dann auch nicht allzu lange gedauert, bis die Beziehung mit seiner damaligen Freundin auseinanderging und sie bei ihm auszog.

Wir sind daraufhin relativ schnell als Paar zusammengekommen. Das hat einfach alles perfekt gepasst. Selten kam mir schlechtes Wetter so gelegen wie bei dieser Golfrunde! Das hat an diesem Tag einfach genau so sein müssen, damit wir uns ganz tief in die Augen schauen können. Und dann war sie da: die Liebe auf den zweiten Blick.

## EHRLICHKEIT

Die Schmetterlinge waren zurück. Dreieinhalb Jahre nach dem Tod des Mannes, mit dem ich eigentlich für den Rest meines Lebens zusammenbleiben wollte, war da wieder jemand in meinem Leben.

Natürlich hatte ich Angst vor Problemen, die das mit sich bringen könnte. Was würden meine Kinder sagen? Wie würden meine Schwiegereltern reagieren?

Das erste Problem zumindest war keins: Anna und Wolfgang hatten sich sehr schnell mit Marcus angefreundet. Und auch von Wofals Eltern gab es ausschließlich Zustimmung. Mir war von Anfang an wichtig, mit offenen Karten zu spielen.

Ich wollte nicht einen fremden Mann durch die Hintertür in das Haus bringen, das ich mit ihrem Sohn auf ihrem Grundstück gebaut hatte. Ich hatte keine Lust auf irgendwelche Nacht- und Nebelaktionen. Von Versteckspielen hatte ich noch aus meiner anfänglichen Zeit mit Wofal genug. Und weil unsere Häuser direkt nebeneinanderstehen, hätten die Schwiegereltern sowieso jederzeit mitbekommen, wenn jemand, den sie nicht kennen, unsere gemeinsame Auffahrt rauffährt und bei ihnen vor dem Haus parkt.

Ich bin dann, frisch verliebt und furchtbar aufgeregt, wie man ist, wenn man es seinen Eltern sagt, zu meinen Schwiegereltern rüber und habe ihnen erklärt, dass es sein könnte, dass der jetzt öfters kommt. Ich habe ihnen erzählt, dass das der Marcus Hirschbiel ist, der draußen in Bischofswiesen eine Praxis für Physiotherapie betreibt. Ich wollte, dass sie wissen, mit wem sie es zu tun haben. Meine Schwiegermama hat sich total für mich gefreut. Die hatte immer schon gesagt, dass sie mir keinen Stein in den Weg legen, wenn sich was ergibt. Ganz im Gegenteil. Wofals Mama hat mich voll unterstützt. Die hat mir erzählt, dass es ihr oft wahnsinnig leidgetan hätte, wenn sie sonntags auf dem Weg in die Kirche bei uns vorbeigegangen ist und ich allein mit den beiden Kleinen beim Frühstücken gesessen habe. Das hätte ihr immer das Herz gebrochen. Sie gab mir von Anfang an das Gefühl, dass es für sie beruhigender ist, wenn wieder eine funktionierende Partnerschaft da ist und es den Kindern gut geht. Die hat sich aufrichtig für mich gefreut. Und der Opa, also Wofals Papa, wollte gleich wissen, ob der Marcus auch im Holz arbeiten kann. Der hatte halt eher den pragmatischen Ansatz.

Sie haben mir nie das Gefühl gegeben, dass das falsch ist, was ich tue. Wofals Eltern konnten die Bereiche sehr gut trennen.

Auf der einen Seite standen da die Trauer und der Verlust, auf der anderen Seite aber das Weiterleben der zurückgebliebenen Familie. Die wussten auch, wie viel Verantwortung ich für das Anwesen und den Hof zu tragen hatte. Natürlich hätte es auch passieren können, dass ich sage: »Ich halte das nicht mehr aus. Ich gehe.« Dann hätten wir sagen müssen: »Wir verkaufen alles.«

Ich war mir der Verantwortung aber voll bewusst.

Das waren diese Dinge, bei denen ich anfangs nach Wofals Tod nicht wusste, wie es weitergeht. Doch diese Zweifel haben nicht lange angedauert, bis ich mir sicher war: Da gehöre ich her.

Diese ganze Konstellation war ein absoluter Glücksfall.

Jemanden in meinem Alter und dann auch noch aus dem heimatlichen Umfeld zu finden, der so mutig ist, sich einem so kompakten Familienbund anzuschließen, ist nicht selbstverständlich. Da haben alle ihren Teil dazu beigetragen. Die einen waren so offen, ihn aufzunehmen, und er hat sich nicht gefürchtet. Marcus wurde mit offenen Armen empfangen und hat dann auch irgendwann gesagt, dass er sich vorstellen könnte, dort oben bei uns zu wohnen.

Im Frühjahr 2014 ist er schließlich eingezogen. Vier Jahre nachdem der Wofal gehen musste, waren wir dort oben am Berg wieder eine komplette Familie. Das hat sich alles sehr schnell normal angefühlt. Der Wofal ist schon bald im Kindergarten herumgerannt und hat allen erzählt, dass er jetzt einen neuen Papa hat. Der war total stolz. Gerade die Kinder hatten einen starken Drang, dass das jetzt alles zusammengehört. Dementsprechend war der Schritt zur Hochzeit dann nur noch eine

Frage der Zeit. Das war eine richtige Gemeinschaftsproduktion. Die Kinder haben sich total engagiert. Mal ging es um den Namen, dann wieder um die Hochzeit selbst. Und dann hat die Anna dem Marcus einfach gesagt, dass er uns jetzt direkt schon mal heiraten könnte. Mehr hat es nicht mehr gebraucht.

Den Antrag hat er mir neben den Kindern gemacht, weil denen das so wichtig war. Die sollten sich einbezogen und auf keinen Fall ausgeschlossen fühlen.

Blieb nur noch das Problem mit dem Namen. Das war eigentlich das größte Ding, das wir zu lösen hatten.

Ich bin ja eigentlich ein Mensch, der sagt: Doppelnamen sind der totale Wahnsinn, wie kann man das nur machen. Für mich war immer klar: Entweder heiße ich so oder so.

Nach meiner Hochzeit mit dem Wofal im Jahr 2000 hatte ich ja lange den Namen Gerg beibehalten, weil ich so in der Skiszene auf der ganzen Welt bekannt war. Das wäre irrsinnig gewesen, wenn ich zu meinen aktiven Zeiten immer erst hätte erklären müssen, dass die Hilde Graßl eigentlich die Olympiasiegerin Hilde Gerg ist. Das blieb auch so, bis zur Taufe unserer Anna im Oktober 2008. Von da an hieß ich Graßl. Wenn ich irgendwo beruflich unterwegs war, haben mich trotzdem alle weiterhin Hilde Gerg genannt. Das ist auch heute noch oft der Fall.

Doch vor der Hochzeit mussten wir dieses Problem irgendwie lösen. Meine Kinder und ich hießen mit Nachnamen jeweils Graßl, der neue Partner, den ich bald heiraten sollte, aber Hirschbiel. Wenn ich jetzt den Namen Hirschbiel angenommen hätte, dann hätten die Kinder einen anderen Namen gehabt als ich. Das wäre ein rechter Krampf gewesen, wie wir in Bayern sagen. Alternativ hätten die Kinder ebenfalls den Namen Hirschbiel annehmen können. Während die Anna damit keine

Probleme hatte, wollte der Wofal weiterhin bei Graßl bleiben. Der hat klar gesagt: »Ich möchte so heißen wie der Papa und wie wir alle hier heißen, ich mag jetzt keinen anderen Namen.« Weil Kinder keinen Doppelnamen annehmen dürfen, hatten wir nun eine echte Aufgabe. Denn jetzt war wiederum Anna beleidigt, weil sie nicht Hirschbiel heißen durfte. Dass sie sich für den einen und der Wofal für den anderen Namen entscheidet, war zum Glück nicht möglich, denn sonst wäre auch das noch diskutiert worden.

Ich habe dann entschieden, dass ich den Namen Graßl behalte, wenn die Kinder weiterhin so heißen. Mir war wichtig, den Nachnamen der Kinder in meinem neuen Namen zu haben. Letztendlich habe ich mich bei unserer Hochzeit im Oktober 2014 für Graßl-Hirschbiel entschieden und hatte nun das, was ich nie wollte: einen Doppelnamen.

Die Unterschrift auf meiner Heiratsurkunde hat deshalb auch etwas länger gedauert. Da stand dann nämlich: Mathilde Graßl-Hirschbiel, geborene Gerg.

## *KOMPLETT*

Ob ich mit Wofal nach der Geburt von Anna und Wolfgang noch ein drittes Kind bekommen hätte, kann ich nicht beschwören. Wäre es nach ihm gegangen, dann wäre ursprünglich vielleicht schon nach dem ersten Schluss gewesen. Ich hingegen wollte immer schon drei Kinder.

Deshalb kam bei mir schon bald nach der Hochzeit der Wunsch auf, dieses Abenteuer eines gemeinsamen Kindes auch mit dem neuen Partner erleben zu dürfen. Das hatte für mich etwas naiv Verträumtes und gehörte einfach dazu. Ob Marcus so euphorisch war wie ich, weiß ich nicht, aber es war für ihn völlig in Ordnung. Der Benedict kam schließlich am 27. Juli 2015 zur Welt und hat unser neues Familienleben erst einmal kräftig auf den Kopf gestellt.

Man hört immer wieder, dass ältere Geschwister Probleme haben, wenn da ein Nachzügler kommt. Das gab es bei uns überhaupt nicht. Anna und Wolfgang haben sich riesig gefreut, als sie gehört haben, dass sie ein Geschwisterchen bekommen. Nur die Schwangerschaft war nicht unkompliziert, weil ich sehr früh Wehen bekommen hatte und deshalb viel liegen musste.

Wie bei den ersten beiden Kindern hatte ich mir erneut nicht sagen lassen, was es wird, weil ich es spannend fand, wenn man erst bei der Geburt sieht, ob es ein Mädel oder ein Bub ist. Das Problem war, dass die beiden Älteren ihre eigenen Wünsche hatten. Der Wofal wollte einen Bruder, die Anna lieber eine Schwester. Das hat mich als Mama total zerrissen. Auch wenn die Anna anfangs sehr traurig war, dass das mit der kleinen Schwester nicht funktioniert hat, hat sie sich super um den Benedict gekümmert. Die ist immer sehr bewusst und verantwortungsvoll mit ihrem ganz kleinen Bruder umgegangen. Wie eine zweite Mutter hat sie ihn von Anfang an gewickelt.

# Berufe und Berufungen

## NEUORIENTIERUNG

Dass ich das Studium nicht mehr aufnehmen würde, stand spätestens mit der Geburt vom Benedict fest. Was mit zwei Kindern schon schwierig war, schien mit dreien unmöglich. Während der Kleine schlief, habe ich von zu Hause das Büro für Marcus gemacht. Er hatte mich angestellt und ich habe mich um die Lastschriftverfahren für die Trainingsverträge und lauter Verwaltungskram gekümmert, den er bis dahin selbst erledigt hatte. Das war ein Haufen Arbeit, weil sein Studio über die Jahre gewaltig gewachsen war. Als der Benedict fast zwei Jahre alt war, habe ich gesagt, dass ich das nicht mehr schaffe. Kind, Büro, Haushalt und die Ferienwohnungen zusammen wurden mir zu viel.

Zu dem Zeitpunkt stand auch für Marcus eine Veränderung an. Er wollte aus seiner riesigen Praxis in einem Einkaufszentrum raus und suchte nach einer Alternative. Nach anfänglichen Schwierigkeiten hatte er schließlich eine leer stehende Immobilie in der Schönau gefunden. Das war ein altes Kurmittelhaus. Da waren sogar noch riesige Wannen für die Wassertherapie drin. Im Erdgeschoss befanden sich eine Bank und eine Bäckerei. Mir war gleich klar, dass das eine gute Investition wäre. So habe ich diese Immobilie dann 2015 gekauft. Er hat dann bei mir die Räume für seine Praxis angemietet und selbstständig umgebaut. Die Eröffnung seiner neuen Praxis war im Juli 2016.

Als der »Beni« mit drei Jahren größer und selbstständiger wurde, kam mir der Gedanke, dass ich auch wieder etwas in die therapeutische Richtung machen könnte. Das hatte mich schon immer interessiert. Sicher hatte das auch damit zu tun, dass ich wegen meinen Verletzungen selbst viele Therapien durchlaufen hatte. Ich sah die Gelegenheit, etwas von meinen eigenen Erfahrungen weiterzugeben.

Mein Ziel war, mir etwas zu suchen, das ich bei Marcus in der Praxis anbieten konnte. Mir war dabei natürlich klar, dass ich nicht so schnell auf seinen Stand komme, denn er hatte jahrelange Berufserfahrung und war noch dazu ein hervorragender Ausbilder. Bevor ich richtig anfangen konnte, brauchte ich außerdem noch einen Trainerschein. Das war allein schon deshalb wichtig, weil ich wegen der Erziehung vom Beni schon länger aus dem Trainingsgeschäft raus war.

Ich entschied mich für einen Onlinekurs, in dem Theorie und Praxis kombiniert wurden. Der praktische Teil sollte eigentlich in München absolviert werden, fand dann aber über sechs Wochenenden in Wien statt. Die Theorie inklusive der theoretischen Prüfung lief digital. Das war alles nicht so umfangreich wie für das Gesundheitsmanagementstudium, dafür aber von Training und Theorie mehr an Reha oder Physiotherapie angelehnt. Letztendlich genau das, was ich für die Arbeit in der Praxis gebraucht habe! Nach dem Ablegen aller Prüfungen hatte ich im Frühjahr 2019 meinen Abschluss als Functional Trainerin.

Mittlerweile bin ich in meinem neuen Berufsleben als Personal und Kleingruppentrainerin voll angekommen. Für viele, die zu mir kommen, ist es einfach interessant, sich mal von jemandem trainieren zu lassen, der es in seiner Sportart bis an die Weltspitze gebracht hat. Viele glauben, dass ein Olympiasieg allein schon dafür qualifiziert, anderen etwas beizubringen. Ganz so einfach ist es natürlich nicht – sonst hätte ich mir die Ausbildung ja sparen können.

Ganz anders schaut es beim Skilaufen aus. Da weiß ich intuitiv, was ich tun muss. Das habe ich schließlich von klein auf gelernt. Der Skisport ist deshalb weiterhin ein wichtiger Bestandteil in meinem Leben. Zum einen gehe ich mit meiner Familie auf die Piste, wann immer es möglich ist. Das macht mir viel Spaß. Das muss dann auch nicht schnell oder ewig lang sein. Das ist für mich ein Stück Freiheit im Alltäglichen.

Zum anderen werde ich regelmäßig von Firmen gebucht. Bei diesen Incentives treffen wir uns meistens am Abend vor dem eigentlichen Ski-Event und lernen uns an der Bar oder bei Kamingesprächen kennen. Am nächsten Morgen gehen wir nach dem Frühsport gemeinsam auf die Piste. Das ist immer total spannend. Gerade die Fahrten im Sessellift sind sehr interessant. Das ist ein bisschen wie beim Friseur. Da bekommt man wirklich einen Einblick in die unterschiedlichen Firmen. Das sind meistens sehr gut gehende Unternehmen, die ihre Mitarbeiterinnen und Mitarbeiter mit solchen Incentives, bei denen sie sich mit bekannten Persönlichkeiten austauschen können, belohnen. Ich bin da immer ganz erstaunt, was die alles erzählen und wie es bei denen in der Firma abgeht. Die wissen in ihrem Job ganz genau, was sie tun müssen. Auf der Piste schaut das aber oftmals ganz anders aus. Da sieht man sofort, wer den ganzen Tag nur im Büro sitzt. Das sind zwei völlig unterschiedliche Welten. Das sind Führungskräfte, die im Job 30 Leute unter sich haben und sich mit Marketing und Immobilien bestens auskennen, aber auf Ski völlig ängstlich und verunsichert wirken. Da lernst du die Leute noch mal von einer anderen Seite kennen.

Die haben meistens einen Riesenrespekt vor mir, sobald wir auf der Piste sind. Das ist schön, denn die akzeptieren mich in diesem Moment sozusagen als ihre Führungskraft. Mir ist es bei diesen Programmen aber nur wichtig, Spaß an der Bewegung im Freien zu vermitteln. Dazu kommen ein paar Tipps, wie sie sich auf den Ski sicherer bewegen können. Da geht es meistens um Basics, wie den Umgang mit schlechtem Wetter oder sicheres Verhalten in besonders steilen Hängen.

Mir liegt am Herzen, dass diese Tage nachhaltig sind. Mein Ziel ist, dass der eine oder die andere beim nächsten Mal, wenn er oder sie auf die Piste geht, daran denkt, was die Profisportlerin gesagt hat. Natürlich gibt es auch immer wieder mal welche, deren Ehrgeiz besonders geweckt wird, wenn sie mit mir unterwegs sind. Die wollen sich dann einfach mal mit einer Olympiasiegerin messen und zeigen, was sie draufhaben. Das sind die, die am liebsten in einen Tiefschneehang reinfahren würden, um zu sehen, wer da schneller runterkommt.

Aber wenn ich mit Gruppen unterwegs bin, mache ich das bewusst nicht. Ich habe dann gegebenenfalls die Verantwortung für 20 Leute. Auf so was lasse ich mich gar nicht ein, weil ich niemanden herausfordern oder eine Situation entstehen lassen möchte, in der sich am Ende noch jemand von uns verletzt. An diesen Tagen liegt der Fokus nicht darauf, ans Limit zu gehen, sondern es geht um das Gesamterlebnis.

Vor allem im Bereich Teambuilding sind die Erfahrungen aus meiner eigenen aktiven Zeit sehr hilfreich. So wie das bei uns in der Skinationalmannschaft war, gibt es in diesen Firmen Gruppen, die zueinander in Konkurrenz stehen. Wir waren damals als Team miteinander 260 Tage im Jahr unterwegs und haben die Welt entdeckt, während wir uns auf der Piste bekämpft haben und unbedingt schneller sein wollten als die anderen. Das war eine Mischung, die funktionieren musste. Wenn die Arbeit erledigt war, mussten wir nicht mehr miteinander konkurrieren. Da gehörte es zum Teamgeist dazu, zusammen etwas zu unternehmen und auch mal Kompromisse einzugehen. Das sind genau diese Dinge, die mir an solchen Skitagen mit den Unternehmen viel wichtiger sind, als wenn da jemand einen perfekten Schwung fährt.

Außerdem halte ich regelmäßig Vorträge, in die ich viel aus meinem eigenen Leben als Sportlerin mit allen Höhen und Tiefen, aber auch aus der Verarbeitung meiner persönlichen Schicksalsschläge einfließen lasse. Gerade beim Thema Krisenmanagement kann ich viel aus meinen Erfahrungen, die ich bei Verletzungen, aber auch bei der Bewältigung schwieriger Lebenssituationen gesammelt habe, weitergeben.

Das ist einfach eine Herzensangelegenheit. Weil ich die Dinge, über die ich spreche, selbst durchlebt habe, kann ich die Menschen in diesem Bereich sehr gut erreichen und abholen. Es ist nicht so, dass ich nur über etwas rede, das ich mir angelesen habe. Letztendlich geht es um mein Leben. Natürlich habe ich vieles erlebt, was ich mir lieber erspart hätte, aber am Ende bin ich durch jede Krise stärker geworden. Für mich war immer entscheidend, dass ich mich der jeweiligen Situation gestellt habe. Das gilt umso mehr, wenn man die Katastrophe nicht kommen sieht, wie im Januar 2020.

## PANDEMIE: STRATEGIEN IN DER KRISE

Wir hatten immer wieder Kontakt nach Meran, zu Marcus' Trauzeugen. In Italien ist die Pandemie bekanntlich ja schon früher mit einer großen Wucht angekommen. Ich war durch die Bilder und die persönlichen Worte und Gespräche gewarnt und hatte bei uns mit konsequenten Handlungen aus der Politik gerechnet. Ich hatte keine Ahnung, was dieses Virus kann. Was es tut. Was es verursacht. Andere zu schützen und durch vorsichtiges Handeln eine Ansteckung zu vermeiden, war mir, war uns als Familie wichtig. In meinem Umfeld lebten eine Menge Leute, die wegen ihres Alters stärker gefährdet waren als die Jungen. Oftmals wollte die ältere Generation diesen Schutz aber nicht, zum Teil wurde man für ein vorsichtiges Verhalten sogar schräg angesehen.

Gesellschaftlich hat die Pandemie uns vieles abverlangt, Werte wurden geprüft und getestet. Alle haben eine andere Lebenssituation und wurden von dieser Pandemie auf eine andere Art und Weise getroffen. Es wird in einigen Jahren noch diskutiert werden, ob die Maßnahmen in Ordnung waren und ab wann man den Schutz und die Verantwortung für die eigene Gesundheit wieder eigenständig übernehmen sollte.

Es wurden viele politische Entscheidungen getroffen in der Phase der Pandemie – ich hätte nicht in der Haut derer stecken wollen, die das zu übernehmen hatten. Ich habe dann für mich entschlossen, ganz konkret darauf zu schauen, wie ich mit der Situation umgehe und was ich daraus machen kann.

Unsere Ferienwohnungen waren zuerst ab März 2020 geschlossen, und meinen Beruf als Personal Trainerin in Marcus' Praxis, den ich erst im Januar begonnen hatte, konnte ich plötzlich auch nicht mehr ausüben. Dazu kam das Thema Homeschooling. Mir war wichtig, den Kindern in dieser Phase einen Rahmen zu geben, damit die aufgefangen werden, wenn alle Kontakte auf einmal wegbrechen. Eine weitere Herausforderung war, dass die Situation bei uns im Berchtesgadener Land durch die Grenznähe zu Österreich besonders dramatisch war. Wir hatten sehr lange sehr hohe Inzidenzzahlen. Als Familie war uns wichtig, aus unserer Überzeugung heraus »Regeln« aufzustellen und uns an diese zu halten.

Als im Sommer 2020 plötzlich wieder vieles erlaubt war, sind wir trotzdem daheimgeblieben. Zum einen waren unsere Ferienwohnungen voll ausgebucht und zum anderen wollten wir Massenansammlungen vermeiden, in die wir zwangsläufig geraten wären, wenn wir in den Urlaub geflogen wären. Als das im Oktober 2020 dann wieder schlimmer wurde und die zweite Welle kam, war das für mich keine Überraschung. Ich hatte mich mit dem Thema beschäftigt und wusste schon im Frühjahr, dass die nächste Welle schlimmer wird als die davor. Das konnte man alles nachlesen. Das war vor hundert Jahren schon genauso. Das Virus ist das Virus und viel schlauer als der Mensch. Natürlich sollte man da nicht mit vielen Leuten eng zusammensitzen, aber ob man dennoch alles verhindern kann, war eine andere Frage, die ich für mich mit Nein beantwortet hatte.

Trotzdem hatte ich keinen Sinn darin gesehen zu jammern, als alles wieder geschlossen wurde. Ich hatte mein ganzes Sportlerleben gelernt, Lösungen zu suchen. Diese Pandemiesituation war für mich ein bisschen wie ein Rennen, bei dem sich ständig die Bedingungen ändern. Dann musstest du deine Taktik anpassen und schauen, wie du jetzt runterkommst. Wenn ich in einer langen Rechtskurve Zeit verloren hatte, weil ich zu eng ans Tor gefahren war, dann musste ich daraus meine Schlüsse ziehen und das beim nächsten Mal besser machen. Und wenn die Therapie nach einer Verletzung nicht funktioniert hat, dann musste ich halt einen anderen Ansatz wählen. So war das für mich auch mit dieser Pandemie.

Was? Onlinetraining? Wie soll das gehen?, waren meine ersten Gedanken, als ich das erste Mal davon gehört habe.

Doch als ich die Angst davor, etwas Neues auszuprobieren, verloren hatte, war ich begeistert. Als das Training wieder untersagt wurde, habe ich alles auf Onlinekurse umgestellt. Das war mir wichtig, damit ich das Gefühl hatte, ich tue was. Mir erschien es sinnvoller, alle Kanäle anzuzapfen, als abzuwarten, bis alles vorbei ist. Ich musste mir neue Vertriebswege suchen, um mein Produkt, also mich als Trainerin, an die Leute zu bringen. Und das klappte super. Ich hatte dann sogar eine Trainingsgruppe in Trier, die ich niemals im Studio trainiert hätte, wenn ich meine Kurse wie gehabt nur dort angeboten hätte. Da hatte einer von der dortigen Handwerkskammer im *Stern* gelesen, dass ich Onlinekurse anbiete, und mich einfach kontaktiert. Plötzlich saß ich da vorm Computer und habe mit lauter Handwerkern in Trier unter dem Titel »Talk und Train« gearbeitet. Erst mal haben wir uns unterhalten und dann gemeinsam Übungen gemacht. Zum Beispiel habe ich ihnen gezeigt, wie man Gegenstände richtig hebt. Das ging durchaus ein bisschen ins betriebliche Gesundheitsmanagement rein. Da hat mir mein Studium, auch wenn ich es nicht beendet hatte, sicherlich geholfen.

Ich habe immer versucht, meine Augen und Ohren offen zu halten. Natürlich muss man auch Glück im Leben haben und die richtigen Leute treffen. Durch meinen engen Kontakt zu Hockeyolympiasieger Moritz Fürste hatte ich mitbekommen, dass er in Norddeutschland Testcenter für Coronaschnelltests betreibt. Die Ideengebung und die wichtigsten Inputs vor der Gründung meines eigenen Schnelltestservices kamen von ihm. Das aus dem Leistungssport übernommene Konzept, dass man sich als negativ getestete Person wieder mit mehreren getesteten Menschen treffen und somit auch wirtschaftliche Faktoren am Laufen halten kann, war der Antrieb. Der Gedanke war, die

Infektionsketten frühzeitig zu unterbrechen, um die Pandemie abzuflachen. Dazu wollte ich beitragen.

Der medizinische Ansatz war mir durch das, was ich im Training und in der Physiotherapie gelernt hatte, nicht völlig fremd. Und auch durch meine vielen Verletzungen war ich immer sehr nah an der Medizin dran gewesen. Dazu kam natürlich, dass ich durch die Arbeit in der Praxis von Marcus sehr viel über das Umsetzen von Hygienemaßnahmen wusste.

So startete ich mit der Eröffnung eines Testcenters bei uns in Berchtesgaden. Zusammen mit Frau Fellner, Apothekerin der Bahnhof-Apotheke Berchtesgaden, führten meine fünf Mitarbeiterinnen und ich am 22. März 2021 die ersten PoC-Antigen-Schnelltests in der Apotheke durch.

Ich hatte zu diesem Zeitpunkt gerade (pandemiebedingt) nicht viel zu tun und war mutig genug, mal was völlig Neues zu probieren. Das war ein Sprung ins kühle Nass. Eine Firma mit eigenen Angestellten hatte ich bis zu diesem Zeitpunkt noch nicht. Die Selbstständigkeit und die damit verbundene Verantwortung scheute ich nicht, das kannte ich ja schon von meinen Eltern und meiner Zeit als Rennläuferin. In einem völlig neuen »Berufsfeld« eine Firma zu gründen, war nun eine sehr spannende Sache. Wie die Arbeitsabläufe auszusehen hatten, habe ich mir aus der Testverordnung und den Verordnungen des Arbeitsschutzes herausgezogen und mit meinen »Mädels«, zu Beginn alle aus dem medizinischen Bereich, unser Hygiene- und Testkonzept entwickelt. Jede durfte ihre Stärken einbringen und so entwickelte sich sehr schnell ein hochwertiger Arbeitsablauf im Schnelltest-Service Berchtesgaden.

Auch da sind mir meine Erfahrungen sehr entgegengekommen. Ich war im Sport über viele Jahre gezwungen gewesen, mich mit neuen Dingen zu beschäftigen, mich schnell anzupassen und auf neue Gegebenheiten einzustellen. Schnelltest-Service war quasi nicht nur der Name der Tests, die durchgeführt wurden, sondern auch »Programm« bei der Umsetzung neuer Ideen und auch Verordnungen aus der Politik. Die neuen Aufgaben als Unternehmerin und Arbeitgeberin haben mich sehr gefordert in dieser Zeit, waren es doch einige neue Aufgabenfelder für mich, in denen ich völlige Amateurin war. Ich hatte am Ende ein Team von 33 Mitarbeiterinnen, die mich im Büro, in der Logistik und natürlich an den Teststationen tatkräftig unterstützt haben. Wenn in einem Team alle an einem Strang ziehen und Spaß an der Arbeit haben, wird viel positive Energie freigesetzt, und diesen »Workflow« haben wir wirklich alle sehr genossen.

Aber egal ob im Sport oder im Geschäft: Es war für mich immer essenziell, eine Struktur in das zu bringen, was ich gerade tue. Wenn ich es geschafft habe, einen geregelten Ablauf zu entwickeln, war ich erfolgreich. Das ist etwas, das mir und meiner Familie letztendlich hilft, durch jede Krise im Leben zu kommen.

# EPILOG

Als ich im Januar 2019 während des Hahnenkammrennens in Kitzbühel gefragt wurde, ob ich mir vorstellen könnte, eine Autobiografie über die »Wilde Hilde« zu schreiben, musste ich erst einmal einen Moment nachdenken.

Als Erstes musste ich für mich klären, wofür dieses »Wilde« eigentlich steht. Früher, während meiner aktiven Zeit, hatte ich mit diesem Spitznamen große Probleme. Das war damals für mich gleichbedeutend mit Partymaus. Für eine, die – so wie mir das in Lillehammer 1994 passiert ist – beinahe das Rennen verschläft und dann überdreht rausfliegt.

Dabei bin ich immer früh ins Bett gegangen und habe meinen Trainingsplan ordentlich durchgezogen. Das Skifahren war von klein auf meine große Liebe, der ich alles untergeordnet habe. Ich empfand, dass der Name »Wilde Hilde« meiner Disziplin, mit der ich meinen Weg verfolgt habe, nicht gerecht wurde. Das hat sich aber längst geändert. Heute finde ich das total cool, wenn jemand »Wilde Hilde« zu mir sagt. Das ist mittlerweile mein Markenzeichen.

Wenn man das in den sozialen Medien eingibt, landet man allerdings erst einmal auf verschiedenen Seiten, die gar nichts mit mir zu tun haben. Erstaunlich, wie viele Leute dort unter »Wilde Hilde« Profile für ihre Hunde anlegen. Das dürften die Hunde ja kaum selbst gemacht haben. Ich habe bei mir dann einfach das Symbol für einen Skifahrer installiert, damit man sofort weiß, dass das zu mir gehört.

Es ist durchaus so, dass mein Leben immer auch etwas Wildes hatte. Ich war sicher nie eine, die geschaut hat, dass sie vorsichtig den Berg runterkommt, und dann mal abwartet, was für eine Platzierung dabei rausspringt. Zumindest waren das dann nie meine erfolgreichen Rennen.

Am besten war ich dann, wenn ich – wie nach meinem Fehler im Olympiaslalom von Nagano – wie »wild« alles auf eine Karte gesetzt habe. Das entsprach einfach meinem Temperament und meiner Einstellung zum Leben.

Ich habe die Goldmedaille sicher nicht gewonnen, weil ich mich ins Ziel heruntergebremst habe. Bei den letzten Toren habe ich alles riskiert und bin dafür belohnt worden. Wenn ich schnell sein wollte, musste ich meinen Fahrstil an meine überschäumende Lebensfreude anpassen.

Natürlich gab es dadurch auch immer wieder mal Rückschläge, weil ich manchmal gar nicht zu bändigen war. Gerade zu Beginn meiner Karriere bin ich oft wie eine Wahnsinnige drauflosgefahren und lag dann halt ganz schnell irgendwo in der Pampa. Das waren Dinge, die ich lernen musste.

Meine größte Stärke war gleichzeitig meine größte Schwäche. Während sich andere vor dem Start mit AC/DC gepusht haben, habe ich mir lieber Kuschelrock angehört. Bei *Highway to Hell* wäre ich spätestens am dritten Tor draußengelegen. Ich musste mein Feuer so bändigen, dass ich nicht nur 5, sondern 25 oder 35 Tore weit gekommen bin. Darum würde ich heute sagen, dass dieser Name schon ganz gut passt.

Das Wichtigste für mich waren und sind einfach meine Grundwerte und eine positive Einstellung. Mein Ziel ist es, immer eine Lösung zu suchen und nicht im Stillstand zu verharren.

Ich habe bei meinem Weg vom Kaiserschmarrn auf der Tölzer Hütte bis zum Olympiasieg in Nagano immer versucht, die schönen Seiten im Leben zu sehen. Auch wenn es mal wehgetan hat.

Natürlich habe ich mir oft gedacht, dass ich mir durch manche Entscheidung wieder eine Menge Dinge aufgehalst habe, auf die ich eigentlich gar keinen Bock hatte. Aber wenn ich das dann erkannte, habe ich immer sofort versucht, es zu ändern. Wenn mir mal was keinen Spaß macht, dann muss ich mich entweder durchkämpfen oder so mutig sein zu sagen: »Okay, das ist jetzt einfach nicht das Richtige. Da musst du einen anderen Ansatz wählen, Hilde.«

Mir ging es immer darum, einen Weg zu finden, der mich ein Stück weiterbringt. Manchmal sind das Kleinigkeiten, die aber trotzdem eine riesige Wirkung haben. Wenn daheim mal wieder alles komplett chaotisch ist, dann lege ich irgendeine Musik rein, die alle wieder gut drauf bringt. Oder ich packe die Kinder mit den Bobs ins Auto und wir suchen uns irgendwo Schnee und haben einfach eine Gaudi.

Du kannst nicht immer nur nach den Regeln leben, die alle erwarten, manchmal musst du die Dinge so machen, dass es dir guttut. Dann bricht bei mir wieder dieses »Wilde« heraus, wo meine Kinder sagen: »Jetzt spinnt s' wieder.«

Letztendlich steht die »Wilde Hilde« ganz einfach für das Lebensgefühl, das mich immer ausgemacht hat und das meine Eltern immer unterstützt haben. Die haben mir vertraut und mich einfach machen lassen.

Diese Freude, die ich dadurch erleben durfte, war etwas Besonderes – gerade auch weil ich mich durchbeißen musste. Da habe ich das Kämpferische mitbekommen, das mir so oft geholfen hat, wenn es Probleme gab.

Wenn ich in der Früh auf dem tief verschneiten Schulweg unterwegs war, hat mir der Papa nicht den Weg geebnet, sondern darauf vertraut, dass ich selbst hinunterkomme.

Mein Olympiasieg in Nagano war das Ergebnis all dessen, was ich auf dem Weg dorthin erlebt, durchlitten und gelernt hatte. Ich hatte zum Glück immer schon die Fähigkeit, sagen zu können: »Das Leben ist immer schön – ich lebe wahnsinnig gern.« Auch wenn es manchmal turbulent und gar nicht mehr lustig ist.

Im Grunde gibt es für alles eine Lösung.

Ich wünsch dir den Mut, die gefundenen Lösungsansätze auch umzusetzen.

Bleib in Bewegung!

# KAISERSCHMARRN À LA HILDE SENIOR

- 150 g Mehl
- 1 Prise Salz
- 2–3 Eier
- Sonnenblumen- oder Rapsöl
- Milch, Butter, Zimt und Zucker nach Bedarf

1. 150 g Mehl und eine Prise Salz mit der Milch glattrühren, bis keine Klumpen mehr vorhanden sind.
2. 2–3 Eier (M) als Ganzes zufügen, eher unterheben und nicht zu fest verrühren. Somit kann der Teig in der Pfanne gut aufgehen. Je glatter und geschmeidiger der Teig, desto besser das Endergebnis.
3. In einer Pfanne (gelingt am besten am Gasherd mit einer Edelstahlpfanne) Öl erhitzen, Teig circa 2 Zentimeter dick in die Pfanne geben und auf mittlerer Hitze den Teig »backen« lassen (man kann auch einen Deckel auf die Pfanne legen), er wird dabei von unten nach oben fester. Wenn sich unten schon ein fester Bestandteil gebildet hat, kann man den Teig vierteilen und die Viertel einzeln wenden. Nochmals »backen« lassen, sodass der noch flüssige Teil auch noch fest wird.
4. Teig nun in kleinere Teile zerstechen, anschließend Butter in die Pfanne geben, damit man eine schöne Farbe und guten Geschmack an den »Schmarrn« bekommt.
5. Zum Schluss 3–4 Esslöffel Zimt-und-Zucker-Mischung drüberstreuen, nochmals wenden, gegebenenfalls nochmals etwas Butter zufügen, damit Zimt und Zucker gut karamellisieren und sich an den Schmarrn heften.
6. Mit Apfelmus oder Preiselbeeren genießen.

Edel Sports
Ein Verlag der Edel Verlagsgruppe

Copyright © 2021 Edel Verlagsgruppe GmbH
Neumühlen 17, 22763 Hamburg
www.edelsports.com

Dieses Buchprojekt vermittelte Sascha Fabian, Agentur Sportsfreude | www.sportsfreude.com
Projektkoordination: Svetlana Romantschuk
Lektorat: Julia Becker
Coverfoto: Michael Philipp Bader
Zeichnungen: Matthias Corvinus Wallig
Layout und Satz: Datagrafix GSP GmbH, Berlin | www.datagrafix.com
Gestaltung von Umschlag und Bildstrecke: Groothuis. Gesellschaft der Ideen und Passionen mbH | www.groothuis.de
Lithografie: Frische Grafik, Hamburg
Druck und Bindung: GGP Media GmbH, Pößneck

Alle Rechte vorbehalten. All rights reserved. Das Werk darf – auch teilweise – nur mit Genehmigung des Verlages wiedergegeben werden.

Printed in Germany

ISBN 978-3-98588-000-3